大学生就业与创业心理

吴俊华 著

汕头大学出版社

图书在版编目（CIP）数据

大学生就业与创业心理 / 吴俊华著 . -- 汕头：汕头大学出版社，2019.1
ISBN 978-7-5658-3769-2

Ⅰ.①大… Ⅱ.①吴… Ⅲ.①大学生－职业选择②大学生－心理健康－健康教育 Ⅳ.① G647.38 ② G444

中国版本图书馆 CIP 数据核字（2019）第 026372 号

大学生就业与创业心理
DAXUESHENG JIUYE YU CHUANGYE XINLI

著　　者：	吴俊华
责任编辑：	宋倩倩
责任技编：	黄东生
封面设计：	皓　月
出版发行：	汕头大学出版社
	广东省汕头市大学路 243 号汕头大学校园内　邮政编码：515063
电　　话：	0754-82904613
印　　刷：	北京军迪印刷有限责任公司
开　　本：	710mm×1000 mm 1/16
印　　张：	16.5
字　　数：	243 千字
版　　次：	2019 年 1 月第 1 版
印　　次：	2022 年 8 月第 2 次印刷
定　　价：	80.00 元

ISBN 978-7-5658-3769-2

版权所有，翻版必究
如发现印装质量问题，请与承印厂联系退换

前　言

随着社会主义市场经济的高速发展和近年来"史上最难就业年"形势的刷新并愈演愈烈，大学生就业与创业越来越受到广大社会人士和教育界的高度关注。对于绝大多数大学生来说，毕业后走出校门就面临着就业与创业两个选择。无论是就业还是创业，面对新的竞争环境，大学生总会出现不同的心理问题，这将直接影响着就业与创业的各个方面。因此，关注大学生就业与创业心态，把握大学生就业与创业的心理特征，对于促进大学生成功实现就业与创业有着重要意义。

本书从基本理论入手，深入分析了大学生就业与创业心理因素、剖析了大学生就业创业心理问题现状及产生原因，并结合当前大学生就业与创业的心理特征，对加强大学生就业与创业心理工作进行了一些研究探析，提供了大学生就业创业意识拓展、人格探索、自信心训练、思维拓展、挫折承受力训练、人际沟通能力训练、压力管理训练和领导力拓展等心理拓展训练活动方案，同时还提供了笔者成功指导的大学生创新创业经典案例供读者参考。内容通俗易懂、简单实用，为正确引导大学生的就业与创业、全面提升大学生综合能力素质提供些许智能和借鉴。

本书在编写过程中，得到了同行学者的大力支持，得到了大学生创新创业团队——约·绘℃和约·绘℉团队成员及张源老师的大力帮助和支持，采纳了很多宝贵意见。另外，为了提升本书的学术性与严谨性，笔者参阅了大量的著作和文章，引用了诸多专家学者的研究成果。由于篇幅有限，不能一一列举，在此谨向这些文献的作者致以诚挚的谢意！

由于时间仓促，编者水平有限，书中不足和偏颇之处在所难免，敬请各位专家、同行及广大读者不吝赐教，提出宝贵的意见，以便在今后的。写作中加以改进。

作者简介

吴俊华，女，1981年3月生，贵州贵阳人，贵州师范学院副教授，硕士，主要开展大学生创新创业、大学生心理健康等研究。先后在《西南大学学报（人文社会科学版）》《教学与管理》《天津中德职业技术学院学报》《赤峰学院学报（自然科学版）》等学术刊物发表学术论文《我国大学生职业兴趣的特点调查》《浅论中小学教师职业倦怠的消解》《贵州省特殊教育专业大学生专业认同现状调查研究》和《人格因素对大学生创业的影响研究》4篇，其中中文核心2篇，合作出版教材1本。2018年5月，指导学生参加"创青春"全国大学生创业大赛贵州赛区公益类竞赛，荣获二等奖。

目 录

第一章　大学生就业与创业心理概述 ·· 1

第一节　大学生认识就业 ·· 1
第二节　大学生认识创业 ··· 16
第三节　就业创业与心理的关系 ·· 32
第四节　创业心理的主要内容 ··· 37
第五节　就业创业心理的常见模式 ······································· 46
第六节　就业创业心理的研究意义 ······································· 57

第二章　大学生就业创业心理因素分析 ································· 60

第一节　大学生就业创业心理形成的动机过程 ······················· 60
第二节　大学生创业心理影响因素分析 ································· 65
第三节　调查分析问卷 ··· 67

第三章　成功创业者心理影响因素分析 ································· 72

第一节　人格与情绪因素 ··· 72
第二节　能力因素 ·· 78
第三节　驱动因素 ·· 83

第四章　大学生就业创业心理现状分析 ································· 87

第一节　常见的大学生就业心理问题及原因剖析 ···················· 87
第二节　常见的大学生创业心理问题及原因剖析 ···················· 92

第五章　成功的就业创业应从培养积极心理品质开始……………98

第一节　积极心理学…………………………………………98
第二节　大学生就业创业积极心理品质……………………129
第三节　大学生就业创业积极心理品质的培育……………137

第六章　大学生就业创业心理拓展……………………………141

第一节　就业创业意识拓展…………………………………141
第二节　就业创业人格探索…………………………………151
第三节　就业创业自信心训练………………………………160
第四节　创新思维拓展………………………………………170
第五节　就业创业挫折承受力训练…………………………179
第六节　人际沟通能力训练…………………………………189
第七节　创业压力管理训练…………………………………199
第八节　创业领导力拓展……………………………………208

第七章　结束语……………………………………………………218

参考文献……………………………………………………………219

附录：[案例] 大学生创新创业项目——约·绘下………………223

第一章 大学生就业与创业心理概述

第一节 大学生认识就业

大学生要正确地认识就业创业的相关知识和技能要求,首先必须正确地认识职业的内涵、特点及其产生、发展趋势。

一、职业的认知

（一）职业及其特点

职业的载体是人,没有人也无所谓职业。职业的本质在于人对社会的关系,指人们为了获取经济收入、实现个人价值而从事相对稳定的专门类别的工作,是对人们的生活方式、经济状况、文化水平、行为模式、思想情操等的综合性反映,是一个人社会地位的一般性表征,也是个体社会角色的重要方面。从职业的范畴来看,主要包含以下几个特征：

一是职业的经济性。职业是个人生存和社会发展的基础,劳动者从事一定的职业,形成自己的经济收入,这些经济收入包括工资、奖金等收入,还包括相应的经济保障等福利性收入,从而使劳动者取得维持生活的经济保障,这是职业的最基本功能或特征。

二是职业的社会性。职业作为一种社会分工,就意味着全社会的劳动者扮演了各自的社会角色,承担了相应的社会责任。因此,职业问题涉及劳动者的经济、心理、教育、技术、政治、伦理等许多领域,只有全社会劳动者在一定的制度框架下,有效地实现分工与合作,才能推动经济社会的有效运转和发展。职业作为一种社会分工，必须符合社会的要求，并随着社会的发展、时代的变化而变化，具有明显的时代性特征。

三是职业的规范性。任何职业活动都必须符合国家法律法规和社会道德规范，任何职业都有其特定的技术规范和职业道德规范，并具备相应的知识和技能，劳动者在服务社会的同时，实现自身的发展。

四是职业的层次性。任何劳动者在从事职业的过程中，没有"高低贵贱"之分。在现实社会中，不同职业的体力、脑力付出量和工作的复杂程度不同，工作环境、收入水平、社会声望也不同。因此，对职业的社会评价客观上存在差异，中国社会的阶层分化正在日益加剧，其根本的原因就在于职业的层次性。

五是职业的竞争性。竞争是促进经济社会发展进步的重要手段和机制，职业活动的竞争性表现在：不同行业之间、同一行业内部的不同企业之间存在竞争，同一企业内部不同职业岗位也存在竞争。随着人才培养规模的扩大，这种职业的竞争性表现得更加突出。

六是职业的选择性。劳动者的职业选择始终是双向的，任何求职者都会根据自身的素质条件，即知识、技术、能力和职业理想，以及社会提供的职业岗位数量、收入水平、社会身份等进行综合考虑，只有当某种职业岗位要求与求职者自身的条件和愿望相一致时，求职者才能最终实现就业。

（二）职业的产生及其发展趋势

1. 职业的产生。职业不是从来就有的，是随着人类社会生产力水平的不断提高和社会分工的不断发展而逐步形成的。马克思主义的历史唯物主义告诉我们，早期的人类社会，原始人最初折树枝、住岩洞、采野果、打野兽不叫职业。直到人类社会进入原始社会旧石器时代，出现了成年男性外出渔猎，成年女性外出采集野果，氏族中的老人在居所照顾小孩，这种不稳定的性别和年龄分工，才初步形成了职业的萌芽。在新石器时代，在原有年龄分工和性别分工的基础上，出现了人类社会的第一次大分工。原始人学会了驯养动物和栽培植物，并开始定居，由此产生了原始畜牧业和原始农业，促进了职业的进一步发展。在新石器时代晚期，原始人掌握了制陶技术、青铜冶炼技术等，产生了原始手工业，出现了人类社会的第二次大分工，这时，商品交换得到发展，从而使职业分化更加明显，人类劳动的社会分工进一步细化。到了奴隶社会初期，在两次社会大分工之后，商品交换得到了长足的进展，随着商品交换的不断扩大和发展，出现了专门从事商品交换活动的商人，最初的商业便应运而生。总之，随着生产力的发展，私有制的产生和阶级的出现，人类劳动的三次社会大分工的完成，又出现了体力劳动与脑力劳动的分工，逐步形成了比较稳定的职业体系。

2. 职业的发展。职业的发展是在世界范围的资本主义革命之后，伴随着三次科技革命而迅猛发展的。第一次工业革命（18世纪中叶），使生产力得到飞速发展，蒸汽机的发明和应用，使一些依靠手工操作的职业不再适应工厂化生产的要求，它们被机械化生产效率更高的职业所替代。工厂化生产的结果使产品的生产过程分为若干工艺环节，一些原来由一种职业完成的操作被分解为若干个承担不同工艺环节的职业，从而使职业分类进一步细化，职业的内涵也发生巨大变化，对职业岗位劳动者的技术素质提出了新的要求。第二次科技革命（19世纪中叶），以发电机的发明和电力的广泛应用为标志，推动了生产技术由一般的机械化向电气化、自动化转变，由此诞生了发挥重要作用的电子电器行业等新型职业，导致职业类型的又一次迅速扩展。第三次科技革命（20世纪50年代后），科学技术突飞猛进地发展，原子能、电子计算机、微电子技术、航天技术、分子生物学和遗传工程等领域取得重大突破。第三次科技革命的成果，在进一步丰富机械行业、电子电器行业内涵的基础上，形成了崭新的信息产业，并分化出大量的职业岗位群，许多新兴职业如雨后春笋般涌现出来。

3. 职业岗位发展的趋势。职业随着经济社会不断发展进步而呈现出几种发展趋势：

一是职业的更新速度不断加快。科学技术的发展，催生出众多新兴产业，由此职业岗位细分化程度越来越高，职业的种类在数域上由少到多，呈现出综合化和多样化的发展趋势。

二是不同职业在数量结构上不断变化。从职业发展的总体趋势看，由于产业发展的需要，某些职业的职位迅速地增多，而另一些职业的职位可能在迅速地减少，从而发生职位数量的结构性变化。如：我国当前农业劳动者的比例正在迅速下降，而第三产业中的职业数量不断增加。

三是体力劳动脑力化。从事任何一项职业劳动，劳动者必须付出一定的体力与脑力，以付出体力劳动为主的职业，则称为体力劳动职业，反之，称为脑力劳动职业。随着科技的发展，机械化和自动化程度的不断提高，越来越多职业的体力消耗减少，而脑力消耗增加，从而出现了体力劳动脑力化的趋势。

四是职业岗位专业化。随着科学技术的发展，产业不断升级，对职业的专业化程度要求越来越高，对劳动者的职业素质要求也越来越高，劳动者若不具备一定的专业知识和专业技能就无法胜任工作。因此职业教育，特别是高等职业教育，已成为当今社会职业岗位专业化训练的重要渠道。

五是职业岗位的稳定性降低。当代社会具有稳定性、"永久性"的职业越来越少，大多数人在其职业生涯中可能会经历多种职业选择，甚至是多次跨行业、跨领域的职业变换，从而使全社会的职业稳定性降低。

二、就业的认知

（一）什么是就业

当前我国高等教育已经由"精英教育"转变为"大众教育"。大学生的就业相应地经历了由国家统包统分、过渡性就业安排到当前的双向选择、自主择业几个阶段。大学生必须正视就业形势的新变化，探寻就业领域新的发展出路，已成为当代千百万大学生认真思考的人生课题。什么是就业？简单地说，就业是指在法定年龄内具有劳动能力和劳动愿望的人，运用生产资料从事合法的社会活动，并获得相应的劳动报酬或经营收入的一种人类行为。根据这一定义，一个人能否实现就业，就看是否满足三个基本条件：一是在法定年龄内的自然人，并具有劳动能力和劳动愿望；二是从事一定合法的经济活动，以提供满足社会需要的商品或服务为目的；三是从事社会劳动，获得相应的劳动报酬或经济收入。

要正确理解和把握就业的概念，还必须对法定劳动年龄的界限、从事社会劳动时间长度、劳动报酬或经营收入的标准形成正确的认识。国际劳工统计协会规定，各国根据国情确定劳动年龄的上、下限，劳动时间的长短和工资的最低限度。《中华人民共和国劳动法》第15条规定，禁止用人单位招用未满16周岁的未成年人。第36条规定，国家实行劳动者每日工作时间不超过8小时、平均每周工作时间不超过 44 小时的工时制度。第 48 条规定，国家实行最低工资保障制度，最低工资的具体标准由省、自治区、直辖市人民政府规定并报国务院备案，用人单位支付劳动者的工资不得低于当地最低工资标准。

我国目前的就业者（从业人员）主要包括：国家公务员；国家事业单位从业人员；国有企业从业人员；再就业的离退休人员；私营业主；个体户；私营企业和个体户的从业人员；乡镇企业从业人员；农业劳动者；港澳台企业、外商企业、股份合作企业从业人员；其他从业人员，其中包括现役军人。

就业率是指一定时期内（通常为 1 年），就业人口占劳动年龄总人口的比例，通常用百分比表示。劳动年龄总人口是就业人口和失业人口之和，未成年人、在校学生、退休和丧失劳动力的人不包括在劳动年龄总人口之中。目前，我国的就业率采用城镇登记就业率，它是以城镇就业人口除以城镇就业人口与城镇登记失业人口之和来计算的，我国就业率在全球各国中总体靠前。

就业和失业是一个问题的两个方面。在我国，失业是指在法定年龄内，具有劳动能力的人没有或失去工作，虽然在一定时期内有求职行动（就业愿望），但仍然找不到工作，从而得不到劳动报酬和经济收入的状态。我国目前的失业人员包括新成长劳动力和就业转失业人员两部分人。新成长劳动力是指 16 周岁以上的，未能继续升学的各级各类学校毕业生，即新进入劳动力市场但没有就业经历的人员。就业转失业人员是指已经有过就业经历，因各种原因失去工作的人员。失业率是指一定时期和地域范围内，失业人口占劳动年龄总人口的比例，通常用百分比表示。它通过全部经济活动中失业人员所占的比例来反映失业问题的严重程度。目前，我国的失业率采用城镇登记失业率，它是以城镇失业人口除以城镇就业人口与城镇登记失业人口之和来计算的。

（二）就业的类型

我国自实行双向选择、自主择业的就业政策以来，大学生就业进入了多元化的轨道，并逐步形成了定向就业、自主就业、留学与出国就业、参加公务员或事业单位公开招聘考试等多种就业方式和类型。

1. 定向就业

定向就业是国家为了帮助边远地区、少数民族地区和工作环境比较艰苦的行业培养人才，保证他们得到一定数量的毕业生而制定的一项政策。普通高校根据政策把招生来源地区和毕业生就业结合起来，按国家招生计划的一定比例列入"定向就业"招生计划。考生自愿填报高等学校定向就业招生志愿，一旦被录取就按政策确定为定向生。定向就业招生以个人定向志愿为标准，考生不再与定向单位联系，不再与定向单位签订协议，考生填报的定向志愿即视为愿意到定向单位就业，定向单位只与委托培养的高校签订协议即可。目前，我国有国防定向就业招生和普通定向就业招生两种方式。

2. 自主就业

我国就业市场中，当前普遍存在的供需见面和双向选择，是大学毕业生择业的重要方式，也是毕业生就业的主渠道。每年中央有关部委、地方各级主管毕业生就业的工作部门、各高等院校都举办用人单位和毕业生供需见面会，毕业生和用人单位经过选择相互确定后，签订毕业生就业协议书，并作为制订就业计划和派遣的依据。此外，毕业生还可以到人才市场，通过合法的中介公司介绍相关用人单位，自主选择就业，或参加用人单位的招聘就业，或以自荐的形式直接联系用人单位就业。

3. 自主创业

自主创业是指大学生毕业后不是面向社会"寻求"工作，而是用自己所学知识、技能进行创业，即毕业生通过科技创新、社会服务或依赖某一方面的特长，自主或与他人合作创办公司。自主创业已成为大学毕业生一种新的就业途径，它作为新的就业渠道，无疑将对大学毕业生的知识、能力和综合素质等提出更高的要求。

大学毕业生自主创业不仅解决了自身的就业问题，而且还能给别人提供就业机会和岗位。积极鼓励、支持大学毕业生自主创业，是党和国家对大学毕业生就业的基本要求，是当代大学生的光明之路、希望之路。各级政府主管部门针对大学毕业生的创业需要，采取了加强创业意识和创业能力教育、提供针对性项目、指导咨询服务、建立创业基金、提供小额借贷担保或贴息补贴、提供工商注册登记优惠或减免税费措施、建立大学生创业孵化基地等举措。这些举措都为大学生创业提供了良好的环境。

4. 升学、留学与出国就业

升学主要有以下方式：普通高校专升本考试、成人高考、高等教育自学考试等。毕业生通过考试，继续在学业上深造，一方面可以提升学历层次，另一方面能缓解社会就业压力。大学毕业生选择继续升学，必须因人而异，关键是要结合自己的特点，摆正自己的心态，看清自己的位置，做出适合自己的选择，获得更有利于自身发展的结果。

伴随中国改革开放和经济全球化的不断深入发展，部分有条件的毕业生可以选择出国留学，继续深造。出国留学包括公费留学、自费公派、自费留学等方式。此外，有不少毕业生可选择到境外机构工作，参与国际人才竞争。

5. 参加公务员或事业单位公开招聘考试

我国国家机关工作人员实行公务员制度。为了适应国家机关（党群组织）补充工作人员的需要，国家每年以应、往届毕业生为主要对象招考公务员，报考国家公务员已成为部分毕业生就业的重要方式。此外，国家和地方为鼓励人才到广阔的农村或基层工作，设立服务西部志愿者、服务社区志愿者、三支一扶等项目，大学毕业生报名参加这类项目也作为实现就业的重要方式。

我国形式众多的事业单位为补充工作人员，每年不定期开展以应、往届毕业生为主要对象的招聘考试。因此，报考国家事业单位编制成为毕业生就业的又一方式。

6. 参军入伍

中国人民解放军为了加强国防和军队现代化、信息化建设需要，根据国家和军队有关政策规定，军队必要时可以从地方普通高校毕业生中招收急需的专业人才入伍，实行除享有优先报名应征，优先体检政审，优先审批定兵及其他优待安置外，还享有优先选拔使用，考试升学优惠，补偿学费或代偿国家助学贷款等优惠政策。高校应届毕业生参军入伍已成为大学生就业的新类型。

7. 灵活就业

灵活就业不同于大学毕业生与用人单位间建立稳定的劳动法律关系、获得工资福利和社会保障的就业。灵活就业主要指自由职业的就业群体，例如：作家、自由撰稿人、翻译工作者、某些艺术工作者、律师、网络电商等。与传统的就业模式相比,其特点是灵活性强、由度大、适用范围广、劳动关系比较松散。

为鼓励灵活就业,国家和各级政府制定和实施了灵活就业的工资支付和社会保障等诸多政策,保护灵活就业者的合法权益。

(三)就业的意义

就业是民生之本,是经济社会持续发展和人民生活水平不断提高的关键。就业不仅是劳动者的谋生手段,也是一个人融入社会、给自己和家庭带来希望的重要途径。因此,就业的意义在于:

1. 就业是人们获得收入得以谋生的基本手段

我国宪法规定,公民享有劳动的权利和义务。虽然股息、利息、租金等生产要素报酬是公民收入的合法来源,但通过就业得到劳动报酬仍是人们收入的最基本部分,也是人们生存的基本前提。

2. 就业是个人融入社会,促进自身全面发展的重要途径

作为社会属性的人,不仅需要通过就业谋生,更需要通过就业参与社会各项活动,为社会做出更大贡献,从而赢得社会尊重,获取相应社会地位,满足自己更高层次的需求,实现自己的人生价值。

3. 就业是经济发展和社会进步的重要前提

人们通过就业渠道,实现生产资料和劳动者的结合,形成现实的生产力,推动经济发展和社会进步。政府大力促进就业,扶持困难群体实现就业,是消除贫困的根本途径。实现社会充分就业,是促进社会公平、维护社会稳定的重要手段。世界各国对就业问题都十分重视,许多国家都把促进就业作为政府宏观政策的重要目标。

三、大学生的职业发展与就业成功

(一)大学生的职业发展

任何一个人类个体,从小到大都会有自身的职业理想和目标,但是,在人生的不同阶段,对职业的期望也不同。大学阶段是人生的重要时期,大学生谋求未来职业的发展,最重要的是要根据自身的特点和社会的现实需要,理性务实地确立自己的职业理想和目标,并进行周密的规划和设计。

职业理想属于社会意识的范畴，它是一定社会生产方式及形成的职业地位、职业声望在人们头脑中的反映。由于生产力水平不同，社会实践的深度和广度不同，人们追求的职业目标也就不同，但无论怎样，职业理想总是个体在一定的世界观、人生观和价值观的指导下，对自己未来所从事的职业和发展目标做出的想象和设计。社会在发展，时代在进步，人们选择职业的总量和机会越多，职业理想实现的可能性就越大。

职业规划是大学生在进入大学后，结合自身特点，对自己毕业乃至以后人生选择所进行的设计，以及在大学期间为实现职业目标而开展的有步骤、有计划的各项工作的总称。职业规划总体上包括健康规划、工作规划、人际关系发展规划、理财规划、心智心灵规划等内容。

健康规划是为身心健康而进行的规划，健康是人生事业的基础，没有健康就没有一切。根据世界卫生组织对健康的定义，一个健康的人要体现在身体生理上健康、心理上健康、道德上健康和社会适应性良好。在现实中，许多人都会忽略健康规划，特别是青年人，总认为青年时期不需要考虑健康问题，可是人生的许多问题常常是年轻时不健康的习惯导致的。

工作规划是职业生涯规划的一部分，包括正式职业规划和兼职规划。一个人一生中可能不只从事一种职业，每一种职业也可不限于一种工作，职业是事业最大的升华。

人际关系发展规划是一个人的社会归属。按照美国心理学家马斯洛的需要层次论，每个人总是要处于一定的组织之中，爱和归属的需要是人的基本需要之一。进行人际关系规划就是建立人生的支持系统，营造将来的工作、生活环境。

理财规划是我们学会生存的重要基础，当今理财的概念已远远超出从事某项职业挣钱的概念，我们有多种渠道获得财富，如投资基金、股票、兼职等。

心智心灵规划主要是我们对知识、技能、思想和道德发展，以及人生思想境界、信仰等方面的规划。

（二）职业选择对大学生就业的影响

职业是动态的，是发展的。职业的发展与社会分工的发展密切相关，由于社会分工和科技发展是渐进的，因此职业的演变又是缓慢的。随着生产工具的改进和科学技术的进步，以及生产的社会化，社会分工越来越细、越来越复杂，专业化程度越来越高，职业的种类也越来越多。

根据有关调查分析，我国当前在职业领域对人才的需求有重大变化，急需的人才包括以电子技术、生物工程、航天技术、海洋利用、新能源、新材料为代表的高新科技人才，信息技术人才，机电一体化专业人才，农业科技人才，环境保护技术人才，生物工程研究开发人才，国际经济贸易人才，律师人才等。

当前，我国将大力发展六大领域技术。一是被认为是21世纪技术核心的生物技术，其对农业、医药、环保和能源等方面具有很大的意义，其标志技术是基因工程和蛋白质工程。二是作为高技术前导的信息技术，其标志技术是智能计算机和智能机器人。三是作为高技术基础的新材料领域。四是作为高技术支柱的新能源技术，其标志技术核聚变能与太阳能可使人们的生产、生活大为改观。五是空间技术，这是21世纪技术的外向延伸，两个标志技术是航天飞机和永久太空站，这不仅把高技术用在地球上，还把人类整体生活结构引向外层空间。六是海洋技术，包括海洋探测技术和海洋开发技术，其中海洋开发技术是核心。

根据以上六大技术，我国将大力发展八大高技术产业，即生物工程产业（包括微生物、酶、细胞、基因四大工程，转基因动植物、药物疫苗、生物芯片、生物计算机等），生物医药产业，智能机械产业，软件产业，超导体产业，太阳能产业，空间产业（包括商业卫星反射、太空旅游、空间商业服务等），海洋产业（包括海水利用、深海采矿、海底城市建设等）。

当代职业的迅速发展及其演变，对大学生就业的影响越来越大，大学生在求职择业准备时，要认真研究并适应当代职业发展的要求，提早做出规划和准备，以顺应职业发展的时代趋势。

（三）大学生争取成功就业

机会总是偏爱有准备的人，充分的就业规划和准备是迈向成功的前提和基础。因此，对于当代大学生来说，毕业时能否尽快充分实现自己理想的"就业梦"，很重要的一方面取决于在校时能否有计划、有步骤地进行职业训练和创业探索，这种训练和探索有以下几个环节：

一是了解自我，并进行就业创业知识的储备。大学低年级阶段，要充分地认识自己，了解自我，对自己的性格、气质、能力、素质进行客观全面的分析，结合自己所学专业的特点，把握自己适合从事何种职业，找准自己的发展方向。同时，对所学专业的行业特征及将来可能就业的岗位群进行深刻了解、研究，通过查阅资料、校园网浏览、咨询师兄师姐们等方式，积极有效地储备知识，训练能力。大学生在校期间一定要注意对所学知识进行梳理，合理组合所掌握的知识，使之形成一个既有层次、又可协调发展的，适合现代社会就业创业发展要求的动态知识结构。

二是确立就业的目标，有目的地提升就业的素养。大学高年级阶段，每位同学都要有明确的人生发展方向，是继续升学还是出国留学？是就业还是自主创业？在这个问题上必须做出明确合理的定位，然后开始逐步付诸实施。如果选择就业，就必须有目的地锻炼和培养自己的职业素养，提升自己的就业创业意识、责任意识、服务意识、团队合作意识和沟通能力等综合职业意识和能力。

三是做好角色转换的准备。经过大学阶段的学习，除继续升学留学的学生之外，其余学生都必须做好就业的准备（这种准备主要包括思想准备、心理准备和求职材料的准备），并参加各种层次、各个领域的招聘工作，一旦被用人单位录用，就完成了从学生角色向从业者角色转变，并逐步成为一个具有完全意义的社会责任主体，为自己的事业打下坚实的基础。大学毕业生如果选择创业，那就必须组建创业团队，完成法人登记、筹措资金、开展业务等步骤，完成向创业者角色转变。

四、大学生就业面临的机遇与挑战

当前，就业问题已成为党和政府关注的重点，而大学生就业更是就业问题的焦点。多年来，大学生就业压力逐步加大，并不断创下历史新高，就业形势严峻。面对严峻的就业形势，大学生只有把握好就业的机遇，充分认识到面临的挑战，才能更好地实现就业。

（一）新形势下大学生就业面临的机遇

1. 转型跨越发展促进了就业岗位的增加、提高了技能人才的需求量

经济发展与就业有着密切的联系。经济持续快速发展是扩大社会就业岗位的

基础。奥肯定律指出,当国内生产总值增长率高于 2.25% 时,失业率将下降,在此基础上,国内生产总值增长率每增加 1 个百分点,失业率就会下降半个百分点。当经济增长率低于 2.25% 时,失业率将上升,在此基础上,经济增长率每减少 1 个百分点,失业率就会上升半个百分点。据有关方面测算,在我国,GDP 每增长 1 个百分点,就可以创造 80 万乃至 100 万个就业岗位。

2. 政策完善推动了就业机会的增多

为了促进大学生就业,各地不断完善相关制度,出台就业政策,为高校大学生提供了更多就业机会。

一是政府给大学毕业生提供基层就业的机会。通过在县城落户、提前转正定级等措施,支持高校毕业生到农村中小学任教;通过市、县(市、区)财政给到农村中学任教的本科毕业生发放岗位津贴补助,推动高校毕业生就业。各地乡镇干部队伍的充实每年面向优秀大学毕业生选拔。通过享受干部待遇、工资由财政发放、工作两年可选拔到乡镇工作等方法,推动大学生到农村工作。

二是政府给大学毕业生提供西部就业的机会。参加西部计划的大学生志愿者,到西部贫困县的乡镇一级教育、卫生、农技、扶贫等单位服务 2 年,服务期间计算工龄。服务期满 1 年考核合格,在报考研究生时,总分加 10 分;可以以应届高校毕业生身份报考国家机关公务员,同等条件下,优先录取。

三是政府给大学毕业生提供中小企业就业的机会。对于聘用高校毕业生达到一定数额的中小企业,扶持中小企业发展基金向其倾斜。对于聘用高校毕业生每年在 50 人以上的中小企业,管理部门可优先提供技术改造、贷款贴息。

四是政府给大学毕业生提供自主创业的机会。高校毕业生从事个体经营的,除国家限制的行业外,自工商部门批准其经营之日起 1 年内免缴登记类和管理类各项行政事业性收费。省、市财政部门为高校毕业生提供创业小额贷款和担保。

(二)新形势下大学生就业面临的挑战

1. 大学生毕业人数越来越多

多年来,我国高校招生规模急剧扩大的同时,高校毕业生的数量迅速增加。从毕业生绝对数来看,2017 年已达到近 795 万,再加上以前未就业的毕业生,今后高校毕业生就业竞争将更加激烈。

2. 用人单位的要求越来越高

当前，大学生就业市场中已经形成了用人单位的买方市场，加之用人单位的用人自主权不断扩大，用人单位招聘条件也越来越高。

（1）用人单位对工作经验要求越来越多

市场经济条件下，用人单位作为自主管理、自主经营的利益主体，追求利益最大化是他们首要的目标。一般情况下，应届毕业生需要经过一个熟练和培训的过程，才能熟悉新的岗位，发挥其潜能和作用。所以，从短期来看，聘用无经验的新手不如聘用有经验的员工更利于提高经济效益。对于大多数高校毕业生来说，工作经验最为缺乏。尽管大部分高校毕业生在高校学习期间都参加过实习，但由于时间短，实习的深度一般也达不到专业工作的水平。所以，现在有很多用人单位喜欢招聘有几年工作经验的往届毕业生，不愿意招聘应届毕业生。用人单位招聘时对工作经验的要求，无疑对刚刚走出校门的大学生是一种严峻挑战。

（2）用人单位对学历的要求越来越高

追求高效益一直是用人单位的主要目标，而一支能力强的职工队伍是追求高效益的必不可少的条件。当前，用人单位都把学历作为能力大小的主要标准，认为学历高，能力相应就强。再者，部分单位把员工的高学历作为美化单位形象、提升单位知名度、装点单位"门面"的重要手段，所以，在招聘员工时，对学历的要求也越来越高，直接导致现实的毕业生就业中，研究生较受欢迎，本、专科生备受冷落。这种招聘的"高学历门槛"人为地给大学毕业生设置了就业障碍。此外，用人单位招聘在注重学历的同时，也比较看重和青睐名牌高校毕业生，而对一般的普通高校的毕业生不屑一顾，这也对高校毕业生就业形成了挑战。

3. 就业结构的调整越来越快

当今时代，科技迅猛发展，生产结构的调整日益加快，市场需求结构急剧变迁，一些落后的产业逐渐被淘汰，而另外一些新兴产业和部门迅速成长，相应的新的就业岗位迅速出现，需要大量的新型人才。为此，要求高等教育适应这种变化，培养出时代需要的人才。但是由于高校自身和其他多方面的原因，高校的现有专业结构不能及时适应经济结构调整的需要，直接导致大学生在校所学专业与现实社会需求的矛盾，出现有者不需、需者无有的局面，严重影响大学生就业，导致结构性待业。随着我国产业结构调整步伐的加快，节能环保、生物医药、信息网络、研发设计、新能源等新兴产业不断出现，这不仅对高校教育提出新的要求，更将对未来高校毕业生就业形成重大挑战。

五、当前大学毕业生就业中存在的问题分析

（一）政策性障碍

为充分实现大学毕业生的双向自由选择与自主择业，国家制定了一系列促进大学生就业的政策措施，《关于进一步深化普通高等学校毕业生就业制度改革有关问题的意见》中强调：为了解决目前出现的就业难问题，需要进一步解放思想，转变观念，深化高校毕业生就业制度和社会用人制度等方面的改革。进一步转变高校毕业生的就业观念，建立市场导向、政府调控、学校推荐、学生与用人单位双向选择的就业机制，努力实现高校毕业生的充分就业。但在一些具体的政策措施和管理体制上，仍存在种种障碍：

1. 指标性限制。按国家宏观就业政策，高校毕业生与用人单位是自主的双向性选择。但现实情况是高校仍然有派遣毕业生到一些地区或跨省的指标限制：一些大、中城市的用人单位接收大学毕业生也需要进人指标，否则档案和户口就难以落实。尤其是高职（专科）学生跨省流动受到较大限制。

2. 派遣时限性限制。国家政策已做出明确规定：大学生毕业两年可由学校保留档案。但在实际派遣过程中，不少地方规定派遣指标在当年有效，过完年就不再办理接收。这就导致一些即便是已经找到工作的毕业生因超过派遣的时限要求而不能够派遣，处于不确定的状态。

3. 制度性限制。当前，基层和经济欠发达地区需要大批高校毕业生去充实公务员和教师队伍，但一旦毕业生选择去这些地方工作，其户口、档案必然随本人转到工作地，再要流动，户口、档案势必遇到障碍。有不少毕业生担心，其后代在落后地区得不到好的教育，到时送子女到城市上学还得交数量不菲的借读费，因而望而却步。

（二）机制性障碍

目前的人事管理制度仍然有较强的计划体制色彩，使不少虚位以待的用人单

位受到限制。如一些中小学受到上级主管部门政策的限制，没有充分的自主权，要不到想要的毕业生，特别是不少中小型私营企业，一方面急需引进接受过正规大学教育的管理人员、技术人员，一方面却因没有申报用人指标的途径，解决不了毕业生的派遣、落户、进档案问题而招不到人。据统计，2015年，就业的全国高校毕业生到教学科研等事业单位的约为35%，到国有企业的29%左右，到民营三资企业的略高于26%。而从当前城镇劳动力市场的需求状况看，个体私营和股份企业提供的就业岗位约占60%，东南沿海地区已高达80%，其他就业的为10.7%。这种实际的走向与需求状况的矛盾表明，用人体制的机制性障碍必然带来高校毕业生就业难的问题。

（三）结构性障碍

当前，大学专业结构和教育体制对大学生就业的影响既有总量矛盾也有结构矛盾，但结构矛盾是主要矛盾。尤其在大学生就业已经市场化的情况下，大学的专业设置调整滞后，致使毕业生专业结构与市场供求出现了结构性错位，从源头讲，这已成为制约大学生就业的一个重要原因。一些大学的专业及课程设置没有能够以市场需求为导向进行规划，有较大盲目性，专业趋同现象十分严重，造成供给严重大于需求。高校扩招后，一些学校仍然沿袭传统的应试教育的教学方式，培养出来的学生高分低能，不能适应用人单位的需要。不少学校专业划分过细，培养出的毕业生知识面过窄，学习能力和适应能力较差。一些高职、高专教育专业缺乏特色，培养出来的学生理论功底不如本科院校的学生，应有的动手能力也不强，不符合用人单位的需求。而随着劳动力市场的发育，竞争程度不断提高，用人单位对应聘者的实际操作能力、适应工作环境变化的能力提出了越来越高的要求。

这些年来，虽然加快高等教育专业结构和人才培养结构的调整，已经成为政府和社会各方面的共识，并且也确实取得了一定进展，但总体上看，这项工作还不尽如人意。究其原因，恐怕是教育体制改革不到位所致。教育体制改革滞后于大学生就业制度改革，是最根本的症结。实践证明，离开教育体制的市场化改革，单纯依靠政府的管理措施，解决大学生供求结构性矛盾，是不现实的。

（四）大学生就观念障碍

在市场经济情况下，大学生个人的就业观念需要转变，全社会对大学生的就业观念也需要调整。由于就业观念的不适应，有的大学生盲目跟风，不能根据自身的特点进行择业，还有的不能根据实际情况进行就业目标的调整。目前，社会、家庭对大学生就业的期望值较高，在观念上还停留在以前计划经济时代，对大学生自主创业和多种形式灵活就业不能认同，认为大学毕业就应当马上就业，接受不了大学生失业的现实等。这些观念如不转变，势必会使就业问题越来越严重。

（五）高校就业指导工作滞后于就业形势现状

面对日趋激烈的人才竞争，大学生自身的就业竞争能力在很大程度上决定他们能否在竞争中获胜。由于大学生年龄相对较小、社会经验相对不足，对职业的认识和理解也有偏颇，从就业准备到职业选择都有许多的困惑和不解，所以加强对大学毕业生的就业指导无疑是提高其就业竞争能力的一个行之有效的举措。事实上，毕业生就业指导工作在我国起步时间不长，在实际操作中还存在这样或那样的问题，无法在提高毕业生就业竞争力上起到很大的促进作用。目前高校开展的就业指导，大多形式和内容比较单一，仍然停留在讲解就业政策、收集就业信息、分析就业形势、传授就业技巧等方面，从而忽视了对学生个性的塑造和潜能的开发，缺乏职业能力的测试和创新能力的引导。甚至不少高校没有健全的就业指导机构，万人高校只有几个人去做毕业生就业工作，人员素质也不高，繁杂的日常事务已难以应付，根本没有整块的时间用于毕业生就业指导。部分高校还是运用老办法，坐等用人单位上门，而不是主动走出去，积极与用人单位建立联系。

第二节 大学生认识创业

大学生要正确地认识创业，首先必须正确地认识创新。创新是一个民族进步的灵魂，是一个国家兴旺发达不竭的动力。当今世界的竞争，归根到底是综合国力的竞争，实质则是知识总量、人才素质和科技质量的竞争。

一、创新

党的十八大提出,实施创新驱动发展战略,大力推进经济发展方式转变和经济结构调整。习近平总书记指出,"唯改革者进,唯创新者强,唯改革创新者胜"。当今社会,我国迎来了一个全民创新的新时代。创新是一个国家和民族进步、发展的动力和源泉。一个国家想要走在时代前列,就一刻也不能停止创新。创新在国家各个领域都有着举足轻重的作用。科技日新月异,国际竞争日趋激烈,创新是适应时代变化的客观要求。创新也是每个现代人都应具备的素质,只有具备创新精神,把创新思维融入工作中,我们才能在未来的发展中开辟新的天地。

(一)创新的含义

创新一词,起源于拉丁语,原意有三层含义:一是更新;二是创造新的东西;三是改变。1912年,美籍奥地利经济学家J.A.熊彼特在其出版的《经济发展理论》一书中首次提出了创新的概念。熊彼特认为,创新是指把一种新的生产要素和生产条件的"新结合"引入生产体系,这种新组合能够使原来的成本曲线不断更新,由此会产生超额利润或潜在的超额利润。包括五个方面:一是研制或引进新产品,二是运用新技术,三是开辟新市场,四是采用新原料或原材料的新供给,五是建立新组织形式。熊彼特的创新理论受到经济学界的重视,尤其是20世纪70年代以后。21世纪初的创新在熊彼特的基础上有了很大的延伸和发展,从单纯的经济学概念演变为含义宽广的哲学概念,包括思想理论创新、科学技术创新、管理创新、经营创新、机制创新、制度创新、知识创新等。

时至今日,人们经常谈及的创新,简单来说就是"创造和发现新东西",通常有狭义创新和广义创新两种类型。狭义创新就是指现实生活中一切有创造意义的研究和发明,包括以不同以往任何形式的发明,创造出过去没有的事物,而且必须是有应用价值,具有推动社会进步意义的。广义创新是人们为了发展的需要,运用已知的信息,不断突破常规,发现或产生某种新颖、独特的有社会价值或个人价值的新事情、新思想的任何活动。广义创新比较容易做到,主要是指我们对某个问题的解决是否属于创造性的,不在于这一问题的解决方法是否曾有别人提出过,而在于对于本人来说是前所未有的。就是说,我们相对于自己有了新的想法或做法、新的观念或设计、新的方法或途径,这就是创新。广义创新的最终目的在于进行狭义创新。

（二）创新的特征

1. 新颖性。创新不是模仿、再造，而是对现有的不合理事物的扬弃，革除过时的内容，确立新的事物。因此，新颖性是创新的首要特征，创新以求新为灵魂，即对世界或者本人来说是前所未有的。

2. 目的性。任何创新活动都有一定的目的，这个特性贯彻于创新过程的始终。创新特别强调效益的产生，它不仅要知道"是什么""为什么"，还要知道"有什么用""怎样才能产生效益"。所以，创新是一个创造财富、产生效益的过程。

3. 变革性。创新是对已有事物的改革和革新，是一种深刻的变革。它不是一般的重复劳动，更不是对原有内容的简单修补，而必须是突破性的发展、根本性的变革、综合性的创造。

4. 价值性。创新有明显、具体的价值，对经济社会具有一定的效益。创新可以重新组合生产要素，从而改变资源产出，提高组织价值。对于企业来说，创新利润是最重要、最基础的部分，也只有创新利润才能够反映出企业的个性。

5. 风险性。创新可能成功，也可能失败，这种不确定性就构成了创新的风险。在创新过程中，由于外部环境的不确定性、创新本身的复杂性，以及创新者能力的有限性等，可能导致创新失败，未能实现预期目标，甚至无法收回前期的投入。只能通过科学的设计与严格的实施，尽量降低创新带来的风险。

二、创业

创业是当今时代的主旋律。改革开放以来，我国历经了五次创业高潮。

第一次创业高潮是在 20 世纪 80 年代改革开放之初。我国从计划经济向市场经济转轨的过程中，有些人利用计划内商品和计划外商品的价格差别，在市场上倒买倒卖商品，被人们戏称为"倒爷"。"倒爷"引领了当时中国的第一波创业浪潮。

第二次创业高潮是在 20 世纪 80 年代末 90 年代初，伴随着改革开放的深入，当时的许多人员放弃有保障的就业体系，转而从事风险较大的商业行为。人们将这种从商业行为称为"下海",代表人物有潘石屹、史玉柱等。这批创业者大都得到了很大的价值回报。

第三次创业高潮是在20世纪90年代末。伴随着硅谷的新经济浪潮,我国也开始关注互联网经济。这一波创业浪潮才是真正意义上的创业活动,阿里巴巴的马云、腾讯的马化腾、新东方的俞敏洪是这一时期创业的典型代表人物。这批创业者学历普遍较高,更注重创业管理。

第四次创业高潮是在2002年底。伴随着2000年互联网泡沫破灭,中国正式步入了信息经济和网络经济时代,百度、携程网、分众传媒等新兴的网络产业先后在纳斯达克成功上市。以李彦宏、梁建章、唐越等为代表的创业者掀起了第四次创业浪潮。

第五次创业高潮是在2012年。中共中央政治局审议通过八项规定,有效净化了我国市场经济环境,创造了公平公正的创业环境,释放了我国创新创业活力,激发了国人的创业热情。2014年,国务院总理李克强在第九届夏季达沃斯开幕式上致辞时提出"大众创业、万众创新"。2015年,我国政府工作报告强调"着力扩大就业创业。实施更加积极的就业政策,鼓励以创业带动就业。要落实好就业促进计划和创业引领计划,促进多渠道就业创业"。大众创业、万众创新的理念日益深入人心。联合国教科文组织发表的《21世纪的高等教育:展望与行动世界宣言》明确指出:为便于毕业生就业,培养学生的创业技能应成为高等教育主要关心的问题;毕业生将不仅是求职者,而应首先成为公众岗位的创造者。面对飞速发展的经济和不断宽松的商业环境,越来越多的高校毕业生投入到创新创业的大军中来。

(一)创业的内涵特征

在中国,"创业"一词最早出现在《孟子·梁惠王下》:"君子创业垂统,为可继也。"创业垂统就是创建功业,传给子孙。故《辞海》将创业解释为"开创基业"。在国外文献中,"创业"一词源于英文"entrepreneur",是"企业家""创业者"的意思。创业者这个词最早见于16世纪的法语文献,最早论述这个概念的是法国经济学家理查德·坎蒂隆,在其著作《商业性质概论》中指出:创业者的职能是冒着风险从事市场交换,即在某一既定价格下买进商品,在另一不确定的价格下卖出商品。《牛津英语字典》将"entrepreneur"解释为,企图借由承担风险与创立事业以获取利润的人。"创业者"与"企业家"的分界并不明显,都是用"entrepreneur"一词来表示。国外对"创业"最初所形成的概念不是"创业活动",而是"企业",特别是与"企业"这一组织密切相关的"企业家"。16世纪的美国学者杰夫里·提蒙斯所著的《创业创造》一书中把创业定义为"一种思考、推理结合运气的行为方式,它为运气带来的机会驱动,需要在方法上全盘考虑并拥有和谐的领导能力"。

创业有广义和狭义之分。广义的创业,是指所有创造新事业的过程,无论是创建新企业、企业内部创业,还是在工作岗位上创造性地发挥自己的才华,所从事的社会实践活动,都可以称为创业,其突出强调的是主体在能动性的社会实践中所体现的一种特定的精神、能力和行为方式。狭义的创业,是指主体以创造价值和就业机会为目的,通过组建一定的企业组织形式,为社会提供产品服务的经济活动。我们将创业理解为:创业是一个发现和捕抓机会并由此创造出新颖的产品、服务或实现其潜在价值的过程。大学生创业,即大学生个体或组成的团队运用所学习的知识、技能,发挥才华、能力,通过努力创新,寻求机会,开创事业,创造价值的过程。作为一个行为过程,创业具有以下主要特征:

1. 创业的本质在于创新

创新是创业的源泉,创业本身就是一种创新的行为、活动和过程,应该是具有创业精神的个体与有价值的商业机会的结合,即开创新的事业,其本质在于把握机会、创造性地整合资源、创新和超前行动。创业者在创业过程中,需要不断寻求新的思路、方法、模式,努力创新资源整合手段和资源获取渠道,将潜在的知识、技术和市场机会转化为现实生产力,推动新发明、新产品和新服务的涌现,创造出新的市场需求,从而推动科技创新。

2. 创业的前提在于商业价值的发掘利用

创业活动从创造或认识到事物新的商业用途开始。创业离不开创业者识别机会、把握机会和实现机会的有效活动。创业者必须具有敏锐的直觉和判断力,能够及时准确地识别和把握商业机会,将新的理念和设想通过新产品、新流程、新市场需求,以及新的服务方式有效地融入市场,进而创造新的价值或财富。

3. 创业的目的在于创造价值

创业也是劳动形式之一，劳动需要产生劳动成果，创业也需要创造劳动价值。与一般劳动不同，创业更强调创新性价值。这些创新成果通过技术、产品和服务等变革更好地为消费者服务，促进社会的发展和进步。

4. 创业的灵魂是创业精神

创业精神和创业的过程相伴而生。创业者在创业过程中需要具有持续旺盛的创新精神和坚持不懈的创业精神，比一般劳动付出更多的时间、精力和极大的努力，承担相应财务的、精神的和社会的风险，才能获得成功。

5. 创业以追求回报为目的

创业带来的回报，包括个人价值的满足与实现、知识与财富的积累、能力与经验的获取等。它是创业者进行创业的动机和动力。

（二）创业的要素

创业要素的分类有好几种，比如三要素说：技术、创新模式、创业团队；产品、资金、团队；资金、策划、市场。四要素说：创业者、创业机会、创业组织、创业资源。五要素说：眼光、思想、魄力、资本、关系。最为典型和公认的还是杰弗里·蒂蒙斯的三要素说，即蒂蒙斯模型。该模型提炼出了创业的三大关键要素，即创业机会、创业者及其创业团队、创业资源。蒂蒙斯认为，商业机会是创业过程的核心驱动力，创始人或工作团队是创业过程的主导者，资源是创业成功的必要保证，三者缺一不可。

1. 创业机会

创业机会就是指创业的商机。蒂蒙斯指出，创业过程的核心是商机问题。创业过程是由商机驱动的，新企业得以成功创建的起始点不是资金或者团队，而是商机。一个好的思路未必是一个好的商机。有资料显示：以商业计划或创业建议等形式递给投资者的思路中，每 100 个通常仅有 4～5 个能最后成为投资对象。在这些被否定的思路中，80% 以上是在最初的几个小时，甚至还没有打开商业计划书前就被否决了，还有 10%～15% 的是在投资者认真阅读了商业计划书之后被否决的。只有不到 10% 的商机能吸引住投资家，经过仔细地审查研究，在这中间还要有一些要被淘汰。成功的创业者可能要花难以计数的时间寻找创业思路，而这些思路到头来可能毫无商机。可见，学会快速寻找并有效识别有潜力的商机是多么重要。

2. 创业资源

创业资源是指新创企业在创造价值的过程中所需要的特定资产，是新创企业创立和运营的必要条件，主要表现形式为：创业人才、创业资本、创业技术和创业管理等。创业的过程实际上是创业者建立、整合和拓展资源的过程。一般而言，许多创业者在创业初期所能获取的资源都是匮乏的，都面临着人才少、资金少、管理经验不足等问题。这就要求创业者能够创造性地整合和运用资源，尤其是那些能够创造优势，并带来持续竞争力的资源。创业者既要善于利用自身所拥有的创业精神、社会关系等资源，也要想方设法获取和整合各类战略资源。

3. 创业团队

创业团队是新创企业成功的关键因素，是使机会识别利用与资源获取组合得以实现的驱动者。如果没有创业者及其团队的主观努力，机会就不能被有效识别，创业活动也不可能发生。有数据表明：70%的企业有多名创始人，17%的企业创始人在4个人以上，9%的在5个人以上。因此，风险投资家都非常重视创业团队，作为风险投资商，既不会去管理公司，也几乎无法参与日常管理。因此创业团队成为风险投资的最大风险。

在蒂蒙斯的模型中，创业过程本身是动态的，是创业机会、资源、团队这三个核心因素相互作用，由不平衡向平衡发展的动态过程。随着创业过程的开展，创业机会、创业者及其创业团队、资源三者做出相应的动态调整，实现三要素之间的匹配。创业现象也被认为是创业者、机会和资源三者之间的有效链接。没有创业机会，创业活动就成了盲动、难以创造真正的价值。没有创业者，机会就不会被发现和识别，创业活动也不会发生。没有资源，创业过程就没有各种生产要素的支撑，也难以发展。

（三）创业的价值

创业是经济发展的原动力，是社会就业的扩容器，是科技创新的加速器。知识经济时代，创业正在全球催生一种新的经济形态，通过创新创业，推动产业结构升级和市场繁荣发展。对于大学生而言，创业具有重大的现实意义：

1. 缓解大学生的就业压力

近年，全国高校毕业生总数持续上升，不断创出历史新高，大学生的求职竞争凸显激烈。大学生自主创业，不仅可以解决自身就业问题，而且能够创造新的就业岗位，给他人带来新的就业机会，缓解国家的就业压力。大学生创业造就了惠普公司等今天的高科技企业，也造就了硅谷神话，同时为美国创造了巨大的社会财富。在我国，大学生创业的比重仍然偏低。为此，国家把"鼓励和支持高校毕业生自主创业"作为化解当前社会就业难的主要政策之一。一个大学生的创业成功，往往可以带动几个，甚至一批大学生或社会待业人员的就业。提高大学生创业的比例，不仅能优化社会就业结构，减轻社会就业压力，也是社会发展的需求，促使社会资源合理配置。

2. 实现大学生的自我价值

当前社会鼓励大学生创业，虽然是从化解就业难的角度出发的，但从大学生自身来说，其创业的原动力在于谋求自我价值的实现。大学毕业生通过自主创业，可以把自己的兴趣和职业紧密结合，做适合自己性格、兴趣、能力的事情。通过自身的努力，最大限度地发挥自己的才能，寻找一条获得成功的道路，实现自己的理想。知识经济的出现，高新科技的发展，呼唤创业英雄的产生。大学生敢于创业，善于创业，才能顺应时代的要求，成为时代的英雄。

3. 培养大学生的创新精神

创新是一个民族的灵魂，是一个国家兴旺发达的不竭动力。青年大学生作为最年轻、活跃的群体，要勇于抛弃旧思想，创立新思想。创业的源泉正是创新，创业旨在激发大学生的主动性、能动性和创造性，为就业和创业做好各项准备，培养出各行各业的创业者。创业活动唤醒大学生的创新精神、创新意识，在纷繁复杂的市场环境中创造性地进行资源整合，从而创造出被市场认可的业绩，打造自己的一片新天地。

4. 推动大学生的长远发展

创业是一个复杂、艰辛的历程。提倡和鼓励大学生创业，是提高大学生综合能力素质的一条有效途径。它能够给大学生提供一个直接接触社会的机会，对于开阔视野和提高能力都是十分有益的。通过创业与创业实践，大学生创业者可以学会更好地应对风险和挑战,具有更好的心理素质和成熟的思想,变得更加强大。对于一个能够自我学习、自我调节和控制、积极适应社会的大学生来说,其就业创业便不会存在问题。不论大学生的创业成功与否,经过创业实践活动的锤炼,便能培育出一大批创新型人才,造就一支高素质的企业家队伍。

三、创新、创业与就业

（一）创新与创业

1. 创新是创业的动力和源泉

从本质上讲,创业是人们的一种创新性实践活动。无论是何种性质、类型的创业活动,它们都有一个共同的特征,即都是主体的一种能动性的、开创性的实践活动。在创业实践的过程中,主体的主观能动性将会得到充分的发挥,正是这种主体能动性充分体现了创业的创新性特征。创新在本质上是指人们发现新的,即有意义的事物的能力。创新能力是最重要的创业资本,创业者在创业过程中需要具有持续旺盛的创新精神、创新意识,需要独特、活跃、科学的思维方式,这样才可能产生富有创意的想法或方案,才可能不断寻求新的思路、新的方法、新的模式、新的出路,最终获得创业成功。

2. 创新的价值常常体现在创业

创新的价值就在于将潜在的知识、技术和市场机会转化为现实生产力,实现社会财富增长,造福人类社会。持续创新必然推动和成就创业。通过创业可实现创新成果的商品化和产业化,将创新的价值转化为具体、现实的社会财富。可以说,实现这种转化的根本途径就是创业。创业者可能不是创新者或是发明家,但必须具有能发现潜在的商机和敢于冒险的精神；创新者也并不一定是创业者或是企业家,但是创新的成果则是经由创业者推向市场的。使潜在的价值市场化,创新成果才能转化为现实生产力。

3. 创业推动并深化创新

创业是一个从无到有的实践,是在创新的基础上将创新的思想或成果转化为现实生产力的一种社会活动。虽然创新不是"创造新东西"的简单缩写,但是,通过理论或实践创新推出新的认识成果和物质产品,是创新实践的标志性内涵。

正是在这样的意义上，创业从本质上体现着创新的特质。创业的核心是创办企业，即通过创业者的努力，导致一个新的生产或服务性企业的诞生。创业可以推动新发明、新产品或新服务的不断涌现，创造出新的市场需求，从而进一步推动和深化科技创新，因而提高了企业或者整个国家的创新能力，推动经济增长。创新和创业二者动态融合的过程，以及创新精神、创新能力和市场意识，始终是创业成功和企业持续成长的内在动力。

（二）创业与就业

1. 创业丰富了当代大学生的就业选择

创业与就业的目标都是为了谋得职业，获得劳动收入。创业是就业岗位产生的前提和基础，相反，已经存在的就业岗位可以继续给创业者提供平台。目前，大学生就业的主要形式有报考国家公务员以及事业单位，入伍参军，升学，出国等。大学生选择自主创业既可以为自己就业寻找出路，又可以为社会减轻就业压力。创业无疑进一步拓宽了大学生的就业渠道，促进就业的倍增效应，从比较根本的层面上解决大学生就业的问题，使得就业问题得到进一步的缓解。

2. 宏观经济趋势要求创业带动就业

由于全球化进程中市场竞争的加剧，我国产业结构的优化和经济发展方式的转变，使得工作岗位的科技含量不断增加，劳动力的需求相对减少，这必然会缩小大型企业对于就业人群的吸纳。统计显示，我国新增的就业机会八成以上是由中小企业提供的，这些企业虽然规模比不上大型企业，却吸纳了劳动力市场上50%的新增就业人口。经济增长不再成为扩大就业和解决就业问题的主要途径，自主创新被视为产业增长的要素。未来我国的经济增长模式，首先应当鼓励以创业带动就业，不断地发展中小企业和私营企业，促进经济增长向第三产业倾斜，从而为社会提供更多的就业岗位，实现经济发展与扩大就业的良性循环。

3. 大学生群体与其他群体相比较，具有得天独厚的创业优势

大学生受到良好的高等教育，具有创业所需的特质，拥有自主创新的技术成果，学习过系统的创业课程。国家在政策上对大学生创业也给予了大力的扶持。大学生理应在观念上进行自我革新，成为创新创业的主力军。青年大学生应该把自己的人生追求同国家发展进步紧密结合起来，在创新创业中展现才华，服务

社会。

四、大学生创业的现状及意义

随着商业经济的高速发展和知识经济的来临,越来越多的大学生投入到自主创业的浪潮中,大学生创业已成为当下的热门话题。

(一)大学生创业现状

大学生创业正受到社会各界的关注。在知识经济时代,人才和科学技术的价值得到充分体现。近年来,伴随着风险投资、互联网和电子商务在中国的发展,一批大学生创业企业相继诞生。成功创业者的个人魅力和奋斗经历,正感染并激励着当代大学生。大学生创业已不仅是个人的选择,已经成了社会认同的一种有价值的行为。大学生正处于人生的黄金时期,精力充沛,接受能力强,思想活跃,富有创新精神,敢于冒险,勇于接受挑战,这些特点恰恰符合知识经济时代的需要。历史为大学生铺就了一个大舞台,时代呼唤一批大学生创业者。有创业理想的大学生应把握住历史机遇,在为国家、为社会做贡献的同时,实现自己的人生价值。

在全社会关注大学生创业的情况下,应届毕业大学生创业所面临的机遇如下:

1. 社会环境对自主创业的鼓励与支持

(1)经济发展提供了创业大舞台

随着我国经济的发展和改革的逐步深入,以及经济结构战略性调整的不断推进,产业结构的调整已加快了步伐。这意味着行业中原有的投资主体退出,个别行业将萎缩或消退,而新的投资者会出现,新兴行业将迅速崛起。新兴行业的出现和投资主体的多元化将推动一大批创业者的产生与成长。比如第三产业的发展使得中介服务、社区服务、文化服务、科技服务、家政服务等一大批新的职业需求发展,而这些行业都非常适合大学生创业。

(2)知识经济时代提供了更多的创业机遇

在知识经济时代,社会财富被新的知识创新阶层所掌控。一些新的就业方式和财富增长方式也将出现,以知识、信息、网络、数字化等为主体的就业者大量涌现。大学生作为我国高素质群体，知识经济时代的到来为其提供了更多的创业机会。在知识经济时代，大学生往往通过科技创新取得的突破性成果，进而独立或与他人合作创办公司，在为自己创造就业机会的同时，也为社会、为他人创造更多的就业机会。

（3）融资环境不断改善

对于创业者来说，要实现自己的创业梦想，融资是相当关键的一步。大学毕业生自身经济实力薄弱，因而通过一般的商业贷款获得资金是相当困难的。但是，我国银行已普遍开展创业贷款业务，大学生创业者所创办的企业规模普遍较小，可以通过这种贷款获得数万元的资金，实现自己的创业梦。同时，近年来，风险投资在我国如雨后春笋般迅速兴起。由于风险投资能够解决中小企业发展的融资问题，因而成为推动当前大学生创业的关键因素之一。

（4）良好的政策法规环境

创业者能够顺利创业，离不开良好的法律政策环境，特别是允许个人创办、经营企业的相关政策法规。改革开放以来，我国逐步建立起以公有制为主体，多种经济成分共同发展的经济体系。非公有制经过40年的发展，在就业结构中已经占有非常重要的地位。在全面建设小康社会的新阶段，国家为自主创业、开办私人企业提供了一个良好的政策法规环境。《中华人民共和国公司法》《中华人民共和国个人独资企业法》《中华人民共和国合伙企业法》《就业促进法》等法律和一系列针对大学生创业的优惠政策已经出台并生效，公司、个人独资企业和合伙企业这三种最常见的企业形式的地位已经得到确立，大学生创办企业的门槛已经大大降低。这为大学生创业提供了最基本的法律保障，营造了宽松的政策环境。

（5）良好的社会文化心理条件

社会的文化心理状况同样影响创业行为。改革开放40年来，随着我国经济发展和社会进步，人们的创新意识和能力得到彰显，人们的生活方式、工作方式、挣钱方式、自我实现的方式发生了深刻的变化，由此，人们对就业方式的认识也发生了改变。大学生到外资企业、民营企业或根据自己的兴趣爱好自谋职业的方式逐渐被社会认可、接受，大学生自主创业也得到了广泛的理解。

2. 大学毕业生对自主创业的内在渴求

大学生的价值取向,反映了大学生以什么样的态度去对待社会价值和自我价值,并做出什么样的选择和追求。随着市场经济的不断发展,个人利益的合理性与合法性得到了承认和肯定,大学生群体价值观体系的建构,已经不是以某种价值观为核心的单一主导价值观为特征,而是以多元价值观为基础的兼容性价值体系。新世纪的大学生立志成才,渴望成功。他们逐步认识到,要取得成功必须选择适合自己的成功目标。为此,他们有着多种不同的设计和选择,自主创业这种方式也成了他们的选择目标之一。

(1)"身份意识"淡化,效益观念增强

新一代的80后、90后大学生不愿在择业上受到太多的束缚,不希望成为被动的"工作机器",一些工作弹性度大、自由支配度高、经济收入高的职业逐渐受到青睐,工作的稳定性不再是他们追求的唯一目标。在选择上,他们不再迷信大单位、铁饭碗,择业领域放宽。以往"政府机关、事业单位、国有大型企业"这些热门行业也不再是他们的唯一选择,进入高收入的非国有企业或自主创业也成了大学生就业的一种方式。自主创业的观念已被当代大学生基本接受,许多在校大学生正逐渐树立起自主创业意识,不断适应社会发展需求。

(2)注重个人兴趣,择业意识明显

大多数毕业生根据自己的兴趣到社会中锻炼自己、培养能力。当前大学毕业生就业已经从被动等待就业的方式,向主动多元化就业方式转变。可以看出,随着时代和社会的进步,新一代大学生的个体意识逐渐加强,更加注重自我价值的实现,更加关注生存条件和职业发展空间。在择业观上重视兴趣爱好,并以此设计前途发展。

(3)就业压力对自主创业的催化

近几年,毕业生求职队伍迅速扩大,由此而带来的巨大的就业压力也进一步增大。2005年,要求就业的人数是扩招前的将近3倍,达到340万人,而到了2010年,毕业生的总量比2005年几乎翻了一番,达到631万人。2013年,全国高校毕业生人数达到699万,创历年来新高,堪称"史上最难就业年"。2017年,高校毕业生数量再创历史新高,达到795万人。在激烈竞争的形势下,与其拼命去争抢一个就业岗位，不如根据自己的兴趣、爱好和特长自主创业，自己当老板。

（二）大学生创业的意义

近几年来，大学生创业已成为社会和媒体关注的话题，教育部和有关部门也出台了相关政策允许和鼓励大学生自主创业。目前，在我国高等教育实现跨越式发展，高等教育快步进入"大众化"新阶段的社会背景下，提倡和鼓励大学生自主创业具有重要的意义。

1. 创业是大学生展现个性的机会

创业为大学生提供了施展个人才能的机会。在创业活动中通常是创业者个人选择工作岗位，在创业活动中完全可以发挥自己的才华和个性，实现自己的人生目标。一般情况下，任何具有自我意识的人都在进行自我设计，自我设计是自我价值实现的一种方式。大学生创业者选择创业是其人生旅途的一种自我设计，它虽然是从自我意识出发，但一定要与社会和他人协调发展，只有把自己的价值与社会价值统一起来的创业者，才能获得更多的机遇和创业成功的机会。

2. 创业是大学生实现理想和积累财富的途径

今天，个人创业致富，实现自我价值已无可非议。如果大学生要想变得非常富有，开创自己的事业是最有希望实现致富目标的，没有人靠为别人工作把自己变得惊人的富有。当前，大学生的就业观念正在悄悄地发生改变，一个鼓励创业、保护创业、崇拜创业的大环境正在逐步形成。大学生不必再沿着工业时代前辈们的老路前进，时代赋予了大学生越来越多的创业机遇，用知识创造财富，大学生完全可以成为新经济时代的拓荒者并创造财富。产业结构调整带来的巨大创业机会，以及政府出台"创业带动就业"的政策，促使大学生创业潜流涌动，大学生通过自主创业将实现致富梦想。

在知识经济时代，知识就是资本，如微软的比尔·盖茨、雅虎的杨致远、复星实业的郭广昌等。大学生在创业活动中实现自己的理想、积累财富，同时也实现了自身的价值。但创业也是一种社会活动，在实现个人理想和价值时，要对社会做出贡献；在个人积累财富的同时，也为社会和他人积累财富。这是新时代大学生创业者的风采。

3. 创业有利于大学生形成新的成才观念

大学生创业概念，对传统的教育观和成才观提出了挑战。在传统的高等教育模式下，大学生毕业后找一家满意的单位就职，积累一定的阅历后谋求职位的提升。但在充满竞争的现代社会中，大学生对未来的选择却越来越多元化。如果创业作为大学生未来的选择，势必对大学生在校的学习生活产生深远的影响，他们将重新设计自己的成才道路，并为此做好准备。

虽然我国许多高校已经开展了大学生创业教育，许多学子已经进行了创业的尝试，并且取得了可喜的成效，但是最终选择自主创业的学生毕竟是少数。这些少数学生创业者的涌现，必将带动更多有创业激情和创业准备的大学生。大学里的创业教育本身是教育方式和内容多样化的体现，我们可以给那些有创业兴趣的学生多提供学习的机会，使大学生树立起创业意识，这将比创业本身更有意义。因为在创业意识的推动下，大学生将更加重视人格及自身素质的完善和提高，而大学生整体素质的提高有利于更优秀的创业者出现。

4. 大学生创业为社会创造财富

美国的硅谷、北京的中关村和上海的张江都、武汉的光谷都是学者创业并为社会创造财富的基地。大学生在大学期间，正处在创造心理的觉醒时期，对创造充满渴望和憧憬，而且受传统习俗的约束较少，敢想敢做，思想活跃，富有创造性。许多新思想、新理论、新发明和新发现，正是由处于这一时期的年轻人完成的。因此，对大学生进行创造力和创业能力的培养教育具有十分重要的意义。创新和创业能力的教育和培养可使知识变成财富。大学生创业有利于在全社会营造科技创新的氛围，而且能够直接推动我国科技成果的产业化发展，增强我国企业的国际竞争力。

5. 大学生创业是缓解社会就业压力的新途径

大学生创业能力的培养，有利于解决大学生就业难的问题。创业能力是一个人在创业实践活动中的自我生存、自我发展的能力，一个创业能力很强的大学毕业生不但不会增加社会的就业压力，相反还能通过自主创业活动来增加就业岗位，以缓解社会的就业压力。通过开展创业教育，可以开发和培养学生的创业基本素质，提高学生的生存能力、竞争能力和创业能力，使之成为复合型人才。实施创业，能缓解高校毕业生的就业压力。

6. 创业有利于培养大学生的团队精神、磨炼大学生的意志

创业需要多学科的合作，需要各种技能的综合，没有一个齐心协力、配合默契的创业团队，创业是很难成功的。创业首先需要进行团队的训练，这对大学生来说，能够增进彼此之间的了解，增强团队精神。

创业是一个艰苦的过程，会遇到许多困难，甚至是失败，这与相当一部分大学生习惯家长、老师和社会的呵护形成了鲜明的对比。学生创业者要自己去闯天下，自己去找资金，自己去找市场，他们会遇到自己从未遇到的困难，这对他们的意志是一个很好的磨炼机会。

7. 时代的呼唤

众所周知，美国的硅谷与斯坦福大学、学生创业公司以及美国的风险投资公司一起成长。没有大学生创业者，也就没有今天的惠普公司、英特尔公司和苹果电脑公司等世界著名的高科技公司，也就没有今天世界一流的斯坦福大学，更没有今天的硅谷。

研究美国科技经济发展的专家指出，在过去的30年里，美国已经培养出了自1776年建国以来，最具革命性的一代人——新的创业一代。他们彻底改变了美国乃至世界的经济和社会结构，他们将比其他任何一种力量更能决定美国和整个世界的生活、工作和学习方式，并将继续成为新世纪科技、经济发展的主导力量。

当今社会，是充满竞争的社会。加入WTO后，中国经济逐渐与世界融为一体，外资进入中国，中国走向世界。因此，未来的竞争，是世界范围的竞争，并将更趋激烈。激烈竞争的核心因素，是人的素质、能力方面的竞争，而人的素质、能力是需要经过实践锻炼才能培养出来的。反观我们的大学生，多是独生子女，中国的传统教育观念及相应的育人方式，使得我们的独生子女始终在一种过度保护的状态下生活，许多应该由孩子做的事情，都被家长或社会包办代替了这使得不少学生直到大学毕业时对现实生活还比较陌生。

对任何人来说，自主创业都是一项关系重大的决策，因为它将对个人的一生产生重大的影响。我国要想在21世纪成为世界科技经济发展的一支主导力量，也应当像美国那样在培养新的创业一代方面下功夫。

作为拥有知识的当代大学生,他们具备 20 世纪八九十年代的创业者所不具备的优势,所以应当抓住当前创业的黄金期,走在创业队伍的最前沿,把创业作为人生成功的重要途径,通过创业实现自己的理想,体现自己的人生价值,实现精神与物质财富的双丰收,为国家经济发展、社会进步和民族崛起贡献自己的力量。

第三节 就业创业与心理的关系

一、心理学与创业

科学心理学诞生于 19 世纪末的欧洲,在实证主义的影响下,它开始以实验的方法研究人的心理和行为。心理学家开始关注创业则是在 20 世纪中叶以后,早期的创业研究者以创业的特质论为基础,通过以比较创业者和非创业者人格、态度与人口统计学特征论为基础,来区分创业者和非创业者的特质差别。著名的心理学家麦克兰德(David C.McClellend)在《实现中的社会》一书中指出:心理学家通过分析创业者的人格特征来研究和预测创业行为发生的概率。但是,他们得出的结论对创业行为的解释力和预测力都比较低。

20 世纪 70 年代,创业心理的一些研究成果走进美国很多高校商学院的教科书中,创业心理成为研究创业的"第二势力"。这时,创业研究者将战略家们"战略思考"的模式引入创业领域,形成创业领域的"战略取向"以研究个人做出战略决策的过程。美国哈佛商学院也因亚伯拉罕·扎莱兹尼克和哈里·莱文森提出了组织心理分析理论而成为世界创业心理研究中心。这种理论仍是从管理理论入手,以心理分析方法探讨领导角色、决策过程等问题。

进入 80 年代,社会网络理论的产生给创业心理研究带来了新视野。美国社会心理学家霍华德·奥德里奇从社会网络角度看创业。这对于试图研究"创业者是谁?谁能成为创业者?"的个性特质研究取向来说是一个打击。比尔·加德纳在其著述中公开反对研究创业人格特质,而认为应该从"创业形成的社会网络中看待创业者"。

90年代以来，无论是战略取向还是社会网络理论都更加生态化、系统化。根据调查，从心理学角度考虑创业研究占有关创业总研究的20%～30%，仅次于经济学领域对这个问题的研究。这个比例甚至超过了创业学的研究数量，足以证明创业心理研究之热。

进入21世纪，特别是随着信息化技术的发展，高新技术产业的创业成为主流，无形间加快了创业的速度，也促使社会总的经济运行和产业更新换代的速度加快。在这样的社会大背景下，认知研究和社会认知理论日益成熟，谢恩（Shane）、克鲁格（Kruger）、米歇尔（Mitchell）等创业研究者通过借助认知研究和社会认知理论，来研究人格特质、能力、认知、行为和环境条件等影响创业的因素，解释和预测创业行为。

二、就业创业与心理的相互作用

（一）就业创业者的心理影响就业创业

就业创业是一种特殊的社会活动。就业创业活动会受到社会经济、政治和文化环境的影响，也会受到企业资金、设备、技术、制度等因素的制约，但无疑更加会受到创业者的个人行为的影响。因为就业创业活动的主体是就业创业者，就业创业者是就业创业活动的最直接推动者，就业创业活动的任何一步，都离不开就业创业者的分析、判断、决策。就业创业者的一些心理和人格特征，以及心理活动过程，无疑都会影响到就业创业者的分析、判断和决策行为，从而会对就业创业活动产生影响。无数案例的实践也证明，就业创业者的心理对就业创业活动的影响力是非常巨大的，甚至与就业创业的成与败有直接联系。

（二）就业创业活动影响就业创业者的心理

人的主观意识会影响其实践，反过来，实践也会影响人的主观意识。因此就业创业活动也会对就业创业者的心理产生影响。随着就业创业活动的不断进行，就业创业者的经验必然会越来越丰富，对就业创业活动规律的认识会越来越深刻，分析问题和解决问题的能力、人际交往能力、环境适应能力以及经营管理能力等各种能力素质也会不断提高。特别是，艰辛的创业之路会让很多创业者的自信心、意志品质、心理承受力等得到磨炼，且不断提高。当然，也必然会有小部分创业者，经受不起磨炼和考验，变得意志越来越消沉、自卑、脆弱，甚至会出现一些心理问题。

三、与创业相关的心理学理论

创业心理学理论是建立在心理学理论基础之上的，研究和探讨创业者的心理，最具代表性的心理学理论有马斯洛的需要层次理论、班杜拉的自我效能论、大五人格理论等。

（一）马斯洛的需要层次理论

马斯洛把人类的需要划分为5个层次，分别为生理需要（Physiological needs）、安全需要（Safety needs）、爱和归属的需要（Love and belonging needs）、尊重的需要（Esteem needs）和自我实现的需要（Self-actualization needs），依次由较低层次到较高层次排列。

（1）生理需要：人对食物、水分、空气、睡眠和性等的需要。生理上的需要是人们最原始、最基本的需要。如果得不到满足，人类的生存就成了问题。这就是说，它是最强烈的不可避免的最底层需要，也是推动人们行动的强大动力。

（2）安全需要：它表现为人们要求稳定、安全、受到保护、有秩序、能免除恐惧和焦虑等。安全需要比生理需要较高一级，当生理需要得到满足以后就要保障这种需要。每一个在现实中生活的人，都会产生安全感的欲望、自由的欲望、防御实力的欲望。

（3）爱和归属的需要：指个人渴望得到家庭、团体、朋友、同事的关怀爱护和理解，是对友情、信任、温暖、爱情的需要。归属和爱的需要比生理和安全需要更细微、更难捉摸，它与个人性格、经历、生活区域、民族、生活习惯、宗教信仰等都有关系，这种需要是难以察觉、无法度量的。

（4）尊重的需要：尊重的需要可分为自尊、他尊和权力欲3类，包括自我尊重、自我评价以及尊重别人。尊重的需要很少能够得到完全的满足，但基本上的满足就可产生推动力。

（5）自我实现的需要：自我实现的需要是最高等级的需要。满足这种需要就要求完成与自己能力相称的工作，最充分地发挥自己潜在能力，成为所期望的人，这是一种创造的需要。有自我实现需要的人，似乎在竭尽所能，使自己趋于完美。自我实现意味着充分地、活跃地、忘我地、全神贯注地体验生活。

（二）班杜拉的自我效能论

班杜拉认为，人对行为的决策是主动的，人的认知变量如期待、注意和评价等在行为决策中起着重要的作用。班杜拉认为，人类的行为不仅受行为结果的影响，而且受通过人的认知形成的对自我行为能力与行为结果的期望的影响。他发现，即使个体知道某种行为会导致何种结果，但也不一定去从事这种行为或开展某项活动，而是首先要推测一下自己行不行，有没有实施这一行为的能力与信心。这种推测和估计的过程，实际上就是自我效能的表现，所谓的自我效能感指的是人们对影响自己的事件的自我控制能力的自我知觉。因此，人的行为既受结果期望的影响，又受自我效能期望的左右，自我效能是人类行为的决定性因素。通过区别效能期望和结果期望，班杜拉创造了自我效能概念。结果期望属于传统期望的概念范畴，是人们对自己的某一行为会导致什么样结果的推测；而效能期望则是个体对自己实施某一行为的能力的主观判断，即对自身行为能力的推测。

（三）大五人格理论

麦克雷和科斯塔用卡特尔特质量表测量学生时得到了80个量表的评定数据，从中确定了5个因素，即外向性（Extraversion）、宜人性（Agreeableness）、责任感（Conscientiousness）、神经质（Neuroticism）和开放性（Openness）这5个人格维度的单词的第一个字母恰好组成了单词"Ocean"海洋，正好容纳了人类人格的"海洋"。

（1）神经质（Neuroticism）表现为烦恼对平静、不安全感对安全感、自怜对自我满意，包括焦虑、敌对、压抑、自我意识、冲动、脆弱等特质。

（2）外向性（Extraversion）表现为好交际对不好交际、爱娱乐对严肃、感情丰富对含蓄；表现出热情、社交、果断、活跃、冒险、乐观等特点。

（3）开放性（Openness）表现为富于想象对务实、寻求变化对遵守惯例、自主对顺从。具有想象、审美、情感丰富、求异、创造、智慧等特征。

（4）宜人性（Agreeableness）表现为热心对无情、信赖对怀疑、乐于助人对不合作。包括信任、利他、直率、谦虚、移情等品质。

（5）责任感（Conscientiousness）表现为有序对无序、谨慎细心对粗心大意、自律对意志薄弱。包括胜任、公正、条理、尽职、成就、自律、谨慎、克制等特点。

这5个人格因素具有跨文化的一致性和等级评定的一致性特点。

（四）斯皮尔曼的能力二因素说

英国心理学家和统计学家斯皮尔曼（C.Spearman）根据人们完成智力作业时成绩的相关程度，提出能力由两种因素组成。一种是普通能力或普遍因素（G因素），它是人的基本的心理潜能（能量），是决定一个人能力高低的主要因素。正是由于这种因素，人们在完成不同智力作业时的成绩才会出现某种正相关。另一种是特殊能力或特殊因素（S因素），它是保证人们完成某些特定的作业或活动所必需的。由于这些因素起作用，人们的作业成绩才没有完全的相关。由许多特殊因素与某种普遍因素结合在一起，就组成人的智力。人们在完成任何一种作业时都有G因素和S因素两种参加。活动中包含的G因素越多，各种作业成绩的正相关性就越高；相反，包含的S因素越多，成绩的正相关性就越低。

（五）情绪智力理论

1.能力型情绪智力——J.D.Mayer和P.Salovey的情绪智力理论

1990年，美国心理学家Mayer和Salovey首次正式使用情绪智力这一概念来描述对成功至关重要的情绪特征这一概念，经过他们在1993年、1996年的修改后，1997年基本定型。他们把情绪智力看作是个体准确、有效地加工情绪信息的能力集合。他们认为"情绪智力是觉知和表达情绪、利用情绪促进思维、理解和分析情绪，以及调控自己与他人情绪的能力"，因此概括出了情绪智力所包括的4级能力，它们在发展与成熟过程中有一定的次序先后和级别之分。

2.Goleman的情绪智力理论

Goleman认为，情绪智力本质上是一种潜能，而情绪胜任力是以情绪智力为基础的一种习得的能力，反映人们通过学习、掌握技能以及把这种智力应用到具体的情景中的能力。情绪胜任力模型为：自我意识、自我调节、自我激励、移情和社交技能，由5个因素25种胜任力构成。2000年，Goleman等人又对情绪智力做了描述性定义："情绪智力能够被观察到，当一个人在情境中，在适当的时候经常以有效的方式展示构成自我意识、自我管理、社会觉察和社会技能的胜任力。"

3.Bar-On 情绪智力理论

1997 年，Bar-On 通过多年的研究和实践提出了自己对情绪智力的定义：情绪智力是一系列影响个人成功应对环境需求和压力的能力的非认知能力、胜任力和技能。并且他还认为，情绪智力是决定一个人在生活中能否取得成功的重要因素，直接影响人的整个心理健康。Bar-On 提出的情绪和社会智力结构模型由 5 个维度 15 个因素组成。

（六）成就动机理论

美国哈佛大学教授戴维·麦克利兰是当代研究动机的权威心理学家。他提出了著名的"三种需要理论"。他认为人们在生理需要得到满足以后，还有三种高层次需要：

（1）成就需要，即争取成功，希望做得最好的需要和欲望；

（2）亲和力（归属）需要，即建立友好亲密的人际关系的需要；

（3）权力需要，即影响或控制他人且不受他人控制的需要。

对于每一个体而言，这三种需要同时存在，但在不同的时期和条件下，可以因需要的强度不同而形成不同的优势需要，其中具有强烈的成就需要的个体是高成就需要者。

第四节　创业心理的主要内容

国内外一些专家在研究创业心理问题时，探索研究了一些影响创业的心理因素，其中成就动机是创业中最重要的因素之一。

一、成就动机

成就动机（Achievement Orientation）是最受研究者关注的个体创业意向特质

因素。当个体对自己的人生成就具有较高水平的期望时,创业作为一种职业生涯的选择会具有相当的吸引力,因为创业能够为个体带来其他选择所无法提供的心理上和物质上的巨大成就与满足感。McClelland 和 Boyatzis 以及 McClelland 和 Burnham 的一系列实证研究均证明:个人的成就动机是个体创业意向的重要驱动力。

很多国外学者如 Gartner、Bird、Starr(1992)、Begleg、Boyd(1987)、Carl(1991)、Lachman(1980)、Ray(1981)以及 Schere(1982)等专家都认为:创业者比一般管理者具有更高的成就动机,这种成就动机往往会影响创业的决策和所创业的持续能力,这样的创业者一般都具有强烈的成就需求和自我驱动。

国内学者孙跃、胡蓓、杨天中(2011)研究了成就动机和大学生创业意愿的关系,提出:大学生成就动机与创业态度显著呈正相关;大学生创业态度越积极,创业意愿越高;成就动机越强,风险倾向越趋于冒险等。

经过检验,这几个假设全都成立,这说明大学生成就动机对大学生创业意愿有着重要影响的因素,但是这种影响是通过间接的方式表现出来的,还是直接的方式表现出来的呢?结论是:创业动机跟创业态度呈正相关,成就动机越强,创业态度越显著,而创业态度直接影响着创业意愿,创业态度越积极,创业意愿就越高。大学生成就动机跟风险倾向呈正相关,大学生成就动机越强,其本人的风险倾向越趋于冒险,更多将创业风险看作是创业机会,从而采取冒险的创业行为。

陈丹、王文科(2012)也在研究中发现,大学生个人成就需要与创业意向之间有显著的正相关关系,在个体的个人成就需要、风险偏好和内部控制 3 个心理特征上,个人成就需要对创业意向的影响作用最大,风险偏好次之,而内部控制则不会对创业意向产生影响。

二、创业态度

创业态度会影响创业意向,创业态度是创业意向非常重要的预测指标。齐昕、刘家树(2008)实证研究发现,创业态度对创业意愿的影响系数为 0.401,直接影响较大。冉晓丽(2012)探讨了大学生创业态度和创业意向的关系,研究发现,大学生创业态度与创业意向之间存在显著正相关,成就动机、创业回报、自主性对大学生创业意向的影响系数均达到显著水平,追求变化对大学生创业意向的影响系数未达到显著水平。并且成就动机、创业回报对创业意向具有显著的预测作用。陈文娟、姚冠新、徐占东(2012)对大学生的创业态度进行了研究,发现创业态度是创业特质和创业认知影响创业意愿的中介变量,创业者的人格特质以及创业认知通过创业态度影响创业意愿,提升大学生创业意愿关键在于提升大学生的创业态度,强化创业态度主要应从创业认知与创业特质入手。

姜海燕、余如英(2012)对地方高校大学生创业倾向进行了研究,发现创业态度、环境影响、冒险倾向等创业心理品质变量对大学生的创业倾向的影响显著,其中创业态度对大学生创业倾向的回归系数为0.22,在3个回归系数中相对较大,这表明创业态度对大学生的创业倾向影响最大。创业态度对创业倾向有着相当显著的正向影响作用,创业态度强的学生,创业意愿越强烈,也越有可能去创业,因而创业倾向性更强。

黄四枚(2009)对高校大学生创业倾向影响因素进行了研究,发现个人背景、学校创业教育和社会因素等是制约和影响大学生创业态度的主要因素,创业态度和创业倾向呈正相关,创业态度直接影响着大学生的创业倾向。叶贤(2010)用实证研究探讨了个体心理因素对大学生创业意向的影响,发现个体心理变量与大学生创业意向显著相关,在个体心理变量中创业态度是影响创业意向的最主要变量,对创业意向影响最大。

三、创业人格

创业人格作为个体心理品质对创业意向有着促进的作用,性格特质是影响大学生创业意向的重要因素,且具备冒险精神、目标坚定、敢闯敢干、坚持不懈、开朗外向、吃苦耐劳性格特质的大学生拥有较强的创业意愿。大学生人格特质可以直接作用于大学生创业意向,也可以间接地通过创业态度(人格特征和创业态度呈正相关)和创业自我效能(大学生主动性人格和创业自我效能呈显著正相关)来对大学生创业意向起作用。

有学者研究了人格特质对创业意向起作用的机理,发现冒险性、主动性、尽职性和创新性4个人格特点直接作用于创业意向,促进了创业意向的形成。人格和工作绩效的关系一直是人格理论研究的热点，其中"大五"人格理论很好地解答了两者的关系。

国内一些学者受此启发，运用"大五"人格理论研究了"大五"人格的5个主要人格特点和大学生创业意向的关系，发现开放性、责任感和外向性能积极预测创业意向，宜人性能消极预测创业意向。但随着研究的深入也发现一些其他问题，在"大五"人格对创业意向起作用的过程中，还有一些其他调节变量的存在，大学生的性别、户籍的城乡差别和学校的类别3个因素是其中的一个变量，这一变量调节了"大五"人格与大学生创业意向之间的关系。这一调节变量表现为：①性别差别上，宜人性人格特征对创业意向的预测上，男、女不同，对于男生来说，宜人性显著负向预测创业执行意向，而对于女生来讲，宜人性不能显著预测创业执行意向；②在城乡差别上，出身农村的大学生，外向性显著正向预测创业执行意向，宜人性显著负向预测创业执行意向，但对于城市出身的大学生，外向性和宜人性不能显著预测创业执行意向；③在学校的类别上，本科的大学生，神经质和责任感能显著正向预测创业执行意向，但宜人性不能显著预测创业执行意向，专科的大学生，神经质和责任感不能显著预测创业执行意向，但宜人性能显著负向预测创业执行意向。另一调节变量是创业的自我效能感，创业自我效能感在外向性与创业目标意向之间、外向性与创业执行意向之间、宜人性与创业目标意向之间、宜人性与创业执行意向之间、严谨性与创业执行意向之间起部分中介作用；创业自我效能感在严谨性与创业目标意向之间起完全中介作用。

笔者为了探讨大学生创业意向与人格特征的相关性，在2017年采用《大学生创业意向问卷》和《艾森克人格问卷中文版（成人版）》两个问卷为研究工具对贵州省贵阳市500名大学生开展了问卷调查。通过对创业意向与各人格特征进行相关分析发现，在各人格特征维度中，内外倾人格与大学生创业意向总分及其各维度均呈显著正相关，说明越外向的人创业意向越高。这可能是由于，如果要建立起一个企业，就必须要与企业的内部和外部的人处理好人际关系，外向型性格人喜欢与人打交道，而内向的人则更愿意一个人处理问题，不擅长于与人打交道，因此外向的人有更多的创业意向。神经质得分与自我效能感得分呈显著负相关，高神经质的人常常情绪不稳定，表现出高焦虑、常喜怒无常、容易激动，说明当个体长期处于自我情绪不稳定状态，其自我效能感偏低，而神经质人格的与其他创业意向维度不存在相关，精神质与创业意向也不存在相关。回归分析发现，人格特征中的内外倾维度对创业意向及其各维度得分都有显著的正向预测作用，这些结果说明人格的内外向因素是影响创业意向的主要因素，人格越外向，其创业意向水平越高。

同时，笔者还在研究中发现大学生的创业意向存在着性别差异，男生在创业意向及其各维度上的得分均显著高于女生，追其原因，在中国这样的社会环境下，"男主外，女主内"的传统思想对我们的社会角色定位的影响还是比较强的，社会和家庭赋予男士的经济责任要更多些，而赋予女士的家庭责任更多些，因此男生的创业意向要高于女生。理科生的创业意向及其各维度上的得分均高于文科生，这可能是由于文科生所学东西更多是精神层面的，而理科生所学的东西更多的实用技术，能创造出实际能用的物品，其所学更容易迎合市场，因此理科生的创业意向比文科生要高。家庭环境对大学生的创业意向也有一定的影响，对于家里有创业经历的人来说，其社会支持得分显著高于家里没有创业经历的人，这可能是由于，家里有人创业，会让大学生从小获得观察学习的机会，对于创业就不是太陌生，而且家里有人创业成功，也会增强大学生的自信心，同时，家里的创业成功，也会给大学生将来的创业提供一个的资源，因此此类大学生的社会支持更高。在年级这一人口学变量上，大二年级的创业意向比较高；大四年级的总体上创业意向处于中间水平，而其自我效能感较高；而大一和大三年级的创业意向普遍较低。不同时期，大学生对自我未来的定义是不一样的，大一的时候，大学生刚进校园，对未来还没有过多考虑，因此创业意向普遍较低；到了大二，学生们都开始考虑自己的未来，而这个时候的大学生自信心都比较高，对自我的定位也都比较高，因此对自己将来能成功有很大的自信，故而其创业意向方面的得分都比较高；大三的时候，学生们进过三年的学习，对自身有了更深的了解，明白了自身能力的不足，因此在创业意向上的得分又比较低了；大四的学生，临近毕业，对于未来，创业是其当下的一个选择，很多大学生都开始认真考虑这个问题，因此其创业意向又变得比较高，而且进过四年的学习，对自我的学习成果有一定认可，因此其自我效能感比较高。

四、创业自我效能感

目前,对大学生创业自我效能感进行了诸多方面的研究,其研究主要集中在创业自我效能感的内容、与创业人格的关系和创业意向的影响等方面。

创业自我效能感是 Chen 等(1998)在科研论文中首次提出的,从而把创业自我效能感转移到受关注的重点领域了。Chen 等通过实证研究,认为效能感十分适合引入创业领域,属于特定任务构建;效能感和行为两者的关系在充满风险和不确定的情景下能最好地被论证。Chen 等提出了创业自我效能感包含5个维度,分别为:市场(Marketing)、创新(Innovation)、管理(Management)、风险承担(Risk-taking)和财务控制(Financial control)。

Jill(2005)等学者提出基于特定创业任务而划分出的4个创业效能感维度:机会识别效能感、关系效能感、管理效能感、风险容忍效能感。其中,机会识别效能感是指个人在开发新产品、识别新市场机会的能力上的自信;关系效能感是指个人在自身建立关系能力上的自信,特别是与潜在投资者、与资金来源等有重要关系的人之间建立关系的能力上所具有的自信;管理效能感是指个人在自身的管理能力,特别是经济和财务管理能力上所具有的自信;风险容忍效能感是指个人在焦虑、压力、冲突和变化的环境条件下卓有成效地开展工作的能力上所具有的自信。

Jung 等(2001)在考虑社会文化差异的基础上,研究了创业效能感与创业意图和行为的关系。研究表明,创业效能感与创业意向和行为呈显著正相关。具体对于学生样本来说,机会识别和创新环境两个创业效能感分量表的得分与他们的创业意图和实际准备行为呈显著正相关。Boris(2006)研究表明创业效能感能比文化价值能更好地影响创业意向。

汤明(2009)基于创业的特定任务,提出了创业自我效能感的5个维度,分别为创新效能感、机会识别效能感、风险承担效能感、关系协调效能感和组织承诺效能感,并指出创业自我效能感整体上与创业意图呈显著正相关,影响创业意向的强度、方向和持续性;个体与环境因素是影响创业自我效能感的前因变量;创业自我效能感在个人特质、外部环境与创业意向之间发挥中介作用。

汪姣(2012)研究发现,创业自我效能感在大学生创业教育与创业意向之间起到部分中介作用，女生的创业自我效能感与创业目标意向之间的关系比男生更强，创业自我效能感对于男生和女生的创业执行意向的影响是一样的，不存在调节的作用，创业自我效能感是有调节的中介变量。叶贤（2010）研究发现，创业自我效能感通过创业态度间接作用于创业意向。孙杨、张向葵（2014）考察了"大五"人格和创业意向之间的关系，发现创业自我效能感在两者之间起到中介的作用，创业自我效能感在外向性与创业意向之间、宜人性与创业意向之间、严谨性与创业执行意向之间起部分中介作用，创业自我效能感在严谨性与创业目标意向之间起完全中介作用。

韩力争（2011）量化研究发现，创业自我效能感由目标成就效能感、领导能力效能感、创业自信效能感、自我怀疑效能感、意志不坚效能感5个因素组成。大学生创业自我效能感在人口学因素方面存在显著差异，不同生源地对大学生创业自我效能感没有显著影响，性别（男生高于女生）、家庭经济状况（经济条件差的要高于经济条件好的）和学校分类（财经类大学显著高于其他类大学）都对创业自我效能感有影响。质性研究发现大学生创业自我效能感结构包括创业个性效能感、创业能力效能感和创业环境效能感三大部分。

王彭、周彩英（2015）考察了人口统计学（性别、年级、独生性和创业与否）对大学生创业自我效能感的影响，发现男、女大学生在协调管理效能感上存在着显著差异，其他维度上不存在显著差异；年级作为自变量对大学生创业自我效能感有影响，大二学生的创业自我效能感最高；独生性对大学生创业自我效能感没有影响，以创业的和未创业的大学生在创业自我效能感上存在着明显差异，但是韩力争、傅宏（2009）在其研究中却发现，不同性别的大学生在创业自我效能各因子上不存在统计学显著性差异，不同年级、专业的大学生，部分因子存在统计学显著性差异。出现这种不同研究结果的原因在于，两个研究认定的大学生创业自我效能感的维度不同。此外，父母是否从商是一个很好的预测源，此变量能很好地预测大学生自我创业效能感，出身于经商家庭的大学生的自我创业效能感显著高于父母未经商家庭的大学生。

五、创业心理资本

目前，研究者对心理资本的研究集中在心理资本的维度、模型的建构和各种创业因素关系的研究上。王洪东、李丹萍、岳华（2015）研究发现，研究人员对心理资本测量所采用的指标不尽相同，所得出的结果也不同。Goldsmith 从控制点和自尊两个纬度对心理资本进行测量，而 Jensen 则认为应从自我效能感、希望、乐观和复原力等方面进行研究，Luthans 认为心理资本主要由自信、希望、乐观和韧性4个因素构成。

国内外对心理资本研究一般从自我效能感、希望、乐观和韧性4个维度进行研究。研究人员认为心理资本是一个核心概念，4个因素之间具备协同性，即心理资本总体效应大于4个因素单个作用之和。

国外学者 Luthans 和国内学者高娜建构了创业心理资本模型，国内学者采用实证研究方法研究了创业心理资本和创业各因素的关系。刘欣（2013）采用实证研究方法，研究了创业心理资本、创业机会能力及创业绩效的关系，发现不同性别、年龄、学历、职位人群的创业心理资本及创业机会能力差异显著，但不同创业经历对创业心理资本及创业机会能力的影响没有显著差异；创业心理资本与创业绩效、创业心理资本与创业机会能力、创业机会能力与创业绩效都呈显著正相关关系，而且创业机会能力对创业心理资本和创业绩效起完全中介作用。

牛骅（2015）研究了大学生创业心理资本、创业机会能力和创业绩效的关系，发现大学生创业心理资本是三维度的结构系统，包括乐观希望、特异敢为和积极成长。大学生创业心理资本与创业机会能力和创业绩效存在显著的相关，而且创业机会能力和创业绩效可以与创业心理资本建立回归方程。创业心理资本对创业绩效的作用属于缓冲效应模型，即创业心理资本对创业绩效的影响是间接的，是通过中介变量创业机会能力发挥作用的。此外，学者也研究了大学生创业心理资本和创业意向的关系。

王瑾（2013）研究了大学生创业心理资本与创业意向的关系，发现大学生的创业心理资本总体处于中等偏上水平，创业心理资本各维度的得分从高到低依次是乐观、希望、韧性和自我效能。不同性别的大学生的创业心理资本没有显著差异。理工科学生的创业心理资本及其各维度得分显著高于文科学生；创业心理资本能正向预测创业意向，并且创业心理资本的预测力要好于创业自我效能、乐观、希望或韧性任一维度单独的预测力。研究表明，创业心理资本作为高阶核心概念，对于预测创业意向具有更好的作用。

全乐（2012）在研究大学生心理资本和创业素质的关系时发现，大学生创业素质与心理资本在个体特征的统计变量上存在着差异。在个体的家庭背景方面，富裕家庭出身的学生比贫困和家境一般的学生其韧性和乐观水平要高，而且家庭越富裕，学生的创业素质3个维度得分也越高；在地域背景方面，来自城市的学生心理资本和创业素质普遍高于来自农村和乡镇的学生。不同创业教育背景的学生，在心理资本和创业素质两个变量上也存在着差异。接受过系统创业教育的学生在自我效能感、韧性、创业意向和机会识别能力等方面均显著高于从未有过创业教育以及上过一两门创业类课程的学生。心理资本对大学生机会识别能力具有显著影响效应。

六、创业胜任力

关于创业胜任力的研究，国内集中在对其特征纬度、概念等方面的研究，国外侧重于过程和绩效方面的研究。"胜任力"这个概念最早由哈佛大学教授戴维·麦克利兰（David McClelland）于1973年正式提出，他认为传统的智力和能力倾向测验不能预测职业成功或生活中的其他重要成就、人格、智力、价值观等方面因素，在现实中并没有表现出预期工作成绩的效果。因此，他强调回归现实，从第一手材料入手，直接发掘那些能真正影响工作绩效的个人条件和行为特征。他把这种直接影响工作业绩的个人条件和行为特征称为胜任力。

扎德勒和汉克斯在分析前人创业研究局限性的基础上，将胜任力概念引入创业研究，并于1994年提出了"创业胜任力"概念。他们把创业胜任力定义为识别、预见并利用机会的能力，认为这是创业者的核心能力。大学生创业胜任力是指大学生在创业过程中所表现出的，能够胜任创业角色、实现所创事业并可持续发展所必需的知识、素质和技能等，是大学生识别、捕捉商机，将有创意的项目付诸实践，从而实现自我发展和人生价值的能力。孙波、杨延生、曹玉洁（2010）经过研究，把大学生创业胜任力归纳为 3 个维度：创业知识、创业素质和创业技能。

黄杰华、马庆秋（2015）探讨了大学生创业胜任力的作用机制，采用结构方程统计软件 AMOS18.0 研究得出：大学生创业胜任力由机会胜任力、关系胜任力、概念胜任力、组织胜任力、战略胜任力、承诺胜任力和学习胜任力组成。大学生创业胜任力对创业绩效有显著影响，"关系"在机会胜任力和创业绩效间起完全中介作用，而在关系胜任力和生存绩效以及组织胜任力和生存绩效间起部分中介作用。马庆秋（2012）通过实证研究发现，大学生的创业胜任力由 7 个维度组成，分别为：机会胜任力、关系胜任力、概念胜任力、组织胜任力、战略胜任力、承诺胜任力和学习胜任力，大学生的创业胜任力对创业绩效有显著的影响作用。创业者的"关系"在一定程度上影响创业绩效，"关系"是大学生的创业胜任力和创业绩效之间的中介变量。

第五节 就业创业心理的常见模式

国外关于创业的研究起步很早，在实证研究的基础上，提出了一些流传范围较广、接受度较高、实用力较强的创业心理模式。

一、国外学者提出的几种常见创业心理模式

（一）Shane 等的创业动机与创业过程模型（Model of entrepreneurial motivation and the entrepreneurship process）

Shane 等指出当前国外大量的文章对创业的环境和人格特质进行了研究，而忽略了创业个体动机对创业倾向的影响作用。因此，作者在梳理前人创业动机的基础上，扩大了创业动机的内涵，指出创业动机不仅仅包括成就需求、冒险精神、模糊情景的耐受性、内控、自我效能感、目标设定等，还应包括情感、想象力等因素。据此，作者整合了创业动机因素、个体认知因素及环境因素，并分析了各因素对创业过程的影响，从而提出创业动机与创业过程模型。（见图 1-1）作者

将创业动机因素分为两个维度：一般动机因素和特定任务动机因素。其中，一般动机因素包括成就动机、内控、想象力、独立期望、内驱力、热情等，特定任务动机包括目标设定和自我效能感两个方面。另外，作者指出，认知因素包括想象力、知识、技能和能力。该模型表明：创业动机因素和认知因素影响创业机会识别、创业构想产生和创业行为，而环境因素一方面通过直接作用创业机会识别影响创业行为；另一方面通过调节创业动机因素、认知因素对创业机会识别、创业构想产生和创业行为产生影响。

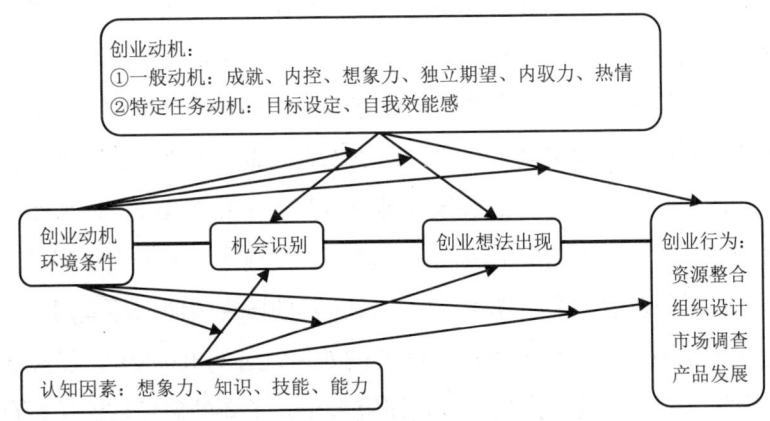

图 1-1　Shane 等的创业动机与创业过程模型

该模型的优势，一方面体现在作者提出了创业动机的重要性，并扩大了前人关于创业动机的内涵；另一方面，作者在模型中融入了"创业是一个过程"的重要内涵。其中，创业过程包括创业机会的识别、创业构想的产生和创业行为两个阶段。同时，该模型还考虑了个别环境因素和认知因素的影响，各影响因素的涉及使模型显得更符合现实和更具生态学意义。然而，该模型也存在一定的问题。首先体现在作者虽然扩大了创业动机的内涵，但内涵的涵盖面却涉及了众多研究者认为的创业人格特质因素和认知因素，如自我效能感、内控等，因此导致了创业动机定义的过于包容性和模糊性；其次，该模型仅是研究者提出的假设理论构架，不仅显得过于庞大，而且仍有待实证研究。

（二）Luthje & Frank 的创业意向结构模型（Structural model of entrepreneurial intent）

Luthje & Frank 认为创业意向的影响因素主要包括人格特质和环境因素，并由此提出了5个研究假设（如高冒险倾向具有更积极的创业态度，并影响着创业意向）。作者认为，人格特质是通过态度这一中介对创业意向产生影响的，而个体感知到的环境支持因素和阻碍因素则直接作用于创业意向。同时，作者认为创业者人格特质主要包括个体冒险倾向和内控性。在这些理论构思的基础上，作者选取美国麻省理工学院的512名学生进行了问卷调查，结果发现，个体特质和环境因素分别对创业态度及创业意向产生影响。其中，个体特质中的冒险倾向、内控和创业态度呈显著正相关，并通过创业态度对创业意向产生作用，而环境因素中的感知到的支持因素促进创业意向，环境障碍因素则会阻碍创业意向。这在一定程度上支持和验证了研究者的假设和理论构想。（见图1-2）该模型将人格因素的影响机制与环境因素的影响机制区别验证，发现了两者分别以间接影响和直接影响的方式对创业意向产生作用。但是，作者的研究表明，环境因素和人格因素并不能完全说明个体的创业意向（两者的效用之和为0.698），仍有部分因素需要进一步深入探讨，这一点也给其他研究者带来了新的启发。该模型存在的问题是，作者研究的创业人格特质仅仅涉及冒险倾向和内控两个方面，而之前的众多研究发现，自我效能感、创新性等与创业意向有显著相关。

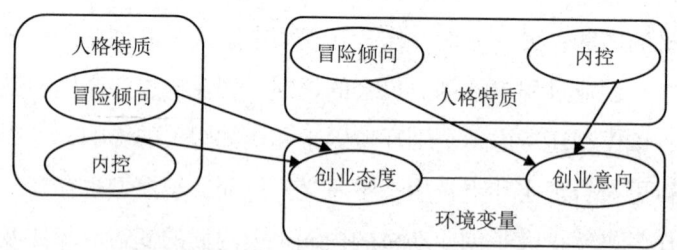

图 1-2 Luthje & Frank 的创业意向结构模型

（三）Phan 的创业倾向模型（Model of entrepreneurial propensity）

Phan 等指出，以往针对创业成功的大量研究比较关注创业者资源获得和价值创造的过程，很少有研究者关注创业者的先备条件和创业倾向。研究者针对新

加坡大学生群体探讨了该群体背景、经验及创业的信念和态度对创业倾向的影响并由此建构了假设模型。(见图 1-3)

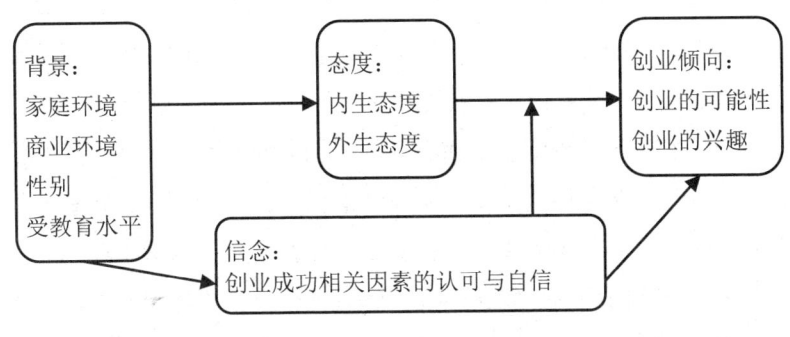

图 1-3　Phan 的创业倾向模型

研究结果显示：

（1）随着个体受教育水平的提高，尤其是正规教育的培训，个体的创业态度反而会有所削弱。

（2）个体对自身创业特质的自信和认可度（即创业信念）与创业倾向显著相关。

（3）学生的创业态度和创业倾向也存在显著相关。

对该研究模型的评价：

（1）关注了个体背景因素对创业倾向的影响，尤其值得借鉴的是，在研究中纳入了教育环境对个体创业态度的影响，并指出正规教育在一定程度上削弱了大学生的创业态度。

（2）Phan 在探讨个体背景对创业倾向影响的同时，也考虑了创业特质对创业倾向的影响，如对自身创业特质的认可度和自信心。

（3）该模型把"信念"作为影响创业倾向的中介因素。然而，作者将人格特质中的自信等同于个体信念进行探讨，从而减弱了更多可能潜在的创业人格特质对创业倾向的影响；另一方面，在最近的研究中，更多的研究者认为 Phan 所指的"信念"是"创业自我效能感"。

（四）Schmitt-Rodermund 的创业职业期待预测模型（Model for the prediction of entrepreneurial career prospects）

Schmitt-Rodermund 发现，人格特质和父母类型可能与个体是否进行创业存在相关性，并指出早期创业竞争力和创业兴趣影响创业意向（创业情景期待）。于是，研究者选取了 139 名企业家群体和 320 名学生群体（东德 10 年级学生），分别建构了企业家职业满意度模型和学生群体创业职业期待模型（这里仅介绍针对学生群体的创业职业期待模型）。研究结果显示，父母教养方式和人格特质与创业能力和创业兴趣显著相关。其中，父母教养方式通过影响早期创业能力进而影响创业兴趣而最终影响创业职业期待。创业人格特质直接影响创业期待或通过创业能力影响创业期待。另外，年龄及创业家庭背景分别通过创业竞争力和创业兴趣影响创业期待。其中，早期创业能力以个体在学校的领导力、好奇心及创业技能为指标。（见图 1-4）

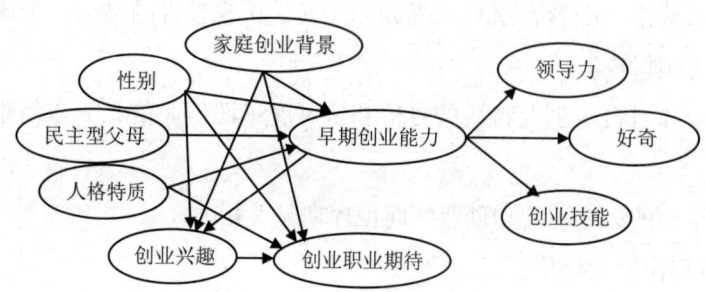

图 1-4 Schmitt-Rodermund 的创业职业期待预测模型

该模型在考虑人格特质的同时在一定程度上涉及了个体家庭背景因素（尤其是父母类型）对创业职业期待的影响，这在一定程度上启发其他研究者深入探讨家庭与创业的关系；另一方面，研究者首次考虑到早期创业能力和创业兴趣对创业职业期待的作用，同时分析了创业能力对创业职业期待的影响路径，为进一步研究创业能力与创业态度及创业倾向的关系研究提供了新的理解角度和视角。

（五）Wagner & Sternberg 的创业支持政策模型（Lessons for entrepreneurship support policies）

Wagner & Sternberg 从社会－环境变量及态度变量的角度探讨了地区创业倾

向和创业精神。他认为，创业不仅仅是个体事件，更是一个地区、国家事件，即个体进行创业不仅仅涉及个体因素，更对地区、国家、社会产生重要影响，同时也受地区政策、国家环境的影响。研究者以德国的创业发展为基础，探讨了个体的年龄、受教育水平、冒险态度、地区政策等是否影响个体创业倾向，认为个体创业倾向既受微观环境的影响，也受宏观环境的影响。研究者通过对 10 000 名德国被试进行验证，并建构了创业倾向的环境影响模型。（见图 1-5）

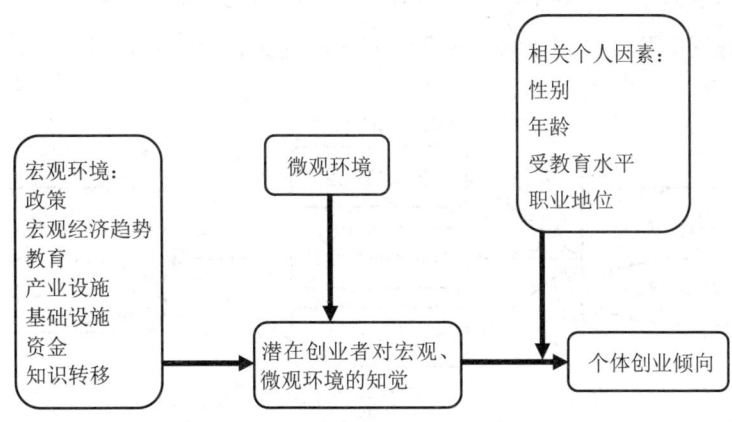

图 1-5　Wagner & Sternberg 的创业支持政策模型

该模型主要从创业者的宏观因素（包括地区、国家环境和政策）进行探讨创业可能性和倾向，这在一定程度进一步深化了创业环境变量的内涵和广度，从而从更现实的角度探讨创业的影响因素和影响机制；同时，它也在一定程度上纳入了个体的微观因素，如年龄、受教育程度等对创业的影响。然而，分析发现，研究者在大量探讨宏观环境对创业影响的同时，一方面忽略了其他的重要环境维度，如家庭环境、父母职业等对个体创业的影响；另一方面忽略个体内在维度的影响因素。上述多数研究者认为，创业倾向更多面受个体内在因素，如创业动机、创业兴趣、创业人格特质的影响，因此，对个体内在因素的忽略也可能影响该模型的可靠性。

（六）Carr 等关于"先前的家庭从商经历的创业意向"模型（model of prior family business exposure and entrepreneurial intent）

Jon，C.C.，& Jennifer，M.S. 将 Ajzen 的计划行为理论做了新的拓展，强调个体家庭背景对子女价值观、职业观、生活态度和行为等有深远的影响。基于此观点，研究者假设个体家庭的从商经历和从商背景可能促进其在未来职业选择上更可能倾向自主创业，个体代际间的从商经历的影响通过个体的态度这一中介变量影响个体的行为意向。其中，先前家庭从商经历通过影响个体创业自我效能感、感知的家庭支持及自主创业的态度3个方面对创业意向产生影响。（见图1-6）

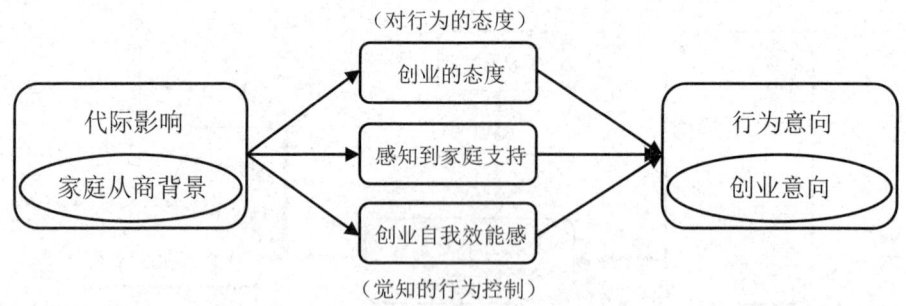

图1-6 Jon，C.C.，& Jennifer，M.S. 关于"先前的家庭从商经历的创业意向"模型

根据此理论假设和模型，研究者对美国308名个体进行了网上调查，发现，先前的家庭创业经验分别通过影响创业态度、主观的家庭支持及创业自我效能感进而对创业意向产生影响，由此验证了假设模型。

该模型的评价：通过分析，可以看出 Jon，C.C. 模型的主要特点体现在以下方面：

（1）从家庭背景的角度探讨其与创业意向的关系。虽然之前已有研究者指出了家庭与创业意向之间的关系，但实证研究甚少，Jon，C.C. 不仅指出家庭从商经历对创业意向的影响，同时指出了家庭商业背景是如何对创业产生影响的，即影响机制和路径。

（2）在家庭商业背景的影响路径上，Jon，C.C. 独出新意地指出家庭商业背景分别通过创业自我效能感、感知到的家庭支持及自主创业的态度3种条路径影响创业意向,这在一定程度上突破了前人仅仅通过创业态度或兴趣影响创业倾向的影响模式。但另一方面,从该研究可以看出,Jon,C.C.虽然强调了家庭商业背景对子女创业倾向的影响,但它同时忽略了个体自身内在心理特质及其他相关环境变量的影响,因而,其路径模式仍需要进一步地深入分析和验证。

（七）Shapero 的创业事件模型（SEE）

Shapero 的创业事件模型（SEE）是一个针对创业领域的意向模型,SEE 模型认为公司的创立是情景因素交互作用的结果,这些情景因素通过个体认知对行为产生影响（Peterman & Kennedy, 2003）。在此过程中,意向源于对希求和可行性的知觉以及利用机会采取行动的倾向,Shapero 的 SEE 模型认为外部影响不直接影响意向和行为,而是通过对希求和可行性的个人——情境知觉影响意向或行为。假定惯性指导人类行为,直到一些事中断或是"取代"惯性,替代往往是消极的,例如失业或者是离婚,但也很可能是积极的,例如得到遗产或者是中彩票。创业情境中的代替使创业者的行为发生了变化,并且能够使创业者从一系列选择中寻找最好机遇（Katz, 1992）。行为的选择取决于替代行为的相对"可靠性"和一些"行动倾向"（没有行动倾向,一些重要的行动不可能进行）。"可靠性"要求行为是希求和可行的。创业事件在替代和随后的行动倾向之前需要有创业的潜力（可靠性相行为倾向）。（见图 1-7）对希求的知觉（Perceived desirability）指在何种程度上她或他感觉被一个特定的行为吸引（成为一名创业者）；对可行性的知觉（Perceived feasibility）指,在何种程度上人们认为他们自己能够执行某些行为。角色榜样、创业伙伴、创业指导者等将是建立个体创业可行性水平的决定性因素。行动倾向（Propensity to Act）指,对个人决定的行动倾向,反映了意向的意志方面（"我将这样做"）。

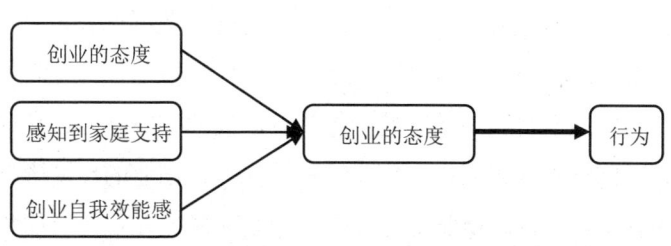

图 1-7　Shapero 的创业事件模型（SEE）

（八）Luthans 的心理资本干预模型（PCI）

Luthans（2007）将心理资本定义为"心理资本是个体在成长和发展过程中表现出来的一种积极心理状态"，关注人的现有状态及目标状态，包括：自我效能（有信心并付出努力来获得成功）、乐观（对成功的积极归因）、希望（锲而不舍、坚持目标，必要时重新选择实现目标的路线来获取成功）和韧性（困境中的坚持、恢复与迂回前进）4个方面。基于"可开发性"，Luthans 提出了心理资本的干预模型 PCI（见图1-8），并在实践领域对模型进行了验证。

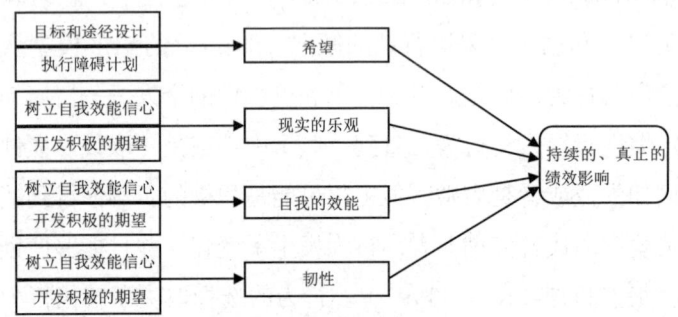

图1-8　Luthans 的心理资本干预模型（PCI）

二、国内学者提出的几种创业心理模式

我国学者在研究和借鉴国外提出的创业心理模式的基础上，也提出了一些适合我国国情文化背景的创业心理模式，具体如下：

（一）范巍、王重鸣的创业倾向模型

范巍、王重鸣的模型选取了我国文化背景下的210名大学生，探讨了个体创业倾向与其社会环境、个性特征以及其他相关因素的关系。（见图1-9）这在一定程度上意味着国内研究者在西方研究的基础上试图从更整合和宏观的角度探讨创业的影响因素和影响模型。该模型显示：在个性特征中，具有高外向性、责任认真性、经验开放性和自我功效感的个体具有较高的创业倾向；在环境因素中，创业的成就感、创业的经济回报、创业的特性优点、创业的环境影响创业倾向；在背景因素中，学历层次、所学专业和年龄与创业倾向存在一定的相关。其中，拥有 MBA 学历的个体创业倾向要高于其他学历的个体，经管专业的个体创业倾向要高于其他专业的个体；25 岁以下以及 25～30 岁的个体创业倾向要显著高于 30 岁以上的个体。此外，家庭结构和个人经历也与创业倾向有关。

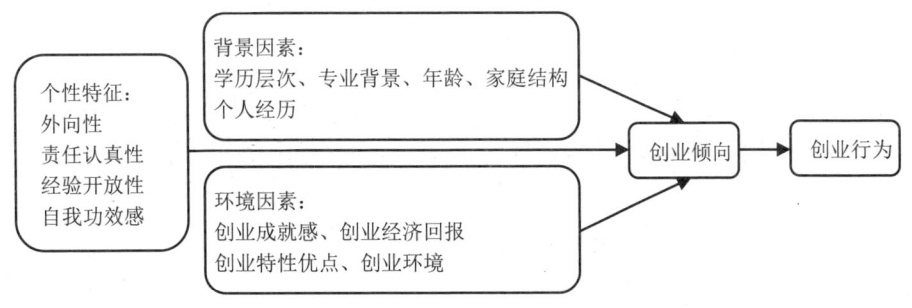

图 1-9 范巍、王重鸣的创业倾向模型

（二）贺丹的创业倾向模型

贺丹在前人研究的基础上，提出了涉及社会环境、校园环境、个体创业背景因素、人格特质等相关维度的创业倾向模型。个体特质和个体背景通过影响创业态度进而影响创业倾向，而环境因素则直接对创业倾向起作用。同时，贺丹对个体背景因素和个人特质因素分别进行了界定，其中个体背景主要涉及 10 个因素，包括性别、是否参加过创业大赛、专业、家庭背景、学历水平、创业教育等；个体特质包括企业家特质（风险承担、内源控制、领袖气质）和学生特质（创新性、闯劲、经验缺乏）；环境因素包括大学氛围（无形资产、大学科技园等）、宏观环境（政府部分、当地文化等）、社会网络（家庭、亲戚、朋友的支持与资源供给）等。在此模型假设下，研究者主要针对 408 名学生群体进行访谈和问卷调查，结果验证了该模型的可靠性。（见图 1-10）

贺丹的理论模型和研究不论是在个体特质、个体背景还是在环境因素上都包含了较多因素和层面，如在个体背景因素上提出了 10 个相关因素等。同时，贺丹针对个人背景、环境因素、个体特质、创业态度等方面的内涵都做了严格的界定；另外，贺丹还将人格特质分为企业家特质和学生特质两个维度，可见研究者注意到了不同创业群体间的创业人格特质可能存在差异性。

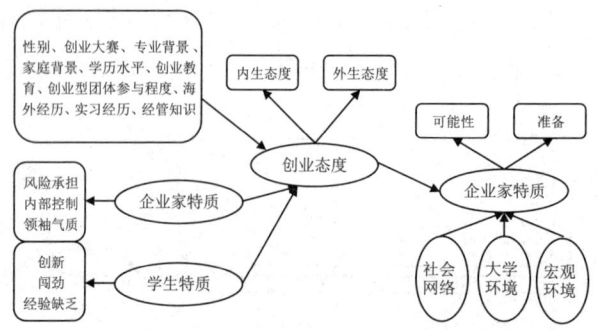

图 1-10　贺丹的创业倾向模型

（三）高娜等的创业心理资本培训与开发模型

高娜等借鉴 Luthans 的心理资本干预模型构建了创业心理资本干预与开发模型（见图 1-11）。

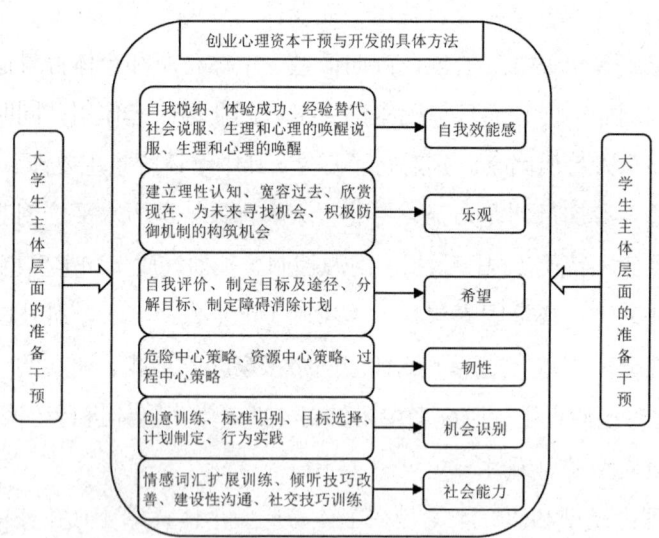

图 1-11　高娜等的创业心理资本培训与开发模型

根据该模型，从开发创业自我效能感、希望、乐观、韧性、机会识别、社交能力 6 个模块制定兼具操作性、针对性的创业教育方案并系统有效地加以实施，必将有效提升大学生的创业"软实力"，从而提升创业成功的可能性。

（四）叶映华大学生创业意向影响因素模型

叶映华以大学生为被试，构建了大学生创业人格特质、创业社会资源、创业先前知识、创业认知与创业意向的关系模型（见图1-12）。通过实证研究得出，大学生创业人格特质、创业自我认知、创业先前知识和创业社会资源影响大学生创业意向，其中创业自我认知在创业人格特质、创业先前知识和创业社会资源影响大学生创业意向过程中起中介作用。

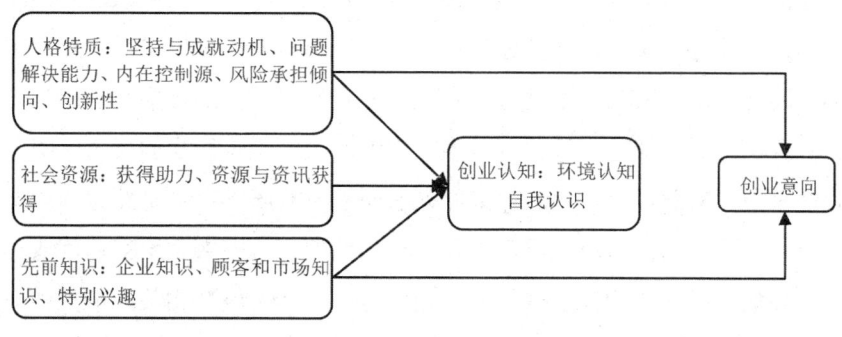

图1-12　大学生创业意向影响因素模型

第六节　就业创业心理的研究意义

一、理论意义

（1）从构建社会主义和谐社会的角度对大学生的就业创业心理及其影响因素进行研究，有利于丰富和发展构建和谐社会的理论体系，完善和补充健康行为教育内容。

（2）研究大学生就业创业的心理特点及其对就业创业的影响，引导大学生进行正确的就业创业选择，不仅关系到大学生就业创业的社会价值、职业走向和水平，也直接影响他们的学习动机和学习水平。因此，及时发现和了解大学生就业创业方面存在的心理问题，对大学生在就业创业上有针对性地进行就业创业心理教育与指导，探求解决问题的方法和途径，培养大学生健康的就业创业心理，使其以良好的就业创业心态迎接未来的挑战有着极其重大的意义。

（3）深化大学生就业创业心理的理论研究，丰富社会心理学、健康心理学的内容，为促进大学生就业创业心理的发展提供科学的测评工具。

二、现实意义

对于广大的高等学校毕业生来说，新世纪迎来的就业大众化是一个令人猝不及防的新情况。对于大多数毕业生来说，可能是：原本在众人羡慕的眼光注视下升入大学，"天之骄子"的光环还没有褪去，转眼毕业了，根本没有意识到需要完成从"天之骄子"的大学生到"大众化"的普通劳动者的转变，这样一种反差巨大的心理状态的转变应当说是有极大的难度的。但是，客观的现实明明白白地摆在我们面前：目前社会每年新增加的就业岗位是有限的，数量浩大的毕业生如果只盯着"精英"岗位就业，可以说是没有出路的。研究大学生就业创业心理问题的成因和如何进行心理调适，可以为教育者、大学生以及相关人员提供一定的参考。解决好这个领域的问题，不仅有助于大学生的心理健康发展，而且有利于大学生顺利就业、成功创业，从而促进社会稳定与发展。

对大学生就业创业心理及其影响因素进行深入研究，有助于促进高校就业创业指导工作的不断开展。目前，高校就业率是衡量其教学质量和发展水平的重要指标。因此，就业工作已经成为高校教育管理必须面对的重要工作内容。许多国家和地区把大学生就业心理辅导作为大学教育工作的重要内容。通过深入研究，可以全面了解和掌握大学生的就业创业心理特点、容易产生的心理问题及成因，从而使国内教育机构及高校对大学生的心理指导工作具有针对性、可操作性和明确的目标，引导大学生就业创业心理指导工作向更高层次发展，丰富我国高校心理健康教育的内涵。

研究大学生的就业创业心理，有助于构建和谐稳定的社会发展局面。研究和解决大学生的就业创业心理问题，不仅能够帮助大学生更好地实现就业创业，而且对国家的稳定发展、社会的和谐构建有重要意义。在当前较大的就业创业压力形势下，许多大学生产生了各种各样的心理障碍，如焦虑心理、自卑心理、怯懦心理、抑郁心理，甚至导致过激行为的产生，引发道德失范现象。这些现象严重影响了高校的和谐稳定与发展。大学生就业创业过程中存在的心理问题若不能妥善解决,必将引发学校内部的各种矛盾,也就谈不上和谐校园的建设,其不和谐因素势必迅速向社会蔓延,导致整个社会的不和谐与不稳定。同时,社会环境又反过来作用于校园建设,形成恶性循环。由此可见,健康的就业创业心理有利于和谐校园与和谐社会的建构。

第二章 大学生就业创业心理因素分析

人的行为总是受动机驱使的,有什么样的动机,就有什么样的行为结果。大学生就业创业过程看似是一件并不复杂的事情,但是真正从一点一滴做起时,你就会体验到"这个过程考验最多最基本的就是一个人心理的能动性"。所以,研究和分析大学生就业创业心理形成的影响因素,探索其形成机制和过程是非常必要的。

第一节 大学生就业创业心理形成的动机过程

一、大学生就业创业心理的形成动机

大学生就业创业心理的形成动机有两种观点:一是自动、自发的;另一种是需要借助一定的外界条件驱动的力量。这两种因素有时同时存在,有时单独起作用,但无论哪种因素起作用对于就业创业而言,"动机"是必须存在的,对于大学生就业创业的心理形成而言,动机是必要的,而且不是可有可无,它是大学生就业创业行为产生的根本的、内源性的、第一位的动力。

二、大学生就业创业心理的形成过程

就业创业心理的作用机制——人的身体各部分不断地接受各种各样信息,通过整合量化为自己的需求,通过加工进行选择和取舍,沉淀于潜意识区域,为就业创业心理的形成提供有机"养料",这些养料还必须通过外驱力的引领,并进

行意识的再加工,针对加工过程中某一目标结构的特征被表征出来,没有表征出来的有的会消失,而有的会暂时被"记忆",储存在意识层面,为以后其他目标结构所引导或开发就业创业心理提供有用的信息。

就业创业心理的具体的形成过程分为3个阶段:

(一)信息和知识的潜隐过程

个体接受来自外界的信息(包括知识和经验)的刺激,如果刺激足够强烈,就会产生相应的意识(表现出来的一种显意识);如果刺激的强度不足,信息的刺激有时会受到压制或抵制,而完全消失,有时没有受到压制或没有被压制,就会转变成为一种信号,潜隐在大脑的某一区域,有时潜隐下来的知识或信息会发生转变,改变原有的形式或结构,或与其他潜隐信息交互发生反应,甚至重新交汇、融合。

(二)问题的提出

在外界因素驱动的作用下,外界动机因素使认识的主体产生了达到某种目的的期望,这种期望触发了神经系统,使之处于兴奋、紧张或焦虑的状态。这种兴奋、紧张和焦虑可能表征到外部,但大多可能表征于内部,从而诱发不同阶段潜隐的或潜隐交融后产生的新信息,同时可能触及潜意识中的别的信息。这些信息发生在具有有序性、方向性的积聚、混合、交融等整合过程。这种交融、整合过程之所以能够实现,是由于人的第二意识状态具有较高的自组织能力,也就是自动加工能力。自动加工是从元认知角度分析,在元认知技能形成的初级阶段,一般需要有意识的指导,当元认知技能得到比较高的发展时,就成为一种自动化的运作方式,不为人的意识所知觉。通过这种自动加工过程,才能进入信息整合阶段。

(三)信息整合

各种具有方向性的信息经过交融和整合以后唤醒或激活人的第二意识状态,使得不同时期潜隐在其中的信息进行有目的、有意识、系统化的自组织过程,即创造心理要素被个人的心理机能所驱动。

三、大学生就业创业心理形成动机的理论

对于动机特征的认识和论述,不同的心理学派都有自己的观点。但对于动机

的内在起因，共性的认识则是本能、驱力、需要；动机的外在诱因主要是目标刺激、奖惩、成就、价值、兴趣等。

（1）动机特质论（个别差异）是指某人在某一方面具有超常潜能，但在其他方面有时表现得相当弱智。行为主义的机械论者，侧重从低等动物的研究出发来推断人类的本能动机。

（2）赫尔的驱力论：超出本能（本能论者认为本能来自先天遗传）的动机，强调在行为激起中的作用，认为需要引起有机体的内部紧张和个体力图降低内部紧张状态的行为。

（3）诱因论关注外界诱因（目标、奖惩、成就、价值、兴趣等）在行为激起中的作用。诱因论关注外在刺激、强化作用如何引导行为的发生，尤其是斯金纳的强化理论。

（4）本能论强调的是内因的巨大作用，认为内因是决定成功与否的关键。从就业创业心理形成的过程来看，成功就业创业必须研究人的心理的主要影响因素，才能保证就业创业成功。

四、大学生创业心理特征分析

大学生在创业和就业的过程中，由于心态的不同，呈现出不同的心理特征，常见的有逃避心理、矛盾心理、从众心理、自负心理、攀比心理、依赖心理、急于求成心理等。本书从以下几个心理特征结合案例进行分析。

（一）创业心理意识的明确性

在大学生创业的案例可以发现很多大学生在生活和学习的过程中，对创业信息非常敏感，可以从中得到积累并受到启发。这类大学生创业的心理意识明确，创业动机强，有很高的创业行动力与执行力。在实际工作中存在这样的案例。创业大学生小辉学习管理类专业，在学习的过程中，通过知识的积累以及与专业课教师的沟通，发现互联网行业与App开发的市场前景，结合其所在地区的整体情况，寻找到了创业商机。于是小辉利用寒暑假和其他课余时间专门到北京进行学习，前期投入近两万元学习互联网和App开发技术，经过一年多的辛勤学习与积累，小辉终于在毕业前顺利地成立了自己的科技有限公司，并且在毕业时以创业带动就业，与相关专业的同学签订了就业协议，帮助同学实现就业。从这个案例中可以发现，小辉的创业心理意识很强，通过前期的专业知识与经验的积累，以及主动的学习，为创业做好了充分的准备，所以才能顺利地创业。这种类型的学生主要是通过自身的学习和积累，较少地受到外界引导与影响，创业意识明确。

（二）创业心理意识的模糊性

还有一部分的大学生在创业的行动力和执行力方面很强，但是创业意识比较模糊，没有明确的创业理念与动机，单纯地从事一些与创业相关的活动，这就需要一定引导才能实现创业。在实际工作中也存在这样的案例。大学生小贾是一个很勤奋的学生，并且她的家离学校也很近，所以她平时就会利用课余时间回家做一些家教工作，前期是通过邻居、亲戚等介绍生源，小贾进行上门家教。因为小贾考取了教师资格证，对教学有一定的认识，同时性格有亲和力，教学方法运用灵活，她的家教工作效果显著，得到了一定的好评。后来她在自己家旁边租房开班授课，生源一直很好，她开办的辅导班在她家附近小有名气，与此同时也出现人手不足的情况，她开始让自己的表妹和妈妈帮忙代课，最后仍然人手不足，她便在附近高校招聘在校大学生来她的辅导班代课。小贾的辅导员老师得知这些信息后对小贾进行了引导，小贾受到了启发，最终创立了自己的教育信息咨询有限公司。小贾这种类型的创业大学生在大学生创业案例中并不少见，这种类型的学生行动力与执行力强，善于经营与创造，但是在创业意识方面较为模糊，没有明确的创业理念与意识，所以这种类型的大学生需要一定的外界引导。

（三）就业心理的自卑性

随着更多的 90 后学生进入大学校园，特别是近两年接近 00 后的学生进入大学以来，大学生群体整体心理特质发生了变化。这些接近 00 后的大学生，生活条件与成长环境从总体上要优于 90 左右的大学生，而他们的遭受挫折与失败的机会也低于之前的大学生。所以在他们的就业过程中，一旦遭受挫折，容易出现就业自卑心理现象。实际案例。小李是一名优秀的大学生，学习成绩优秀，连续获得学校奖学金、三好学生、优秀学生干部等奖励与荣誉，同时作为班级的团支书，也身为一名共产党员，日常班级管理工作也很扎实。可以说各方面发展都很顺利，但是当她到了大四年级时候，面对就业却乱了阵脚。她参加了很多企业的面试，也考过公务员、选调生等工作，但是接连碰壁，都以"失败"而告终。小李的心态开始变得消极自卑，不敢找工作。而辅导员在得知她的境遇后，对小李进行了指导，从投递简历、面试、考试准备等细节方面进行沟通。通过对具体问题的解决以及对小李心态的引导，帮助小李逐步地树立自信。慢慢地，小李从自卑心理中走了出来。经过三个月的努力与一层层的选拔，小李与一家心仪已久的国企证券公司签约，顺利就业。小李的案例表明态度，在实际的工作中可以发现有很多这种类型的大学生，这类大学生在校期间通常学习、工作都很优秀，成长过程中也都很顺利，没有遇到过像找工作这样的问题或挫折，他们在一路"顺风顺水"的环境中成长起来，所以在遭遇就业问题时容易产生自卑心理。因此要对这种类型的大学生加强就业指导与心理引导，帮助他们战胜就业自卑心理，以有利于他们调整状态顺利就业。

（四）就业心理的明确性

在大学生群体中，还有一部分大学生对就业目标非常明确，就业心理具有明确性。随着信息和网络的快速普及与发展，很多学生在中学时就明确了自己的专业需求以及职业方向，这种类型的学生对就业目标很清晰，就业动机强，对自我的认知与把控也比较好。所以在他们的就业过程中，各方面准备会比较充分。实际案例。小冯是一名管理专业的大学生，她开学初就跟辅导员老师聊过就业方面的想法，她之前在网上查过往年公务员招聘的公告，根据自己的兴趣爱好选择了管理专业，而公务员招聘公告中也有相关的要求，所以小冯学习目标和就业目标十分明确。四年中小冯通过扎实的专业课学习、参加活动锻炼自身能力以及充分的复习备考，最终顺利地考取公务员。从这个案例我们可以发现，当大学生就业心理具备明确性时，对这种类型的大学生做好日常的教育引导，特别是对就业具体问题的预设与解决，有助于大学生树立自信心，从容地为就业做好准备。

第二节 大学生创业心理影响因素分析

对于构成创业心理的因素,很多心理学家和社会学家都进行了不同侧重点的研究,得出了大量有价值的理论,但由于研究的相关因素不同,得出的影响因素各不相同。我们为了让研究结果更贴近于大学生创业,将创业心理作为一个整体、一个系统进行研究,再将研究结果与这一体系所在的具体环境相结合,使得研究成果不仅仅局限于研究分析,力图最大限度地使之具有可操作性。

一、国外心理学家研究的影响因素

马斯洛所认同的因素:先天心理机能、需要、个性、自我意识、人际关系、自尊、情感、社会文化、自然环境。

超个人心理学派的先驱阿萨吉奥里所认同的因素:信念、意志力、对失败的焦虑、自我调控能力、模仿力、情绪、成就追求、合作与竞争、目标结构、探索行为、理想。

美国心理学家罗洛·梅所认同的因素:人格、品质、想象力、兴趣、好奇、解决冲突、内外部奖赏、攻击、挫折、激励。

二、国内心理学家研究的影响因素

根据前面的内容分析,国内心理学者从多个角度研究了影响创业的心理因素,主要有:

(1)影响创业动机的因素:成就、内控、想象力、独立期望、内驱力、热情、目标设定和自我效能感。

(2)影响创业意向的因素:态度、感知、自我效能感、意向、兴趣、自信。

(3)影响创业倾向的因素:性别、人格特质、早期能力、好奇、领导力、知觉、韧性、希望、现实的乐观、年龄、社交能力、认知等。

我们综合不同人本主义心理学家认同的因素，列举出可能的创业心理构成因素，再通过问卷调查结果，基本客观地确定出创业心理的构成因子，运用定性分析方法对各个因子进行敏感性分析。

三、影响因素分析方法——敏感性分析

（一）敏感性分析方法

敏感性分析是经济领域中经常使用的一种方法。敏感性分析是在投资项目评价和企业其他经营决策中常用的一种不确定性分析方法。由于影响决策目标的诸多因素中的未来状况常常处于不确定的变化之中，出于决策的需要，测定并分析其中一个或多个因素的变化对研究目标的影响程度，来判断各个因素的变化对研究目标的重要性，这就是敏感性分析。

具体地说，敏感性分析是在确定性分析（主观判断）的基础上，重复分析不确定因素（主观所界定的各个与创业心理可能相关的因素）变化时对研究目标的影响程度。各种可能相关因素的变化对研究目标变化的影响程度是不同的，敏感性的强弱说明主观所认为的相关因素对研究目标的影响大小。对研究目标敏感性强的因素，必然是与研究目标存在着极大内部相关性的因素，可以称之为研究目标的构成因素；相反，对研究目标的变化敏感性弱的因素，则说明该因素与研究目标存在着极小的影响或相关性，是具体分析时应该舍去的因素。

（二）敏感性分析模型函数

目标函数：

$$\sum (X_i - \bar{X})$$

其中，X_i 为样本的值；i 为样本数，1～n 个；$\bar{X}$ 为样本的均值。

（三）敏感性分析模型

$$\frac{X_i - \bar{X}}{\bar{X}} \times 100\%$$

第三节 调查分析问卷

在对创业心理构成因素的重要程度进行评估的过程中,经过深入细致的筛选与调查研究及问卷调查,确定了与大多数学生及成功创业者认可度高度相关的创业心理因素。然而由于个体认知存在差异,个体对问卷的理解不同,参与问卷调查的各年级大学生和成功创业者的理解与认识存在差异,加之进行问卷调查的目标环境处于不断变化之中,因而对有关因素和未来情况很难做出准确无误的评估和预测。因此,在评估过程中所采用的某些基础数据,往往在不同程度上与问卷调查结果存在偏差,但不影响到预想的结论。

问卷调查发生误差的原因:

(1) 统计方法的局限性;

(2) 未知的或受抑制的因素限制;

(3) 存在着不能以数量表示的因素;

(4) 不现实或不准确的假设;

(5) 被测试者存在对测试本身的态度的差异;

(6) 可能存在没有预见到的因素等。

由于不确定的产生具有普遍性,需要对问卷调查结果进行不确定性分析,查清不确定性原因,更加重要的是,确定主观判断的各因素的重要程度,因此研究中使用敏感性分析方法辅助主观判断。

一、创业心理调查问卷

(一)创业人格特征因素问卷结果(见表2-1)

表2-1 创业心理的人格特征因素

因素	评估分值	大学生 (平均分)	有5年创业史的 大学毕业生 (平均分)	有7年创业史的 大学毕业生 (平均分)	有10年创业史的 大学毕业生 (平均分)
人格特征	个性	4.8	4.8	4.9	4.6
	态度	4.8	4.9	4.9	4.9
	信念	4.9	4.2	4.7	4.5
	品质	2.4	2.6	3.8	3.6
	自尊	2.8	4.2	3.4	3.6
	情感	3.9	4.1	2.5	3.2
	人生观	4.7	4.5	4.3	4.6
	价值观	3.1	3.4	3.9	3.8
	自我意识	2.7	3.2	3.2	3.7

注:问卷调查共涉及3个年级的大学生共220人,满分为5分。

(二)创业心理能力特征因素问卷结果(见表2-2)

表2-2 创业心理的能力特征因素

因素	评估分值	大学生 (平均分)	有5年创业史的 大学毕业生 (平均分)	有7年创业史的 大学毕业生 (平均分)	有10年创业史的 大学毕业生 (平均分)
能力特征	执行力	3.2	3.6	3.9	3.6
	认知能力	2.4	2.9	3.4	2.2
	耐力	4.2	4.6	4.8	4.9
	创造力	4.2	4.6	4.6	4.7
	模仿能力	4.1	3.6	2.8	3.5
	自我调控能力	4.2	3.9	3.9	4.0
	领导力	4.0	3.8	3.9	4.1
	自我管理能力	4.2	3.9	4.0	3.7
	意志力	4.9	4.2	4.7	4.5
	同理心	2.4	2.6	3.8	3.6
	决策力	2.8	4.2	3.4	3.6
	竞争力	3.2	3.8	4.0	3.7
	想象力	4.2	3.2	3.2	2.9

注:问卷调查共涉及3个年级的大学生共220人,满分为5分。

(三)创业心理情绪特征因素问卷结果(见表2-3)

表2-3 创业心理情绪特征因素

因素	评估分值	大学生 (平均分)	有5年创业史的大学毕业生 (平均分)	有7年创业史的大学毕业生 (平均分)	有10年创业史的大学毕业生 (平均分)
情绪特征	挫折管理	1.9	4.2	3.4	1.6
	压力管理	3.8	3.6	3.4	3.8
	恐惧管理	3.9	4.1	2.5	3.2
	积极的心境	4.7	4.5	4.3	4.6
	主动应对力	3.1	3.4	3.9	3.8
	消极程度	2.7	3.2	3.2	3.7

注:问卷调查共涉及3个年级的大学生共220人,满分为5分。

(四)创业心理的驱动特征因素问卷结果(见表2-4)

表2-4 创业心理的驱动特征因素

因素		评估分值	大学生 (平均分)	有5年创业史的大学毕业生 (平均分)	有7年创业史的大学毕业生 (平均分)	有10年创业史的大学毕业生 (平均分)
驱动特征	内部驱动	理想	4.8	4.8	4.9	4.6
		希望	3.8	3.6	3.4	3.8
		需要	4.4	4.1	4.2	4.6
		成就	4.3	4.6	4.8	4.8
		好奇心	3.8	3.3	3.2	3.6
		兴趣	4.1	3.5	4.0	3.8
		责任	2.5	2.8	2.8	3.8
		灵活性	1.8	2.4	2.2	3.9
	外部驱动	目标	3.4	3.8	3.8	3.9
		奖赏	1.9	4.2	3.4	1.6
		问题	3.8	3.6	3.4	3.8
		激励	4.5	4.2	4.9	4.2

注:问卷调查共涉及3个年级的大学生共220人,满分为5分。

二、创业心理构成因素的敏感性分析结果

对表 2-1 ~ 表 2-4 中各可能相关因素进行敏感性分析,相关因素的变动幅度取值为 -20%、-10%、0、10%、20%,敏感因素的选取标准为均值大于 4.0。综合分析结果见表 2-5。

表 2-5 创业心理相关因素的敏感因子素

影响因子	敏感系数	影响因子	敏感系数
理想	4.8	意志力	4.4
态度	4.	耐力	4.3
信念	4.6	个性	4.3
成就	4.6	激励	4.1
需要	4.5	创造力	4.1
积极的心境	4.4	人生观	4.1

通过敏感性分析,得出影响创业心理的4个维度、共12个因子,依次为:理想、态度、信念、成就、需要、积极的心境、意志力、耐力、个性、激励、创造力、人生观。(见表 2-5)

通过对大学生和大学毕业成功创业(5 ~ 10 年)的问卷调查,并通过敏感性分析,其中9个因子是相同的,大学毕业成功创业者(5 ~ 10 年)所不认同的3个因子是:激励、创造力、人生观,但这3个因子较能体现时代的特征,所以考虑选取以问卷调查的结果为主,选取包括这3个因子在内的12个因子作为影响成功创业的构成因子:(见图 2-1)

(1)人格特征因子:个性、态度、信念、人生观;

(2)能力特征因子:耐力、创造力、意志力;

(3)情绪特征因子:积极心境;

(4)驱动特征因子:理想、成就、需要、激励。

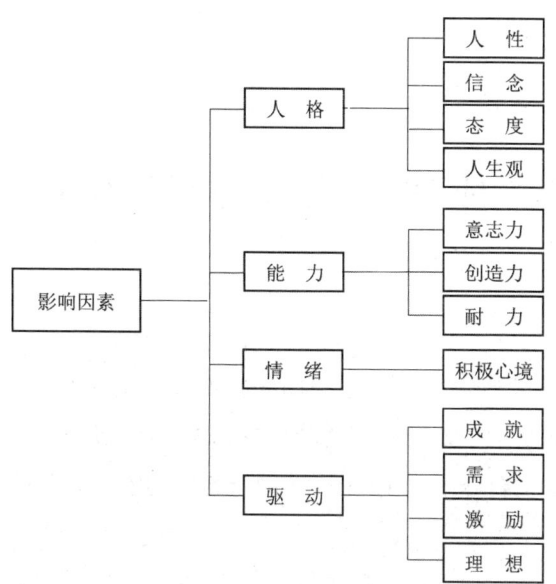

图 2-1 心理潜能的敏感性构成因子图

第三章 成功创业者心理影响因素分析

通过调查问卷分析得出影响成功创业心理的因素是 4 个维度、12 个因子。可以说明成功创业与一个人的心理活动息息相关,研究成功创业也必须了解心理的巨大作用。本章主要介绍这 12 个影响因子与成功创业的关系。

第一节 人格与情绪因素

成功创业者多属于主动型人格,积极适应环境并改善环境,具有坚定信念和独特的个性特征,以及对于理想的不懈努力和追求。

成功创业者大多具有坚定的信念和非常独特的个性特征。有人说:人生就像弹簧,压力越大,反弹越高,成功的人往往就是自己信念的驱使。他们大多具有独处与独立的强烈需求,具有人格独立性,凡事喜欢自己主观决断,喜欢按照自己认为对的行事个性特点,沉默、平静、超然于世;具有高度的使命感和责任感;为事业全力以赴,他们为理想和奋斗而生活,工作最能够满足他们超越自我的心理需求,不断向他们的能力提出挑战,而且乐于接受挑战和困难,并为之兴奋。

一、人格特征因子

（一）个性

1. 概念

个性是指一个人在思想、性格、品质、意志、情感、态度等方面不同于其他人的特质,这个特质的外在表现就是一个人的言语方式、行为方式和情感方式。每个人都有个性,人的存在实际上是一种个性化的存在,个性化是人的存在方式。简单地说,个性就是一个人的整体精神面貌,即具有一定倾向性的心理特征的总和,是一个人共性中所凸显出的一部分。

个性,在心理学中的解释是:一个区别于他人的、在不同环境中显现出来的、相对稳定的、影响人的外显和内隐性行为模式的心理特征的总和。

西方心理学界一般认为,阿尔波特的个性定义比较全面地概括了个性的各个方面,包括以下几个方面:

(1)个性是身心倾向、特性和反应的统一。

(2)个性不是固定不变的,而是不断变化和发展的。

(3)个性不单纯是行为和理想,而且是制约着各种活动倾向的动力系统。

2. 个性基本结构

从构成方式上讲,个性由3个子系统组成:

(1)倾向性子系统

倾向性子系统是指人对社会环境的态度和行为的积极特征,是以人的需要为基础、以世界观为指导的行为动力系统,是个性结构中最活跃的因素,决定着人对周围世界认识和态度的选择与趋向,决定人追求什么,包括需要、动机、兴趣、理想、信念、世界观等。

(2)心理特征子系统

心理特征子系统是指个体在其心理活动中经常地、稳定地表现出来的特征,主要是指人的能力、气质和性格。

能力是指人顺利完成某种活动的一种心理特征,能力总是和人完成一定的活动相联系在一起的,离开了具体活动既不能表现人的能力,也不能发展人的能力。

气质大部分取决于先天因素,它表现在心理活动的强度、速度和灵活性等动力特点方面的人格特征,相当于我们日常生活中所说的脾气、秉性或性情。

性格是指一个人对人对己对客观现实的基本态度及相适应的习惯化的行为方式中比较稳定的独特的心理特征的综合。

（3）自我意识子系统

自我意识子系统是指自己身心状况的意识，包括自我认识、自我体验、自我调控等方面，如自尊心、自信心等。自我意识是个性系统的自动调节结构。

个性结构的这些成分或要素，又因人、时间、地点、环境的不同而互相排列组合，结果就产生了在个性特征上千差万别的人和一个人在不同的时间、地点、环境中的个性特征的变化。而心理过程是个性产生的基础。

3. 个性的基本特征

个性具有以下几个方面的基本特征：

（1）自然性与社会性

人的个性是在先天的自然素质的基础上，通过后天的学习、教育与环境的作用逐渐形成的。个性首先具有自然性，人们与生俱来的感知器官、运动器官、神经系统和大脑在结构上与机能上的一系列特点，是个性形成的物质基础与前提条件。

个性又是在个体生活过程中逐渐形成的，在很大程度上受社会文化、教育教养内容和方式的塑造，具有社会性特征。

（2）稳定性与可塑性

个体的人格特征具有跨时间和空间的一致性，是在个体生活中暂时的偶然表现的心理特征，不能认为是一个人的个性特征。比如，一个人在某种场合偶然表现出对他人冷淡、缺乏关心，不能以此认为这个人具有自私、冷酷的个性特征；只有一贯的、在绝大多数情况下都得以表现的心理现象才是个性的反映。

个性不是一成不变的，随着社会现实和生活条件、教育条件的变化，年龄的增长，主观的努力等，个性也可能会发生某种程度的改变。特别是在生活中经历过重大事件或挫折，往往会在个性上留下深刻的烙印，从而影响个性的变化，这就是个性的可塑性。当然，个性的变化比较缓慢，不可能立竿见影。

（3）独特性与共同性

个性的独特性是指人与人之间的心理和行为是各不相同的，因为构成个性的各种因素在每个人身上的侧重点和组合方式是不同的。个性的共同性是指某一群体、某个阶级或某个民族在一定的群体环境、生活环境、自然环境中形成的共同的典型的心理特点。正是个性具有的独特性和共同性才组成了一个人复杂的心理面貌。

4. 个性的基本类型

（1）从心理机能上划分，性格可分为理智型、情感型和意志型；

（2）从心理活动倾向性上划分，性格可分为内倾型和外倾型；

（3）从社会生活方式上划分，性格可分为理论型、经济型、社会型、审美型、宗教型；

（4）从个体独立性上划分，性格可分为独立型、顺从型、反抗型。

个性贯穿着人的一生，影响着人的一生。个性倾向性中所包含的需要、动机和理想、信念、世界观，指引着人生的方向、人生的目标和人生的道路；个性特征中所包含的气质、性格、兴趣和能力，影响和决定着人生的风貌、人生的事业和人生的命运。

（二）信念

哲学家休谟将信念定义为："和先前一个印象关联着的或联结着的一个生动的观念、一个看法，信念只不过是由与之相关的先前的印象而派生出来的一个强烈而生动的观念，是一种生动的想象。"他认为信念的实质就是一个观念或认识，信念作为一种观念或认识本身不属于印象，不是一种直接的感觉或经验，而是在一定数量的感性材料的基础上，通过人的理性思维而产生的观念，是一种理性认识，休谟对于信念的定义被心理学家几乎全盘接受下来。

但在现实生活中，人们更加趋向于将信念看作是一种强烈的观念或认识，左右人们看待世界的方式方法，以及处理问题的基本出发点。在大量的感性材料和间接经验的基础上，产生的对某事物或某种观念坚定不移的认识，并坚守这种认识所产生的驱动力量，起着类似"精神支柱"的作用。

（三）态度

态度是一个人的心理表象，是一种内心的体验，包括人们的行为倾向。态度是潜在的，主要是通过人们的言论、表情和行为来反映的。人们的态度对象也是多种多样的，诸如人物、事件、国家、集团、制度、观念等。人们对这些态度对象，有的表示接受或赞成，有的表示拒绝或反对，这种在心理上表现出来的接受、赞成、拒绝和反对等评价倾向就是态度。因此，态度又可以看成是一种心理上的准备状态，这种准备状态支配着人们对观察、记忆、思维的选择，也决定着人们听到什么、看到什么、想些什么和做些什么。

人们的态度取决于内在心理对事物的认知与否、认知程度，从而产生对待事物的看法以及行为的方式方法。对待同一事物或者同一个问题，不同的人会有不同的态度，这是由于个体在能力、性格以及自我意识方面都存在这种差异，而这种差异产生的原因则是由于个体特征的不同。

态度的形成与个体所属的群体有着密切的关系，因此，当一个人对他所属的群体具有认同感或忠诚心的时候，要他采取与群体规范不一致的态度是不容易的。例如东方人普遍都十分重视家庭的存在，其态度也就明显地带有家庭伦理的色彩，一般不会轻易做出违背家庭的事。如果一个人对自己所属的群体缺乏认同感或忠诚心，他的态度则会因外界的影响而极易改变。

态度不同于本能，态度不是天生的，它是通过后天的学习获得的。不需学习、与生俱有的行为倾向不是态度。态度是个体在长期生活中，通过与他人的相互作用，以及周围环境的不断影响而逐渐形成的。态度形成以后，反过来又会影响个体对周围事物和他人的反映。在这种相互作用过程中，一个人的态度经过不断的循环和修正，会逐步形成日益完善的态度体系。

（四）人生观

人生观代表着一个人对周围事物的看法和行为倾向，也就是一个人对某一事物的善恶、美丑、是非等重要的认识。从性质上说，人生观是对世界观的一种反映，一个人的人生观总是取决于他对世界的认识和看法，往往又取决于个人的需要、兴趣、理想、信念和世界观。因此，人们的人生观不同，所产生的对事物的看法也不同，一个人正确的人生观会对成功创业起到积极作用。

人生观是指一个人在其实践中形成的对于人生目的和意义的根本看法，它决定着个人实践活动的目标、人生道路的方向，也决定着行为选择的价值取向和对待生活的态度。

人生观主要通过人生目的、人生态度和人生价值3个方面体现出来。人生观的核心问题是认识与处理个人发展同社会进步的关系，由于各个时代的各个阶级所处的社会地位不同，生活经历和境遇不同，对人生的意义和目的认识不同，人生观也就必然不同。

人生观的形成是一个人心理发展成熟的主要标志。大学时代正是人生观形成并稳定发展的关键时期。大学生随着生活经验的增加，认知能力的不断提高，尤其是抽象思维能力的发展，他们在心理发展水平上已基本达到要求，逐步形成了对人生目的、人生态度和人生评价较为稳定的看法；对人的本质、作用、人生道路和人生哲学等问题，已经自觉从理论上通过论证去寻求答案，而不满足于人生问题的一般描述和泛泛之谈；他们开始对已经学得的人生价值判断进行重新审视，形成经过自己探求、具有自身特性的人生价值观，并使之系统化和体系化。

二、情绪特征因子——积极的心境

积极的心境来源于积极的心理品质，人的情绪纷繁复杂，既有外界带来的情绪刺激，同时也有自己身体内部习得性的情绪反应。这种习得性的反应，有些人呈现积极的心理品质，而有些人往往用消极的心理对待一切事物。

情绪是个体对外界刺激的主观的有意识的体验和感受，具有心理和生理反应的特征，我们无法直接观测内在的感受，但是我们能够通过其外显的行为或生理变化来进行推断，情绪是身体对行为成功的可能性乃至必然性，在生理反应上的评价和体验，包括喜、怒、忧、思、悲、恐、惊7种。行为在身体动作上表现得越强就说明其情绪越强，如，喜会手舞足蹈、怒会咬牙切齿、忧会茶饭不思、悲会痛心疾首等，就是情绪在身体动作上的反应。

情绪是信心这一整体中的一部分，它与信心中的外向认知、外在意识具有协调一致性，是信心在生理上一种暂时的较剧烈的生理评价和体验。美国哈佛大学心理学教授丹尼尔·戈尔曼认为："情绪意指情感及其独特的思想、心理和生理状态，以及一系列行动的倾向。"

情绪管理（Emotion Management）是指通过研究个体和群体对自身情绪和他人情绪的认识、协调、引导、互动和控制，充分挖掘和培植个体和群体的情绪智商、培养驾驭情绪的能力，从而确保个体和群体保持良好的情绪状态，并由此产生良好的管理效果。这个名词最先由因《情绪智商》（《Emotional Intelligence》一书而成名的丹尼尔·戈尔曼（Daniel Goleman）提出，认为这是一种善于掌握自我，善于控制调节情绪，对生活中矛盾和事件引起的反应能适可而止地排解，能以乐观的态度、幽默的情趣及时地缓解紧张的心理状态。

情商（Emotional Quotient）通常是指情绪商数，简称 EQ，主要是指人在情绪、情感、意志、耐受挫折等方面的品质，其包括导商（领导商数，LQ）。总的来讲，人与人之间的情商并无明显的先天差别，更多与后天的培养息息相关。它是近年来心理学家们提出的与智力和智商相对应的概念，提高情商是把不能控制情绪的部分变为可以控制情绪。从最简单的层次上下定义，情商是理解他人及与他人相处的能力。戈尔曼和其他研究者认为，这种智力是由 5 种特征构成：即自我意识、控制情绪、自我激励、认知他人情绪和处理相互关系。情商越来越多地被应用在企业管理学上。对于组织管理者而言，情商是领导力的重要构成部分。

而情绪中最反映一个人情绪智商的是积极的心境。一个成功的人往往是看待一切事物都积极乐观，并敢于担当的人，不会以消极的态度出现在众人面前。

第二节　能力因素

有的创业者说："我的人生观很简单，做自己喜欢做的事情。"他们均具有意志力、善于自我调控、自我意识较强、都是自我实现的人。成功创业者一般都有丰富的想象力、创造力，不墨守成规。他们最突出的特点是具有创造力的个性特征，如大胆、勇敢、热爱自由、积极主动性。他们认为要想成功创业就要更好地锻炼自己，做一个敢于创造环境而不被环境压垮的人，不断敢于探索和实践的人。锻炼自己接受考验是每个想成功的人必须时刻面对的。

成功源于挖掘自身最积极一面，从而产生无穷的力量，但不需要刻意地否认任何人或事物的消极方面，也要承认自己的不足，不去刻意掩盖自己的缺点和不足。在心理潜质上，成功创业者大都具有较强的自我意识、较好的心理素质，勇敢而热情，对事物拥有浓厚的兴趣，具有创造力的欲望和力量。

一、创造力

创造力是人类特有的一种综合性本领。是否具有创造力,是优秀人才和普通人才的分水岭。它是知识、智力、能力及优良的个性品质等复杂多因素综合优化的结果,创造力是指产生新思想,发现和创造新事物的能力、它是成功地完成某种创造性活动所必需的心理品质。例如创造新概念、新理论,更新技术,发明新设备、新方法,创作新作品都是创造力的表现。

创造力是一系列连续的复杂的高水平的心理活动,它要求人的全部体力和智力的高度紧张,以及创造性思维在最高水平上进行。真正的创造活动总是给社会产生有价值的成果和巨大影响力,人类的文明史实际上是一部创造史,对于创造力的研究日趋发展到今天。对于创造力的研究,也出现了两种倾向。

(1)不把创造力看作一种能力,认为它是一种或多种心理过程,从而创造出新颖和有价值的东西。

(2)认为它不是一种过程,而是一种产物。

一般认为它既是一种能力,又是一种复杂的心理过程和新颖的产物。

也有人认为,创造能够激发人的潜能,创造力较强的人通常有较高的智力,但智力高的人不一定具有卓越的创造力。

根据西方学者研究表明,智商超过一定水平时,智力和创造力之间的区别并不明显。创造力强的人对客观事物中存在的失常、矛盾和不平衡现象易产生强烈兴趣,对事物的感受性强,能抓住常人所漠视的问题,推敲入微、意志坚强、比较自信、自我意识强烈,能充分认识和评价自己与别人的行为和特点。

创造力与一般能力的区别在于它的新颖性和独创性。它的主要成分是发散思维,即无定向、无约束地由已知探索未知的思维方式。按照美国心理学家吉尔福德的看法,当发散思维表现为外部行为时,就代表了个人的创造能力。

创造力的行为表现有3个特征:

(1)变通性:思维能随机应变,举一反三,不易受功能固着等心理定势的干扰,因此能产生超常的构想,并提出新观念。

(2)流畅性:反应既快又多,能够在较短的时间内表达出较多的观念。

(3)独特性:对事物具有不寻常的独特见解。聚合思维在创造能力结构中同样具有重要作用。所谓聚合思维是指利用已有定论的原理、定律、方法,解决问题时有方向、有范围、有程序的思维方式。发散思维与聚合思维二者是统一的,相辅相成。

人们在进行创造性活动时,既需要发散思维,也需要聚合思维。任何成功的创造性都是这两种思维整合的结果。创造力与能力有很强的正相关性。研究表明,智力是创造能力发展的基本条件,智力水平过低者,不可能有很高的创造力。

创造力与人格特征也有密切关系,综合多人研究的结果表明,高创造力者具有如下一些人格特征:兴趣广泛、语言流畅、具有幽默感、反应敏捷、思辨严密、善于记忆、工作效率高、从众行为少、好独立行事、自信心强、喜欢研究抽象问题、生活范围较大、社交能力强、抱负水平高、态度直率坦白、感情开放、不拘小节等,给人以浪漫印象。

二、意志力

意志力是指人们为达到既定目的而自觉努力的程度或坚强的意志品质。意志品质是一个人在生活中形成的比较稳定的意志特征,是个性的重要组成部分。人的意志力不是与生俱来的,而是在社会实践活动中逐渐培养锻炼出来的。

个体意志力的产生有时与其信念紧密相连。坚定的信念与某些特质的个性相结合会产生意志力。具有强烈意志力的个体,有能力约束自己的思想和行为,使其将所有能量集中到既定的目标结构上去,为创业能力的形成和开发提供强大的动力基础。意志是指人自觉地确定目的,并根据目的调节支配自身的行动,克服困难,去实现预定目标的心理过程。意志是人的意识能动性的集中体现,是人类特有的心理现象。意志在人主动变革现实的行动中表现出来,对心理状态和外在行为有发动、坚持、制止和改变的控制调节作用。

意志力主要是从如下几个方面进行培养:

(一)积极主动

主动的意志力能克服惰性,把注意力集中于未来。在遇到阻力时,想象在克服它之后的快乐,积极投身于实现目标的具体实践中,就能坚持到底。

（二）下定决心

美国罗得艾兰大学教授詹姆斯·普罗斯把实现某种转变分为4步：抵制——不愿意转变；考虑——权衡转变的得失；行动——培养意志力来实现转变；坚持——用意志力来保持转变。

（三）目标明确

普罗斯教授曾经研究过一组打算从新年起改变自己行为的实验对象，结果发现最成功的是那些目标最具体、最明确的人。其中，一名男子决心每天做到对妻子和颜悦色、平等相处。后来，他果真办到了。而另一个人只是笼统地表示要对家里的人更好，结果没几天又是老样子，照样吵架。

（四）改变自我

改变自我最根本的动力产生于改变自己形象和把握自己生活的愿望。道理有时可以使人信服，但只有在感情激发起来时，自己才能真正加以响应。

（五）重精神

大量的事实证明，好像自己有顽强意志一样地去行动，有助于使自己成为一个具有顽强力的人。

（六）练意志

早在1915年，心理学家博伊德·巴雷特提出一套锻炼意志的方法。它包括从椅子起身和坐下30次，把一盒火柴全部倒出，然后一根一根地装回盒子里。他认为，这些练习能增强意志力，以便日后去面对更严重更困难的挑战。巴雷特的具体建议似乎有些过时，但他的思路却给人以启发。例如，你可以事先安排工作日上午要干的事情，并下定决心不完成就不吃午饭。

（七）坚持到底

俗话说"有志者事竟成"，其中含有与困难做斗争并且将其克服的坚强意志。

（八）逐步培养

坚强的意志不是一夜间突然产生的，它是在逐渐积累的过程中一步步地形成的，中间还会不可避免地遇到挫折和失败，必须找出使自己斗志涣散的原因，才能有针对性一件一件地去克服。

（九）乘胜前进

实践证明，每一次成功都会使意志力进一步增强，每一次成功都能使自信心增加一分，给在攀登悬崖的艰苦征途上提供一个坚实的"立足点"。当你再一次面对的新任务即使更加艰难也会对未来充满信心：既然以前能成功，这一次以及今后也一定会成功。

意志力与挫折承受力的关系。在遇到挫折时，意志力强的人能够自觉控制和调节自己的心理和行为，面对现实找出失败的原因，施展所有的本领来对付困难，善始善终地将计划执行到底，直至目标实现。意志力强的人对挫折的适应能力、承受能力都较强，并能将挫折进一步转化为促进目标实现的积极因素，进一步增进自己的自信心。意志薄弱的人往往缺少信心和主见，对自我的控制和约束力较差，在遇到挫折时，容易改变行为的方向，容易回避现实，采取消极的应对方式，其结果不仅严重影响既定目标的实现，同时还进一步降低自信心和降低对挫折的承受能力，甚至出现意志消沉和精神障碍。

三、耐力

耐力是指人对紧张体力活动或精神活动的耐久能力。具体来讲，耐力是衡量一个人长期做某一件事或者某一个动作能坚持多久的一个指标，一般是从身体素质和意志方面来讲的。

对环境的适应能力。一个人对于所处的自然条件、生活环境、工作氛围、人际关系及自身的内部环境，应能够保持良好耐力的适应。当以上环境发生变化时，应能较快地调整自己的应对方式，重新获得良好的信心，不会因为缺乏灵活性而导致各方面出现障碍或身心出现不良反应。对应激事件的耐受力，即对于强烈、持久的精神刺激或压力能够有较强的承受力、抵抗力。如遇到亲人亡故、事业受挫、希望破灭等短暂而强烈的刺激，或遇到疾病缠身、生活贫困、处境不如意等持久的精神压力，可以坚强地承受并理智地处理它们，或者以更积极、有效的方式化解压力，使之转变为进取的动力。不会因为阻碍和压力而导致心理活动出现紊乱、活动效率下降，甚至情绪失去控制的局面。很多时候，成功与失败之间，只有"坚持"两个字，有耐力的人是坚持到底的人，而缺乏耐力的人往往很少能坚持。

第三节 驱动因素

一个人内在的成功欲望、价值观、造福于社会的意愿，都是内在驱动因素。成功创业者对于改变环境具有强烈的动机。有时家庭环境不好往往成为一个人改变现状的源动力，想改变自己的生存环境而不断努力，不断吸取知识，参加各种活动。追求成功、渴望取得成果、有确定的目标结构、具有强烈的动机是成功创业者的共性特征。不论是改变生存环境的动机，还是对成功的追求动机，强烈的动机是这些成功者创业生涯成功的决定性力量。

一、理想

理想是大学生对未来事物的美好想象和希望，也是对某事物臻于最完善境界的观念。理想是在实践过程中形成的、有实现可能性的、对未来社会和自身发展的向往与追求，是人的世界观、人生观和价值观在奋斗中的集中体现。

理想作为一种精神现象，是人类社会实践的产物。人们在改造客观世界和主观世界的实践活动中，既追求眼前的生产生活目标，渴望满足眼前的物质和精神需求，又憧憬未来的生产生活目标，期盼满足未来的物质和精神需求。对现状永不满足、对未来不懈追求是理想形成的动力源泉。从一定的意义上讲，理想是人们在认识世界、改造世界中向往与期待更美好的事物中形成的，并且通过理想来改变和完善自己与环境的关系，理想主义是创业最伟大的精神源泉。

因此，培养远大的理想与目标，是成功的最主要驱动之一。理想一旦插上翅膀，你将成为时代的弄潮儿。

二、需要

（一）概念

需要是指个体对于物质或精神的一种期望或愿望。马斯洛将人的需要划分为

5个层次，认为人的需要是有层次的，只有在低级的需要得到满足以后才会产生高一级的需要，并认为人的需要是无穷的，人的需要既有生理方面的，也有心理或精神方面的。

需要是个体在生存和发展的过程中，感受到的生理和心理上对客观事物的某种要求。它往往以内部的缺乏或不平衡状态表现出其生存和发展对于客观条件的依赖性。需要是个体生存和发展的重要条件，它反映了个体对内部环境或外部生活条件的稳定要求。只有满足了这一需求，个体才可能得以健康成长。如在儿童成长的过程中有爱的需求，如果父母的亲子之爱没有使儿童得到满足，就会对儿童的个性的健康成长产生影响，特别是在人际交往上受到阻碍，变得孤僻、不善交际等。

个体需要的产生，受到很多因素的影响，主要有生理状态、情境和认知水平。

(二) 需要的特征

1. 对象性

需要是有目的、有对象的，而且也随着满足需要对象的扩大而发展变化。人的需要对象既包括物质的东西，如衣、食、住、行，也包括精神的东西，如信仰、文化、艺术、体育；既包括个人生活和活动，如个人日常的物质和精神方面的活动，也包括参与社会生活和活动以及这些活动的结果。各种需要彼此之间的区别就在于需要对象的不同。无论是物质需要、还是精神需要，都必须有一定的外部物质条件才能满足。例如，居住需要房子，出门需要交通工具等。

2. 阶段性

需要是随着人的年龄、时期的不同而发展变化的，就是说个体在发展的不同时期，需要的特点也不同。比如，少年时代开始发展到对知识、安全的需要；到青年时期又发展到对恋爱、婚姻的需要等。

3. 社会制约性

人不仅有先天的生理需要，而且在社会实践中、在接受人类文化教育过程中，发展出许多社会性需要。这些社会需要受时代、历史的影响，又受阶级性的影响。在经济落后、生活水平低下时期，人们需要的是温饱；在经济发展、生活水平提高时期，人们需要的不仅是丰裕的物质生活，同时也开始需要高雅的精神生活。

4.独特性

不同人之间的需要既有共同性,又有独特性。由于生理、遗传、环境、条件等因素不同,每个人的需要都有自己的独特性。年龄不同的人、身体条件不同的人、社会地位不同的人、经济条件不同的人,都会在物质和精神方面有不同的需要。

(三)成就

成就是愿望与现实达到平衡时产生的一种心理感受。一个人做成功了一件事情,就会产生一种快乐愉悦的心情,也会有一种成功的感觉,这就是人的成就。成就能增强人在学习、生活中的自信心、进取心,使人能积极主动地迎接挑战。要保持成就,就必须在确定下个目标时不要太大、太高,目标要具体可操作,这样就能在设定时间内顺利高效完成一个又一个目标的同时产生一个又一个的新成就。一个人需要成就,因为成就能够给人带来巨大的精神上的满足。

(1)积极的心态是获得成就的基础。有了这样一点,一个人就会从内心里有一种奋发向上的力量,做事、思考乃至学习和工作都会感觉到活力。

(2)成就是人生价值的体现。追求成就不仅仅是为了获得物质上的极大满足,更重要的是人生精神上的最大满足。一个人为国家和社会奉献了多少,自我的价值就实现了多少,你的成就就有多少。

三、成功创业者与一般职业者在大学中的表现对比

为了更好地求证成功创业者与一般创业者在大学阶段表现特征的不同,特别进行了对比分析,选取了大学毕业 5~10 年共 59 位人士做了网络问卷调查,其中有 29 位成功创业者、11 位正在创业者、19 位一般职业者。成功创业者事业比较稳定,得到了社会认可;正在创业者和一般职业者也都收入稳定、生活幸福。问卷调查对比分析如表 3-1 所示。

表 3-1 成功创业者与一般职业者在大学阶段表现特征对比分析

成功创业者	一般创业者	创业失败者
渴望成功,求知欲望强	渴望出人头地,能够完成功能	成功与否不是自己的意愿,对知识和专业不感兴趣
独立思考,自我约束	征求意见,不刻意约束自己	优柔寡断

续表

成功创业者	一般创业者	创业失败者
有责任感，自尊心强	自尊心强，不在意别人对自己是否认同	凡事总是逃避，喜欢随遇而安
好奇心强，喜欢冒险，思路开阔	不喜欢冒险，解决问题的方式方法单一	回避有风险的事物，被动地解决问题
表现自己，做事灵活，应对能力强	具有解决问题的能力，不愿意主动去做事	常常感到紧张，尽可能回避事情
人际关系当中采取主动，乐于助人	不过多与人交往，不去主动帮助别人	适应能力较差，不愿意帮助别人

分析结果表明，成功创业者在以下几个方面有别于一般职业者：

（1）具有求知欲和对成就自我的渴望；

（2）具有独立性和自制的能力；

（3）具有强烈的自尊心和责任感；

（4）具有好奇心和冒险精神；

（5）具有较强的应对能力、表现力和做事的目的性；

（6）具有良好的适应能力和人际关系。

因此，培养大学生创业心理是未来成功创业的前提和保障，高等教育应注重对大学生的创业心理教育，既是社会的需要，也是大学生成就自我的需要。

第四章　大学生就业创业心理现状分析

第一节　常见的大学生就业心理问题及原因剖析

一、常见的大学生就业心理问题

大学生就业择业中，主要存在以下几点心理：

（一）功利心理

市场经济的发展，促进了大学生个性意识的增强，也使大学生的功利主义倾向日趋严重，使大学生较多地考虑目前的、现实的利益，过分地注重职业经济效益。受过高等教育的大学生和其他知识分子，他们的求职或择业的动机既有为国家、为社会、为人民做出贡献的愿望，也有获取高收入、高地位的渴望。许多大学本科生、硕士生、博士生涌向沿海的经济特区，涌向外资企业，或是开创民办的科、工、贸一体的公司，往往就是出于这种心理。大学生求职择业的功利心理，特别是知识分子的清贫、社会潮流的影响以及校园经商的启示，诱发了求职大学生追求高经济收入的求富心理。

（二）攀比心理

在热热闹闹、熙熙攘攘的各种招聘会现场，你会看到大学生在寻找选择就业单位时，往往会拿自己身边已找到就业单位的同学的就业择业标准来定位自己就业择业的标准，觉得在校期间，我学习成绩比你好，获得的荣誉比你多，"官职"比你大，理所当然工作也应该比你好，从而导致不同程度的攀比心理大量存在。在这种情况下，即使有非常适合求职者的自己发展的单位，也会因某个方面比自己同学选择的就业单位存在些许差异而放弃，最终只能在"高处不胜寒"的日子里体会孤独与冷清。

(三)盲目求高心理

部分大学生在求职时单向考虑自己的就业理想,只要求用人单位十全十美,从工资福利待遇到住房到地理位置到工作发展环境,无不在其考虑之中,却忽略了如此完美的单位能否接纳自身。这种不掂量自己的才学、不给自己合理的定位而产生过高期望的盲目求高心理,使不少大学生择业就业时,产生"高不成,低不就"的心理诱因。在这种心理的影响下,求职者不了解职业的内在要求或不知道能否胜任某项工作,单纯追求"名望高,荣誉好"的单位,而与许多适合自己的用人单位失之交臂。

(四)求稳心理

所谓求稳心理就是大学生在选择职业时,往往会从职业的稳定性出发而选择那些全民所有制的单位(国有、国营企业),这种心理在受传统文化影响较大的大学生身上会常常遇到。由于求稳定,大学毕业生在应聘时不仅应聘倾向于国家机关、事业单位及大企业,就是具体的工作岗位也较多的关注技术,研发类等比较稳定的岗位,诸如销售这种压力大,稳定性不高的岗位,选择的就较少。稳定的工作相对来讲压力较小,心理负担轻,与之相适应的是个人发展,也可能相对稳定;而那些不稳定的工作,则要求求职者具备挑战压力的能力与信心,在不稳定中找到快速发展的机遇,这对个人的发展可能更为有利。

笔者曾在《职业心理学》的课堂教学中开展了模拟招聘面试的实践活动。由于参与活动的是师范类院校应用心理学专业的本科学生,因此模拟面试单位及职位设定如下。1.卡洛斯·飞羽学院(公立)。职务:专职辅导员、心理健康老师。2."心心·家缘"心理咨询公司(私企)。职务:专职心理咨询师。3.天华区人民政府(公务员)。职务:区委组织部、区委宣传部、区政府办公室、区财政局办公室。4.承影集团有限责任公司(国企)。职务:HR人事部门经理、销售部经理。活动共有40人参加:应聘第一类职务人数为20人,占比50%;应聘第三类职务的为12人,占比30%;应聘第四类职务的有6人,占比15%,而应聘第二类职务的仅有2人,占比5%。虽然只是一个模拟活动,但这也体现了当前大学生在求职时的求稳心理。在公立学校当一名辅导员或心理健康老师,虽然收入不高,但专业对口的同时保证了岗位职务的稳定性，这成为了大多数学生的首选。

（五）乡土心理

据有关的调查统计显示，大学生在选择工作趋向时，首选的是学校所在地或自己的家乡，选择去其他大城市的居中，而选择去边远山区的只占少数。此种心理的大学生主要是为了离家近或追求生活上的某些便利。家在本地的大学生一般都有住房，到外地就业难免会增加住宿交通等方面的成本，这样就造就了大部分学生不愿出远门，只愿在眼前的"一亩三分地"就业。还有些大学生则是因为早早登上爱情方舟，毕业后为与另一半留守同一战壕而死守一方，草草地与用人单位签订工作协议。这样虽然避免了事业与家庭、工作与生活之间的种种矛盾，却造成了人才资源的闲置和浪费。

（六）求闲心理

大学生在求职时或多或少追求那些舒适的、清闲的工作。在有些大城市中，常会遇见这样一种怪现象，即有些工作无人愿意干。在许多招聘会现场，常常可以看到许多大学生持求职简历在"挑肥拣瘦"地寻找职业，他们宁可待业，也不愿到一些学历要求不高、技术含量一般、也不需要太多经验要求的服务型岗位上去。就是一些技术性的岗位，一旦加上"倒班"之类的要求，就足以让许多大学生掉头而去。

（七）从众心理

大学生在求职择业时，常常会寻找热门的职业，报考的人数越多，他们对职业的渴求越大。于是在求职时，纷纷拥挤在"三资"企业、大饭店及外贸部门等狭窄的小路上，甚至有些大学生为此"献身"或受骗。在就业指导工作中，就业指导人员要告诫大学生，求职择业是一项非常严肃郑重的大事，一定要认真考虑，谨慎从事，决不能"跟着感觉走"，不能盲目地从众。先就业后择业也会给求知大学生日后的职业生涯埋下隐患，一定要慎重考虑。

（八）依赖心理

很多大学生在填报志愿时就是由家长和老师做的主，临近毕业时，这些人又把就业希望寄托在老师、学校和家长身上。他们一方面希望找到称心如意的工作，另一方面又不愿意自己到处奔波，于是对职业左顾右盼，拿不定主意；更有一部分学生想通过攀哪个亲戚的关系，拿点钱、送点礼来得到某个职位。这恐怕也难做长久。

（九）仕途心理

"学而优则仕"，这是近几年来部分大学生的职业选择，注重政治取向，希望到政府部门工作。国家公务员权力大，收入稳，地位高。若没有被政府机关直接录用，也想方设法通过公务员考试。当然，大学生从事政府机关工作是当前人事改革的一项重大举措，充实政府机关实力是提倡的，但政府机关的机构编制与干部职位都严格的限制，如盲目地、不顾一切地追求政府机关工作，结果大多数是坠下马来，铩羽而归。

（十）造假心理

大学毕业，有些大学生获得了足够多的荣誉，而有些只得到一本毕业证书。在这种情况下，造假便成了这部分大学生自认的敲开大门的救命稻草，假证书、假荣誉等的诸多东西都弄来放到自己的简历中，想借这些找一份好工作。但假的总归是假的，真不了，反而误了自己的名声，毁了自己的前途。

二、大学生就业心理问题产生的原因剖析

大学生就业是一个复杂的过程，不仅受到社会、学校、家庭等诸多因素的限制，也受大学生自身能力、学识、心理等因素的影响。归纳起来，导致大学生就业心理压力的原因不外乎外因和内因两个方面。

（一）高校毕业生产生就业心理问题的外部因素

1. 社会因素

（1）经济发展的地区性差异。近几年，我国经济保持了持续良好的发展势头，而整体就业形势并没有出现好转的迹象，劳动力供过于求的局面短期内无法改变。其中一部分原因是经济发展的结构性不平衡，导致很多大学毕业生不愿到基层就业，造成中西部和基层地区人才匮乏，而大城市人才相对过剩的现象。这种反差必然给毕业生造成一定的心理压力。

（2）就业服务、体制滞后。随着国家对高校毕业生就业制度的改革，由"统包统分"变成了"双向选择"。但就业制度性障碍和市场化运作机制的缺乏导致

就业市场不完善的问题依然没有彻底解决。教育体制改革滞后、就业市场不完善、就业歧视监管不力、缺少统筹安排以及社会保障制度不健全等政府服务职能的缺位已成为我国当前大学生就业难的一个重要原因。

（3）用人单位选聘标准的提高。随着高校毕业生逐年增多，大学生一次性就业难度不断加大。有时一个职位多人竞聘，甚至上百人竞聘。许多用人单位利用毕业生急于获得就业岗位的心理，通过提高录用标准来增加毕业生求职的难度，进而实现低成本录用高层次人才的目的。面对一些无奈的标准，许多毕业生只能望而却步，而其在大学学习生活的投入和毕业时的产出的差值明显呈现出不断扩大的趋势，无形中给毕业生心理带来了巨大的心理压力。

2. 学校自身教育体制问题

（1）专业设置及教学内容无法与社会需要接轨

学校对当前大学生就业形势不无责任。高校的计划体制比较明显，教育计划和需求滞后，市场化反应迟缓，信息预警机制不健全等问题仍然突出。许多学校专业同化和课程同类的现象屡见不鲜，造成一定程度教育资源的浪费。虽然进行了一些改革，但重视书本知识的灌输而轻视实践能力培养的办学理念短期无法改变。这种理念的落后又导致高校课程和专业结构滞后于经济发展和产业结构变革的需要，导致学生专业知识陈旧，应变能力、操作能力普遍欠缺，难以胜任人才市场上的一些岗位的要求。

（2）就业指导缺乏系统性、实效性。高校就业和职业生涯指导明显滞后市场转变速度。许多高校设立了就业指导中心，但缺少全局性、系统性的规划，短期性、功利性、阶段性特点明显。另外，途径、方法单一，专业的测评工作开展并不广泛和深入，使就业指导没有达到预期的效果，很难对大学生的就业起到实质性帮助。这些都导致了大学毕业生就业观的不成熟而直接造成其就业能力偏低。

3. 家庭因素的影响

在竞争激烈的就业市场中，由于自身条件或者外在条件的限制，很多人最终还是要从事普通而平凡的工作。但是，由于受家庭高期望值的影响，多数人虽然知道自己确实很难达到周围人所期望的标准，可又不知道怎样去处理这种思想意识上的差异，这样双方思想认识上的冲突难以得到化解，最终使得大学生的心理负担一直难以得到适度的调节、释放,而诱发心理问题。

(二)大学生自身素质即内因是就业心理问题产生的另一个主要原因

1. 认知能力弱

(1)自我认知不明确。一类学生是没有"自知之明",过于自负。不能客观评价自我、准确定位。应聘时急功近利而屡屡受挫,时常感到怀才不遇而导致心理问题。另一类学生则是保守怯懦,迟迟不行动,持观望态度,对自己能力和学识缺乏应有的自信,渴望竞争,但缺乏竞争的勇气,从而产生自卑心理。

(2)社会认知能力缺乏。有些学生缺少足够的社会形势分析和关键时刻、位置的判断能力,对于机遇不能准确把握。要么选择盲从,要么"另辟蹊径"而屡战屡败,产生一定的心理压力。

2. 心理调节能力不足

大学生在就业过程中遇到困难无法有效地、及时地调整自己的心态,对自己的前途感到担忧或者遇到困难轻言放弃,面对机会与挑战时存在自我怀疑、自我贬低的心理,从而产生焦虑急躁、抑郁冷漠甚至消极逃避等心理问题。

3. 缺少人生规划

当前就业形势除了社会大环境和学校自身专业设置、管理问题等影响外,也有部分原因是一些大学生自身贪玩、缺乏长期学习计划和未来职业生涯规划等原因造成的。甚至许多大学生毕业时不知道自己到底能干什么、适合做什么工作,对前途感到迷茫。

第二节 常见的大学生创业心理问题及原因剖析

一、常见的大学生创业心理问题

目前,我国政府大力提倡高校毕业生自主创业,对于大学生创业给予了政策上和经济上的大力支持。多数大学生对于自主创业还是缺乏心理上的必要准备,采取观望、等待的心理,这些都是一种正常的心理现象。创业难免会遇到许多意想不到的困难和阻力，如创业资金如何筹集、创业环境怎么样、经营目标是什么、市场的需求如何。面对这些问题时，有的大学生会出现不知所措、悲观退缩等心理问题，这些都是大学生创业的主要障碍。

所有这些创业心理问题主要表现在对创业的认知、动机、人格、情绪、意志等方面，而这些严重制约了大学生的创业热情。

（一）创业认知上的心理问题

1. 对创业认知不足

大学生认知上的心理问题主要是对创业本身的认知不足，很多大学生虽然崇拜像比尔·盖茨、马云、杨致远、李彦宏等创业成功的人士，但是自己却不敢轻易走上创业这条道路。尽管自己非常崇拜，但仍对创业的艰辛产生畏惧感。这就是大学生对创业的认知不足的主要表现。

（1）认为创业就是创办企业

提起创业，很多人理所应当地认为就是办企业、开公司。有这样想法的人会因为考虑到资金困难、人力困难、能力有限等原因对创业望而却步。现在，广义的大学生创业不仅可以是个人创业，也可以是团队创业。创业也并非专指创办一家企业或公司，大学生创业可以从校园白手起家，可以从练摊和开发一个新的产品开始积累经验和资金，一千元可以创业，几百元也可以创业。

（2）认为创业不能学以致用

部分大学生认为大多数创业的项目与自己大学期间学到的专业知识是不相符合的，因为不了解，所以感觉根本不可能，以致对创业产生排斥心理。

（3）认为知识型创业就是高科技创业

近几年来，大学生创业大赛等成为高校大学生开启创业的平台，IT行业高科技创业名列榜首，这让很多大学生误认为创业就是高科技的事情。事实上，创业对于专业没有限制，如果说阻碍，那只是你心理上的畏惧。

（4）惧怕创业风险

据报道，大学毕业生初次创业的成功率仅为2.4%。这种高风险、低成功率致使很多抱有创业幻想的大学生知难而退。但是，最初创业大学生可以选择那些风险小、又为自己能力所接受的领域，这样随着创业能力的提升，逐渐可以选择更具挑战性的、风险大的投资项目。

2. 自我认知不足

由于创业大学生不能正确看待认识自己，常表现为自负和自卑。有的大学生认为自己智商高、能力强，不太顾及别人、对人缺少热情，结果落得门庭冷落。而当遭遇到挫折之后又转向另一个极端，即自卑。与自负相反，自卑是一味地贬低自己、缺乏自信的表现。自卑会导致很严重的情绪危机，如悲观、胆怯、孤僻、忧郁，大学是年轻人个性丰富但不成熟时期，常表现为高兴时阳光灿烂，遇到挫折时整个世界都陷入了灰暗之中。低估、轻视自己的能力，对未来失去信心。

（二）缺乏创业动力

当前，大学生创业可以说是全民参与的一个热门话题。面对严峻的就业形势，政府各级部门鼓励支持大学生投身创业，但现实情况是，想创业的大学生很多，但最终选择创业的寥寥无几。

大学生创业比例如此之低，与大学生缺乏创业动机密切相关。在实地调研中，当问到学生是否了解国家和政府部门有关创业政策时，大多数学生表示"根本不了解"，即使有了解的，也根本领会不清。造成这种现象的原因有很多，但主要的一方面是我国创业教育严重匮乏，与时代完全脱离。国外许多国家从小学甚至幼稚园就培养小孩子的兴趣和爱好，特别是在玩游戏的过程中，就有对职业的认知。而我国大学的职业和创业教育仍然停留在一门课或几个讲座上，很少有高校开展创业拓展训练活动。另一方面，我国的家庭教育方式和媒体对创业的认识和宣传还非常传统，思想保守，尤其是我国的家庭教育对青年的挑战精神和开拓精神培养非常欠缺。至此，大学生即使创业热情高涨，但稍微遇到一点困难和问题，就会迎难而退，这就是由严重的创业动力不足所造成的。

（三）不良的情绪和情感问题

创业的不良情绪主要分为焦虑和忧郁两个方面，焦虑是由于对创业结果的不确定性产生的，特别是当一个人不自信的时候，会表现出头冒虚汗、心慌意乱、火气旺盛、遇事不冷静；忧郁主要表现为情绪抑郁、多愁善感、好怀疑、易夸大困难、精神不振和自怨自艾，严重时感到苦恼不堪，甚至出现悲观厌世的情绪。这样不良的情绪会严重阻碍创业的成功进行。

（四）创业意志上的心理问题

创业意志指的是个体能百折不挠地把创业行动坚持到底，以达到目的的心理品质。创业过程需要顽强的创业意志，顽强的意志是创业的脊柱。大学生在创业中必然会遇到许多矛盾和困难，如果没有坚定的意志就不会取得成功。

1. 缺乏坚韧不拔的毅力与恒心

从对近几年曾涉足自主创业的大学毕业生的情况来看，不少创业者往往缺乏坚定的意志。由于创业之初工作头绪多、工作时间长、人手少，创业者不得不担任多种角色，经常疲惫不堪，不能适应。此外与社会各方面打交道常常是初涉社会的大学生创业者所不擅长的，办不成事的情形是常有的。大学生一旦遇到挫折容易心灰意冷、半途而废，以至于创业过程中遇到一点小困难便轻言放弃，不能接受创业过程中的一点点小挫折，面对残酷的竞争不能坚持到底，经受不住打击。因此，必须认识到创业过程是一个长期坚持的过程，如果缺乏坚忍不拔的毅力和恒心，就很难把创业进行到底。

2. 缺失抗挫力

在心理学上，挫折是一种情绪状态，当创业者在创业过程中遇到困难、阻碍或干扰，使个人的目标不能实现时，而产生的紧张状态与情绪反应，如伤心、沮丧、愤怒、焦虑等。从消极的方面来讲，挫折可以导致人消极的情绪体验，这种消极的情绪体验影响受挫者的身心健康；从积极的方面来讲，挫折能给人以教益，给人启迪，也能磨炼人的意志，激励人奋发向上，使人更加成熟、坚强。

挫折承受力也叫抗挫折能力，是指人在遇到挫折时的一种自我防卫能力，这种能力是可以在后天得到学习和发展的。提高抗挫折能力，首先要培养坚强的意志品质。坚强的意志品质反映在自觉性、果断性、自制力和坚韧性等特征中。其次是树立自信心，许多创业大学生的挫折心理，都是由于遇到困难而恐惧，缺乏足够的勇气和自信，在没有遇到对手时就开始退缩、胆怯，而不是积极地去面对，去战胜它，做事畏畏缩缩，容易受挫，成功率低。

创业不是一帆风顺的，大学生创业中暂时的困难也是在所难免的，但是不要让暂时的困难成为创业前行的拦路虎。阶段性的挫折，反而会给大学生创业者再起步、再努力的机会，搭建通向成功的另一条道路。

大学生由于缺乏社会历练，以及缺乏用相关心理知识来武装自我，因此一旦遭遇挫折，就无能为力，自愿放弃。其实大学生没有意识到挫折是人成长的教科书。

二、大学生创业心理问题产生的原因剖析

影响成功创业心理因素很多，包括自身因素、学校因素、家庭因素、社会因素等。

（一）自身因素

大学生受传统就业观的影响，往往觉得国家机关、企事业单位等稳定的工作才是他们的理想去向。目前，我国大学毕业生的数量逐年增加，多数毕业生会优先选择就业与求学。一般他们会在经历了以上选择并且失败的情况下才会考虑选择自主创业这条路，由此可以看出，追求安稳、拒绝挑战是自身因素的主要原因。当前，面对日新月异的市场环境，本来大学生有了很广阔的创业空间，可以一展身手，实现自身价值，但由于自己的心理缺陷往往会错失良机。

（二）学校因素

目前，高校的教学设施和教学条件仍只能满足传统教育模式，很多高校并不是十分注重创业教育，只是简单的理论讲座，更多流于形式，创业心理教育更是少之又少。有的创业教育也只是让学生了解一些有关创业的简单内容，让学生学到的是如何应对考试，而非为培养创业的开拓者。有的学校会开设创业心理教育课程，老师也会对相应的心理知识认真地讲解，但只是注重理论的教育，脱离了实践环节，这无济于真正让学生学会如何创业，因为创业者不只是在书本上了解相关的创业心理知识，更重要的是提供创业平台。

（三）家庭因素

不同的家庭教育环境会使孩子形成不同的人格特征。比如，凡事顺从孩子意愿的父母，会让孩子养成从小专横跋扈的嚣张性格，这样的性格缺陷会在以后的创业过程中暴露出来，他们不愿意与人合作，凡事希望别人服从自己的想法，认为自己是主宰，按照自己的意愿进行。这样的个性在创业过程中无疑难以包容别人，更谈不上合作。而习惯于替孩子做主的父母，会让孩子养成没有主见、遇事依赖别人、缺乏自强自立的性格，这样的性格显然也是不符合创业要求的。家庭

成员对大学生是否创业、是否能坚持创业等都会有直接的重要影响。与家庭的沟通，得到家庭的支持，就会获得除了初期创业时需要的安全感以外，还可能得到更多社会资源的支持。另外，家庭的经济状况、家庭从商经验的差异也会直接对大学生创业兴趣的产生起作用。

（四）社会因素

在市场经济环境下，市场需求与经济环境随时会发生变化，使创业者产生无形的压力，如果认识不到创业过程不可能一帆风顺，就会存在这样或者那样的小问题或小挫折，如果没有经过详细而系统的培养，创业者很容易丧失信心，便很难再次站起来。另外，我国社会正处在转型期，在深化改革扩大开放的同时，各种有利与不利的文化都会涌入国内，大学生刚刚离校，辨别是非真伪的能力不够，很容易上当受骗，或者受到诱惑时自控能力不足，受到打击后便如惊弓之鸟般畏首畏尾，不敢再去尝试创业。所有这些都与创业教育的严重缺失有关。

在所有这些因素中，有时单独影响大学生创业的动力，有时多种因素共同影响。心理学家一直认为：每一个人通过努力，都可能实现人生的最大价值。

第五章　成功的就业创业应从培养积极心理品质开始

通过调查问卷显示，成功就业创业者具有许多优秀的心理品质，而成功就业创业者的优秀品质不是与生俱来的，而是自己经过后天不断努力培养的，因此，本章重点对这些心理品质进行了分析，以提高大学生对就业创业心理品质的了解和掌握，为大学生积极就业创业提供心理上的保证。在介绍分析积极心理品质特征中，探索培育大学生就业创业积极心理品质的途径和方法。

第一节　积极心理学

奥地利精神分析学家弗洛伊德曾说过："心理学的最终目的，是为了让人们更好地去爱、去工作、去生活。"由此可见，积极健康的心理，不仅是大学生的就业创业的主观因素，也是决定就业创业与否的前提和关键。

一、积极心理学概论

（一）积极心理学的产生及发展

近年来，心理学界逐渐形成了一种共识，即心理学在研究人的各种问题的同时，也要把发展和培育人的积极力量作为自己的一项核心任务，这就是当代的积极心理学（positive psychology）运动。在2004年美国汤姆逊（Thomson）

出版社出版的世界心理学史最具权威的《现代心理学史》(*A History of Modern Psychology*)第八版的前言中，美国最著名的心理学史专家舒尔兹（D.P.Shultz）教授把积极心理学和进化心理学并称为当代心理学的两大最新进展。（Shultz，2004）

1. 什么是积极心理学

积极心理学的出现及发展与美国著名心理学家、宾夕法尼亚大学教授塞利格曼（Martin E.P.Seligman）的大力倡导分不开，毫不夸张地说，没有塞利格曼就没有积极心理学运动。特别是塞利格曼 1997 年当选为美国心理学会（American Psychological Association，简称 APA）主席一职后，他更是利用其影响四处倡导积极心理学运动，并把创建积极心理学看作是自己 APA 主席任务中最重要的使命之一。在 1998 年美国心理学会的年度大会上，塞利格曼明确提出了 20 世纪心理学的发展存在着两个方面的不足：其一是在民族和宗教冲突上，心理学介入不够；其二是对强调和理解人的积极品质与积极力量的积极心理学运动重视不够。因此，21 世纪的心理学要把这两个方面作为自己的工作中心。这是心理学历史上第一次在正式的公开场合使用"积极心理学"一词，不过，当时塞利格曼在提到积极心理学时是加了引号的，就塞利格曼本人来说，也许他当时还并不十分清楚积极心理学今后到底会有什么命运。

什么是积极心理学？积极心理学是指心理学不仅要致力于研究人类的各种心理问题，同时也要致力于研究人的各种发展潜力、美德和积极力量等（Seligman & Csikszentmihalyi，2000）。国际积极心理学网站的首页对积极心理学有一个明确的解释，即积极心理学是一种以积极品质和积极力量为研究核心，致力于使个体和社会走向繁荣的科学研究。心理学自从 1879 年取得独立地位以后就面临着三项主要使命：（1）治疗人的精神或心理疾病；（2）帮助普通人生活得更充实幸福；（3）发现并培养具有非凡才能的人。这三项使命在第二次世界大战以前均得到了心理学工作者的同等程度的关注（George Faller，2001）。但在"二战"以后，心理学把自己的研究重心放在了心理问题的研究上，如心理障碍、婚姻危机、毒品滥用和性犯罪等问题，心理学正在变成一门类似于病理学性质的学科。心理学研究重心的这种转移实际上背离了心理学存在的本意，因为它导致了很多心理学家几乎不知道正常人怎么样在良好的条件下获得自己应有的幸福（Seligman & Csikszentmihalyi, 2000）。积极心理学把自己的研究重点放在人自身的积极因素方面，主张心理学在研究人的各种问题的同时，也要以人固有的、实际的、潜在的具有建设性的力量、美德和善端为出发点，提倡用一种积极的心态来对人的许多心理现象（包括心理问题）做出新的解读，并以此来激发人自身内在的积极力量和优秀品质，并利用这些积极力量和优秀品质来帮助有问题的人、普通人或具有一定天赋的人最大限度地挖掘自己的潜力并获得良好的生活。

（二）积极心理学的产生与发展

有趣的是，积极心理学的最初研究起点却是习得性无助（learned helpnessless）。所谓无助感，就是指人面对要做的事显得无可奈何，失去了行动的动力，从而只能选择放弃努力（因为你即使努力了也没有用）。无助感在生活中无处不在，有些是天生的，如当你要一个男人去生一个小孩时，他就会产生无助感；同样，当你要求一个小学生去完成高等数学题目时，他也会产生无助感。但塞利格曼在实验中发现，后天的学习也会导致无助感，由后天学习导致产生的无助感就被称为习得性无助。

人一旦产生了无助感，便会对相类似的任务失去行为动力，有时甚至会蔓延到生活中的其他活动任务上。塞利格曼博士在研究中发现，一些动物（狗）或人在面对电刺激或噪音时都可能产生习得性无助，这一发现最初只是证明了行为主义关于学习理论的不正确，即学习不一定完全就是行为的，它也可以发生在态度或情意方面。但随后的一次经历使塞利格曼意识到，习得性无助的意义可能不仅仅只是用来反行为主义。

1975年4月，因习得性无助实验而轰动一时的塞利格曼被邀请到英国牛津大学的大礼堂为众多心理学大师级人物作有关习得性无助的报告，当时在座的心理学大师主要包括：现代信息加工认知心理学的代表人物布罗德本特，以研究非言语交流而闻名的社会科学家格尔德（M.Gelder），1973年获诺贝尔奖的生态学家廷伯根，世界著名儿童教育家和心理学家布鲁纳（J.Bruner），著名的大脑和焦虑研究专家格雷（J.Gray）等。在这次报告结束的提问阶段，一位年轻的学者对塞利格曼提了一个尖锐的问题：你实验中尽管有一些狗或儿童出现了习得性无助,但也有另外约三分之一的狗和儿童在实验中永远也不会出现习得性无助,这是为什么?你为什么不去研究这些三分之一永远也不会出现习得性无助的对象呢?

这一问题深深刺激了塞利格曼,既然无助感可以习得,那乐观感是不是也可以习得呢?在随后的漫长时间里,塞利格曼开始专门致力于研究习得性乐观,并先后发表了许多相关成果,如出版了专著《习得性乐观》《怎样教孩子乐观》等。在多年研究习得性乐观的基础上,塞利格曼把自己的眼光放得更远了,他有了建立一种以研究人的积极品质为核心的心理学理论的想法。因此,当塞利格曼于1998年正式担任美国心理学会主席时,他发起了一场积极心理学运动,倡导心理学在了解各种心理疾病机理的情况下,也要了解人的积极品质和积极力量的心理机理,因而他被世界公认为"积极心理学之父"。

提到积极心理学的具体产生时间,我们不得不提到的艾库玛尔(Akumal)会议,艾库玛尔会议虽是一次非正式的小型会议,但它在积极心理学的产生和发展过程中却是一个里程碑。1998年1月上旬,由塞利格曼出面邀请了西卡森特米哈伊(M.Csikszentmihalyi)、弗勒(R.Fowler)等几个知名心理学家到墨西哥尤卡坦半岛(Yucatan)的艾库玛尔共商积极心理学的有关内容、方法和基本结构等问题,所以这次会议也称艾库玛尔会议。艾库玛尔会议是以半休假、半开会的形式进行的,所以会议持续的时间较长。经过一个星期的讨论和研究,这次会议最终确定了积极心理学研究的三大支柱,也就是积极心理学研究的三大主要内容,并分别指定了相应的负责人。

第一大研究支柱是积极情绪体验,负责人是狄纳(Ed Diener)。这一部分内容主要以主观幸福感(subject well-being)为中心,着重研究人针对过去、现在和将来的积极情感体验的特征及产生机制。

第二大研究支柱是积极人格,负责人是西卡森特米哈伊。会议确定积极人格研究的关键是制定积极人格的分类系统,只有对积极人格进行了正确的分类和界定,才有可能为测量、编制量表等提供基础。在这次会议上还提出了一个设想,那就是依照美国精神病学会制定的《心理障碍诊断与统计手册》(*Diagnostic and Statistical Manual of Mental Disorders*,DSM)对心理疾病的分类方式来对人的积极力量或美德进行分类和界定。

第三大研究支柱是积极的社会组织系统，负责人是贾米森（K.H.Jamieson）。这一内容就是确定社会、家庭、学校、单位等怎样才有利于一个人形成积极的人格，并产生积极情感的。这要涉及国家的方针、政策和具体单位的各种规章制度等的制定，其内容明显已超出了心理学的研究范围，单靠心理学本身已不能胜任。因此会议建议邀请社会学、人类学、政治学和经济学等领域的专家一起参与到研究中来。

另外这次会议还邀请心理学家诺扎克（R.NoZick）负责有关积极心理学的一些哲学问题的研究，对积极心理学所涉及的有关哲学问题进行澄清和厘定。在这次会议期间，塞利格曼等还决定成立一个积极心理学网站来宣传积极心理学的理论和思想，网站基地设在塞利格曼所在的宾夕法尼亚大学校内，由塞利格曼本人直接负责和领导，斯库尔曼（P.Schulman）等协助其做一些具体工作。

在研究方法的问题上，本次会议明确强调积极心理学主要是借助过去心理学业已形成的一些研究方法和技术。至于积极心理学的基本结构，还应该在实践中作进一步地思考和研究，目前还不宜简单做出定论。这次会议除了讨论有关积极心理学本身的理论问题之外，还讨论和提出了许多推动积极心理学发展的具体措施。如怎样吸引年轻的学者投入到积极心理学的研究中来，怎样让积极心理学和人们的日常生活更接近，怎样在普通的民众中提高积极心理学的影响等。

艾库玛尔会议之后，邓普顿（Templeton）和塞利格曼利用自己的名望为积极心理学研究拉来了大笔的赞助，许多有影响的基金会都在塞利格曼的影响下为积极心理学研究提供资金。其中基金会还专门为积极心理学研究设立了奖励基金，该奖励每年一次，主要是奖励那些在积极心理学研究中做出杰出贡献的年轻学者。

1999年11月9日到12日，在美国盖洛普（Gallup）基金会的赞助下，积极心理学在内布拉斯加州（Nebraska）的首府林肯市（Lincoln）召开了第一次积极心理学高峰会议，塞利格曼、克里弗顿（Donald Clifton）、狄纳等人都参加了这次会议，这次会议重点讨论了积极心理学的几个重要问题和一些相关的概念，如"什么是人的积极力量？它是一种性格特点还是一种心理过程？"同时会议还进一步明确了积极心理学今后的发展方向——成为世界性的心理运动。

积极心理学正式为世人熟悉的标志是2000年1月塞利格曼和西卡森特米哈伊在美国心理学会会刊、世界著名的心理学杂志《美国心理学家》(第55卷第1期)上共同发表了《积极心理学导论》(*Positive Psychology: An Introduction*)一文,该文章具体介绍了积极心理兴起的主要原因、主要研究内容以及未来的发展方向等。该期的《美国心理学家》杂志还同时刊载了一个积极心理学研究专辑,这一研究专辑共有15篇文章,其中大多数都是由当时一些最著名的心理学家所写。这些文章主要从三个相互关联的方面详细论述了积极心理学的研究成果(也就是艾库玛尔会议上确定的积极心理学的三大研究支柱):积极体验、积极人格和积极的社会组织系统,这三个方面自然也成为积极心理学的主要组成部分。

随后在2001年的3月份,《美国心理学家》杂志又建立了一个积极心理学研究专栏,进一步介绍了积极心理学(特别是一些年青心理学家们)的最新研究成果。2001年的冬天,美国《人本主义心理学杂志》也刊出了一个积极心理学研究专辑,这一专辑总共有7篇文章,对积极心理学与人本主义心理学之间的关系作了全方位的介绍和阐述。

以上3个积极心理学专辑使积极心理学运动逐渐由美国走向了世界。特别是美国心理学会的会刊——《美国心理学家》,是一本世界知名的学术刊物,在心理学界有着举足轻重的影响,它连续两年发表有关积极心理学研究的专辑,这本身就说明了当代心理学界对积极心理学的肯定和认同。到了2002年,辛德(C.R.Snyder)和洛佩兹(S.J.Lopez)主编的《积极心理学手册》(*Handbook of Positive Psychology*)由牛津大学(Oxford University)出版社正式出版。《积极心理学手册》对积极心理学在近几年所取得的各个方面的研究成果做了一个系统总结,全书共包括了55篇有影响的文章。其内容主要分为以下几个部分:辨识积极力量、以情感体验为中心的研究取向、以认知为中心的研究取向、基于自我的研究取向、人际交往方面的研究取向、生物研究取向、特定应对方法的研究取向、特定人群和特定情景的研究、积极心理学的发展展望等。

在2002年《积极心理学手册》发表以后,积极心理学运动更是呈现出了一派欣欣向荣的景象,一些有影响的著作相继出版,如塞利格曼的《真实的幸福》(*Authentic Happiness*),阿斯宾沃(L.G.Aspinwall)和斯道金格(U.M.Stauginger)

的《人类积极力量的心理学》（*A Psychology of Human Strengths*）、凯兹（C.M.Keyes）和海德特（J.Haidt）的《欣欣向荣——积极心理学与生活美满》（*Flourishing：Positive Psychology and the Life Well-Lived*）、洛佩兹和辛德的《积极心理学评估手册》（*Positive Psychological Assessment：A Handbook of Models and Measures*）、马文·莱文（Marvin Levine）的《佛教和瑜伽中的积极心理学》（*The Positive Psychology of Buddhism and Yoga*），阿伦·卡尔（Alan Carr）的《积极心理学——关于幸福和人类积极心理力量的科学》（*Positive Psychology：The Science of Happiness and Human Strengths*）等。

同时积极心理学所设立的邓普顿奖竞争空前激烈，现在已经成为世界心理学界最重要的奖项之一，每年都吸引着很多有才华的年轻心理学家们来申报。积极心理学也开始在一系列的社会事件中表现出良好的作用，如在美国的"9.11事件"中，以及盖洛普基金会合作进行的国家幸福度指数的民意调查等。

从目前积极心理学的发展状况来看，积极心理学的第一个阶段——通过发起一场运动而求得自己独立的阶段已经完成。如果说塞利格曼在1998年的APA大会上的发言是吹响了积极心理学行动的号角，那么2002年，辛德和洛佩兹主编的《积极心理学手册》的出版则正式宣告了积极心理学运动的正式独立。不过对于积极心理学的这种独立还存在某些争论，争论的焦点在于积极心理学是作为一种新的心理学学科而独立还是作为一种新的心理学而独立？持前一种观点的人认为，积极心理学只是原有心理学开辟的一个新领域，它的一些理论观点基本上是心理学自身各领域多年来发展的一种结果；持后一种观点的人则认为，积极心理学的理论观点是在新的历史条件下出现的一种新现象，它的研究对象、哲学基础和研究目的等都和原有的心理学不同，因而，它的出现就如同人本主义心理学或信息加工认知心理学的出现一样，是一种全新的心理学。就目前来看，这两种观点似乎都有一定的道理，但也不全对。在今天这样一个社会里，人类的许多问题都已交织在了一起，问题本身已具有了多重属性，所谓"横看成岭侧成峰"，谁也没有办法从某一个侧面来穷其性质的全貌。

不过，对积极心理学性质问题的争论，并没有影响到积极心理学本身的发展，积极心理学在其研究领域取得了令人瞩目的成就，并成立了3个研究中心，分别是积极情绪研究中心（Positive Emotion Center）、积极人格研究中心（Positive Character Center）和积极社会制度研究中心（Positive Institutions Center）。在积极情绪研究领域，狄纳成功地把主观幸福感引入积极心理学领域（这一名词现在几乎成了积极心理学的专有名词），并在全球40个国家同步开展了以大学生为被试的主观幸福感调查．到目前为止，这一调查研究是心理学历史上规模最大的一次，狄纳也因其对幸福感的研究而当选为国际生活质量研究会主席。到2002年底，狄纳和他的同事共为积极情绪的研究募集到了近50万美元的捐款作为研究经费。在积极人格研究领域，积极心理学和许多机构或公司合作，把自己的人格理论研究应用到实际中去，如和麦卡锡（McKinsey）咨询公司、爱立信（Ericsson）公司合作以提高其员工的幸福感体验。同时积极人格中心还和美国蒙台梭利协会（American Montessori Association）、盖蒂教育基金会（Getty Educational Foundation）等合作，积极参与到教育教学的评估中。积极人格研究中心同样也争取到了许多基金会的经费资助。积极社会制度研究中心主要围绕正义和公平进行了研究，研究了市政府、州政府和联邦政府（美国社会的三级政府）应承担的社会职责。在此基础上，该中心特别鼓励青少年通过亲自参与各级别的选举来体会积极社会制度的真实意义。由于积极社会制度研究中心和社会现实结合得较紧密，其从皮尤慈善信托公司（The Pew Charitable Trusts）和安嫩伯格基金会（The Annenberg Foundation）共得到了数百万美元的活动经费资助。

　　积极心理学正以一种蓬勃的姿态影响着社会的许多领域，并在全社会掀起了一场积极运动，积极心理学的一些观点已经渗透进社会学、教育学、经济学、管理学等领域，并对其中的许多理论产生了重大影响。在心理学领域，积极心理学在理清了自己的理论建构之后，成功地吸引了一大批心理学工作者参与到研究中来，其中包括许多有名望的心理学专家。在积极心理学2003年的国际峰会上，获得诺贝尔奖的卡尼曼（Daniel Kahneman）教授作了《心理学有东西要对政策制定者说吗？》的发言；加德纳（Howard Gardner）教授作了《从多元智力到良好的工作》的发言；斯滕伯格（Robert Sternberg）教授作了《成功智力——为人们展现和开发全部的潜力扩大了机会》的发言，这些心理学大家都从自己的成名理论出发，对积极心理学的发展方向予以肯定。

美国哈佛大学很早就把积极心理学作为一门重要的公共选修课,这门课还曾在 2006 年被评为哈佛大学最受学生欢迎的课程。目前,仅在美国就已经有 200 多所各级院校开设了积极心理学课程,这还不包括众多的中小学。2005 年,美国宾夕法尼亚大学最早开设了应用积极心理学硕士学位专业(简称 MAPP),专门培养积极心理学硕士,这是全球第一个以积极心理学为专业方向的硕士点。从 2006 年开始,其他一些国家的许多大学也相继开始开设积极心理学方向的硕士专业,如英国、意大利、墨西哥、澳大利亚等国的一些大学,这些大学的全日制积极心理学硕士项目和颁发积极心理学硕士资格证书项目正如雨后春笋般地涌现出来,其中做得比较好的有英国的东伦敦大学等。到 2010 年上半年为止,世界上已经有了第一个专门培养积极心理学博士学位项目的地方,那就是美国的克莱蒙特研究生院,该项目的总负责人是西卡森特米哈伊。

二、关于积极心理

积极心理这一概念最早在心理学界被系统提出来是在 1958 年。在 20 世纪的五六十年代,美国心理健康运动出现了两个新理念:基本预防(primary prevention)和增进幸福(wellness enhancement)(E.L.Cowen & R.P.Kilmer, 2002),即心理健康运动要从基本预防和增进幸福这两个方面一起抓。在这场"基本预防和增进幸福"的心理健康运动中,美国著名女心理学家贾霍达(M.Jahoda)在当时美国心理健康联合委员会编订的一套心理健康系列丛书中提出了一个新概念——"积极心理健康"。从那时起,积极心理这一概念就逐渐在心理学的一些文章中开始被提到,但在很长一段时间内,心理学界对这一概念的理解并不是很清楚,更没有体会到积极心理在心理健康领域或心理学研究中的重要性。直到 1998 年,塞利格曼正式开始担任美国心理学会主席一职以后,由于他的大力倡导,西方心理学界掀起了一场声势浩大的积极心理学运动,积极心理这一概念便逐渐在心理学界得到了明确的界定。

(一)心理学对积极的理解

"积极"一词是对英文"positive"的翻译,"positive"在香港和台湾经常被翻译为"正向的"意思(港台的一些文章中经常把积极心理学称为正向心理学)。

"positive"一词源自拉丁文字"positum",它的原意是指"实际而具有建设性的"或"潜在的"意思。因而现代意义上的积极,既包括了人外显的积极,也包括了人潜在的积极。

也许让我们从生活的具体事件中来认识积极的含义会更深刻,我们先来看一个真实的故事。著名的电子专家、美籍华人陈之藩教授有一套友人赠送的非常精美的茶具,当他举家搬迁到香港之前,在收拾整理行装时不幸把这套茶具的一只茶杯打破了。当时在场的许多人都为陈教授感到惋惜:如此精美而又心爱的一套茶具,现在破碎了一只杯子,又没有地方可以配到同样型号的,这是一件多么令人伤心的事。谁知陈教授却坦然笑道:"真不错,我又多了一只碟子。"面对同样的事实——"破碎了一只杯子",当你分别用"少了一只杯子"和"多了一只碟子"来进行描述时,你的心态就不同,前一种是消极的心态,而后一种则显然是积极的心态。生活中我们每个人都会有"少了一只杯子"的时候,但这并不可怕,可怕的是我们不能看到又"多了一只碟子"。"多了一只碟子"的心态显然要比"少了一只杯子"的心态轻松得多,尽管客观存在的事实可能是一样的。

当然,当代积极心理学所倡导的积极并不是传统意义上的一种整天拍手称好的喝彩,更不是一种充满希望的良好祝愿,甚或是一种光说好话的自我欺骗。它更主要的应是寻找并研究社会或社会成员中存在的各种积极力量(包括外显的和潜在的),并在社会实践中对这些积极力量进行扩大和培育。在这过程中,人类要有意识地为全体社会成员寻找或创造一种良好的社会环境(积极的社会氛围),使每一个成员的积极力量能在这种环境中得到充分的表现和发挥,并进而培养全体社会成员个体层面和集体层面的积极品质。

长期以来,心理学领域对积极心理的机制的理解有着不同的看法,主要分歧在于把积极看作是消除消极以后的附属结果,还是把积极和消极看作是两个完全独立的定义性变量。假如说积极仅仅是消极解除的结果,那社会就不需要积极心理学了,而只是需要一门消解消极的心理学,因为消除消极后就能自然产生积极了。那么事实到底如何呢?要说清这个问题其实不难,我们可以用一个简单的图示来帮助分析,如图5-1所示。当我们把最积极和最消极作为两个极点而把它们联成一条直线的话,这两个极点之间的中点就可以被称为"0"状态。"0"状态是一个理论上的中间状态，在这个状态下，个体对任何外在的事件既不积极，也不消极。一旦"0"状态被确定以后，任何由特定条件（如情绪、外在情形、内部动机等）所引起的情形变化如果向着正向（图5-1中的右方）也即个体喜爱的方向进行变化，那就是积极；反之，所引起的情形的变化如果向着负向（图5-1中的左方）即个体不喜爱的方向变化，那么就是消极。这样我们从图中就可以清楚地看到，积极和消极是两个完全独立的、有各自定义的变量，积极并不是消极解除之后的一个附属结果，并不会伴随着消极紧张的消除而自然产生。

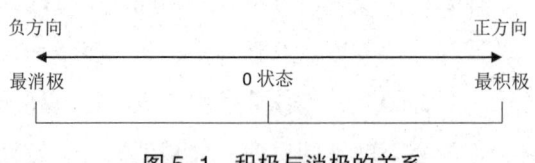

图5-1　积极与消极的关系

举例来说，当一个饥饿的动物面对食物时，食物对于饥饿的动物来说是真正的积极还是对消极状态的一种解除？我们说这不一定，当这个食物正是这个饥饿的动物所喜欢的，那食物就能产生一种积极的体验，但这绝不是饥饿紧张被消除后的必然结果；当这个食物不是这个动物所喜欢的，即使它同样能解除动物的饥饿，它也不具有积极的特性。一只再饥饿的老虎面对一盆土豆时，它也不会喜欢。同样，一个饥饿的人可以用树叶或树皮来解除自己的饥饿（这是人理性的结果），但当他用树叶或树皮解除饥饿之后，他绝对不会有积极的感受——感到心满意足。

（二）积极心理学产生的社会背景及心理学渊源

从表面来看，积极心理学似乎只是心理学自身的一种简单转向，但如果仔细对这种转向作一个深入考察的话，我们就会发现，积极心理学的这种转向并不是源于某些智者的一时之念，而是有着它特定的时代背景和心理学渊源。

1. 积极心理学产生的社会背景

首先，积极心理学是对当前人类社会愈演愈烈的种族和宗教冲突反思的结果。尽管进入21世纪的人类创造了高度发达的物质文明，但社会在种族和宗教方面的紧张和冲突却丝毫不比前几个世纪有所缓解。无论是在欧洲、亚洲、非洲，还是在美洲，我们到处都可以看见种族和宗教冲突的例子，许多冲突甚至酿成了人间悲剧，如非洲的卢旺达、欧洲的科索沃和亚洲的中东地区等。这些悲剧促使人们去思考：种族和宗教冲突的根源到底在哪里？为什么同样存在着种族和宗教的矛盾，有些地区会酿成悲剧而有些地区却能和平相处呢？这也许是一个复杂的社会问题，需要社会各方面的共同努力才能解决。但有一点却是非常明显的，那就是人类只有从人性共同的部分才能真正寻找到解决这一问题的最终办法。在这里，人性的共同部分就是人性的积极，也就是说不论哪个民族、哪个宗教信仰的人，他们都有自尊、满意、快乐等积极品质，并把这些看作是自己追求的生活目标。当世界的各个民族、各个宗教信仰的人都在努力实现自己的这些积极品质，都在过着相同或类似的幸福生活时，这种冲突和争端也许就会停止。

其次，科技和社会经济的发展给人类带来了困惑。从整个西方社会的现实来看，科技和社会经济的发展并没有解决社会的全部问题，特别是没有给人类带来想象中的幸福。第二次世界大战以后，人类经过几十年的和平建设，西方社会在许多方面都出现了令人瞩目的进步，如婴儿死亡率明显下降、儿童受教育水平得到了大幅度的提高、生活贫困人口的绝对数量显著缩小等。但在另一方面，人类社会的某些领域却并没有随着这几十年来经济的发展而发展，有些甚至还倒退了。如以美国为例，1960～2000年来，美国的经济增长很快，但其国民的生活幸福度指数却几乎没有什么增加（Ed Diener，2000），而在这一时期美国的抑郁症患者的数量却反而增加了，几乎是40年前的10倍多，而且抑郁症患者也正呈现一个低龄化的倾向，出现了许多十几岁的抑郁症患者；同样的状况还表现在社会稳定和安全方面，在这一时期美国感觉不安全的人数增加了，青少年性犯罪、儿童自杀、吸毒等都出现了较稳定的增长（Keyes & Haidt，2003）。

再次，西方广大的普通民众对自己生活质量的要求不断提高。由于民主运动的发展和人类自我认识的提高，西方民众对自己生活质量方面的要求变得越来越高，他们比以前更渴望过有意义的幸福生活。美国《纽约时代杂志》(*NewYorkTimesMagazine*)曾对成年人进行过一个很有意义的调查,问卷题目是"假如每一天会多出3个小时（有27个小时），你会怎么过这3个小时来使自己更满意？"结果约2/3的人说要和家人平安地待在一起，另外11%的人说要和朋友待在一起（Egan，2000）。尽管这是一个反事实问题，但从人们对这个问题的回答我们不难发现，大多数人希望有更多的时间和自己的亲人、朋友平安地待在一起，而不是去挣更多的金钱或物质，并把这看作是幸福和有意义的生活享受。

2. 积极心理学的心理学渊源

塞利格曼自认为积极心理学渊源于奥尔波特（G.W.Allport，1897～1968）的人格特质理论和马斯洛的人本主义心理学（Seligman，2002），事实确实如此，但又不完全尽如此。其实除了人格心理学和人本主义心理学的影响之外，西方20世纪五六十年代的心理健康运动也对当代积极心理学的发展起了重大的推动作用。

（1）积极心理学与人格心理学理论

奥尔波特是一位杰出的人格心理学家，经过30多年对人格的研究，他逐渐形成了自己系统的人格理论。奥尔波特认为："个性（人格）是个体内那些决定个人特有的行为与思想的心身系统的动态结构。"奥尔波特的这个人格定义主要包含了3个含义. 第一，人格的复杂性。奥尔波特强调人格是"心身系统"的结构，即人格是由遗传、社会和心理等因素构成的，它的形成是一个复杂的过程，只分析任何一个因素都不能充分说明人格的全貌。第二，人格的独特性。奥尔波特认为人格是"特有的"，尽管一个人和其他人有着许多的共同点，但每一个人都有着自己独特的人格。第三，人格在结构上是动态的。所谓人格的"动态结构"，就是说人格是一种发展的、变化的结构，是一种动态平衡，它在某种意义上反映了个体的动机状况。

奥尔波特认为个体的动机系统为其人格的形成提供动力，因此个体的不同动机直接就能影响到人格的形成。但动机与人格的关系又不是简单的线性决定关系，动机具有一种机能自主的特性，所谓动机的机能自主就是指任何一种由学习而获得的动机系统，只要这种动机所包含的紧张和这一习得系统由之发展形成的先行紧张不是同一种紧张，则这一个习得的动机就表现出了机能自主（Allport，1961）。而一旦动机获得了机能自主，那它就变成了自给自足的"自在体"，而不再依赖原来的紧张。例如一个小孩练习弹钢琴，在初始阶段，他可能是因为害怕父母的训斥而去练习弹琴，因此逃避父母训斥的紧张心理就成了他练习弹琴的动机。但当他经过五六年的练习以后，他练习弹琴的唯一理由是由于演奏自身已成为一种享受，追求获得快乐享受的心理就成了他练习弹琴的动机。在这一过程中，这个孩子的后一个习得的动机系统就表现出了机能自主，其导致动机的心理紧张已发生了变化。这种动机机能自主的现象在生活中有很多，如一个优秀的画家即使不再依赖其绘画谋生却仍然会继续从事他的精彩作业，商人超过他的生活消费需要的贪婪积财等。正是动机的这种机能自主的特性才使得个体的人格是动态的，塞利格曼也正是从这里受到了启示。

1967年，美国宾夕法尼亚大学一名21岁的大学生塞利格曼第一次去自己教授的实验室时发现了一个奇怪的现象。当时教授和他的助手们正在做一个实验，他们在一个大笼子里用一排矮栅栏（狗可以轻易跨越过去）隔断成两个小笼子，两个小笼子一个有电击，另一个则没有。教授和他的助手希望狗在受到电击之后或在听到某个和电击相关联的声音之后能很快逃到另一个小笼子去躲避电击。但实验却进行得很不成功，狗在受电击后或在听到那个和电击相关联的声音时却一动不动地蹲在那，发出呜呜的吠声。这令在场的所有人都不知所措，谁也不能解释这个奇怪的现象。

年轻的塞利格曼却由这一现象受到了启发，他发现这些狗在此之前已经学会了一种情意态度（即某种人格特质）：把某个声音和电击联系在一起后产生一种特定的情意态度的条件反射。也就是说狗在此之前已经接受过多次的电击，不管声音在什么时候响起，也不管它做怎样的挣扎，它从来就没有逃脱过电击，这种再怎么努力也逃脱不了电击的经历逐渐使狗形成了一种"习得性无助"的心理特性。现在换了一个新的情景条件，它们能够通过自己的努力来逃脱电击，但"习得性无助"的特性使它们还是像以前一样，依然认为自己无论做些什么也都逃不脱电击的厄运。依据这个发现，塞利格曼对人类做出了一个大胆的假设：许多人存在的诸如压抑等心理问题的主要原因可能就是缘于形成了"习得性无助"类人格特质——对现实具有了一种无可奈何的信念，而不是他们真的无法解决自己的问题，随后的一系列的调查研究证实了塞利格曼的这个假设。

到了20世纪80年代，塞利格曼又做出一个新的推论：既然压抑、退缩等消极品质能够通过一定的学习而获得，那么乐观、高兴等积极品质也一定可以通过学习而获得。于是他又进一步将其理论进行了修改和扩展，他把修改和扩展后的理论命名为"解释风格"理论。塞利格曼认为，个体后天不同的学习体验使个体形成了不同的人格特征，他用"解释风格"来对人格进行描述，把人格分为"乐观型解释风格"和"悲观型解释风格"。"乐观型解释风格"的人会认为失败和挫折是暂时的、是特定性的情景事件，是由外部原因引起的，而且这种失败和挫折只限于此时此地；而"悲观型解释风格"的人则会把失败和挫折归咎于自身的原因，并认为这种失败和挫折是长期的、永久的，会影响到自己所做的其他事情，因而悲观型解释风格的人更容易形成抑郁。到了90年代末，塞利格曼终于在这些观点的基础上提出了自己的积极心理学主张（具体内容见下文）。在这里我们可以简单地概括出积极心理学的形成过程：动物习得性无助的发现—推论1（人也具有习得性无助）—推论2（人也可以习得性乐观）—积极心理学理论的提出。

（2）人本主义心理学

积极心理学的另一个渊源是人本主义心理学，尽管积极心理学的创始人塞利格曼早期曾在多个场合指责人本主义心理学，认为人本主义心理学"没有形成产生任何研究传统、具有自恋主义倾向、是反科学的"。（Eugene Taylop, 2001）但从积极心理学的研究主题来看，不管积极心理学承认与否，它显然是受到了人本主义心理学的影响。人本主义心理学在心理学历史上第一次为心理学树立了一个充分体现人性意义的主题——使人生活得更像个人，这也正是积极心理学所追求的目标和所体现的意志，在这一点上，积极心理学和人本主义心理学几乎有着完全的重合。不过在另一方面，始终没有汇入心理学主流的人本主义心理学却又似乎更多地是以经验教训的方式影响着积极心理学的发展。关于积极心理学和人本主义心理学之间关系的这一部分内容，我们在随后的第三小节会有进一步的详细论述。

（3）20世纪五六十年代西方的心理健康运动

不过，就积极心理学的直接起源来看，它似乎和美国20世纪50年代末、60年代初出现的初级预防（primary prevention）和增进健康（wellness enhancement）等两个心理健康运动的观点一脉相承，有人（Cowen & Kilmer, 2002）就曾形象地把早期的初级预防和增进健康这两个心理学运动称作是当代积极心理学的"嫡亲长兄"（first cousins）。初级预防和增进健康这两个心理学运动始于20世纪 50 年代末的美国，当时美国心理健康联合委员会（Joint Commission on Mental Health）为了在国内推动心理健康运动而推出了一套关于心理健康方面的系列丛书，其中心理学家贾霍达（Marie Jahoda）的《积极心理健康的当代理解》（*Current Concepts of Positive Mental Health*）一书是这套丛书的第一本。艾沃特（Ewalt）在这本书的前言里写道："行为主义科学家们已经加入到了心理健康运动的行列并正在为这一运动的发展做出重要的贡献，他们对心理学过分关注人类的'病态行为'感到不满。他们认为假如我们把兴趣放在心理健康方面，就会有一个新的更宽阔的视野。心理的健康方面作为一种积极力量，在被我们理解的同时也在发挥着实际的作用。"（Jahoda，1958）书中，贾霍达第一次在心理学界提出了"积极"的概念，并认为积极的心理健康要从六个方面来加以定义其性质。这六个方面是：一是积极的自我态度；二是全面的成长、发展和自我实现；三是整合性——一种集中统合的心理功能；四是自主发挥功能的能力；五是对现实的准确认知；六是能掌控自己周围的环境（Cowen & Kilmer，2002）。

在谈到初级预防和增进健康等西方心理学运动对积极心理学的影响时，我们不得不提起心理学家霍力斯特（Hollister），他也一直反对心理学过分关注消极的东西。他认为英语中有一个专门用来描述身体或心理感受到消极打击时的单词——trauma，但却没有一个专门用来描述身体和心理感受到积极体验时的单词，他于是就创造了一个新的英语单词——stren（stren 其实是 strength 的变形词），并以此来表示人的积极体验（Hollister，1965）。从目前来看，stren 这个概念似乎很有用，stren 及 stren 的形成过程几乎就成了积极心理的研究核心。同样，心理学家安东诺维斯基（Antonovsky）在 1979 年也指出，心理学研究中有关于描述病人"致病机理"的专门术语——pathogenesis，但却不存在描述健康人"健康机理"的专门术语，为此他也仿照霍力斯特的做法，在他的著作《健康、压力和应对》（*Health, Stress and Coping*）中创造了"健康机理"（salutogenesis）一词。从某种程度上说，stren 和 salutogenesis 概念的出现，可以被看作是今天西方积极心理学运动产生的最直接先驱。

（三）当代心理学研究积极的必然性

从本质上说，心理学研究人的积极并不是某人的一时之念，而是其必然性的一面，可以说是一种客观上的力量所使。这种客观上的力量主要来自两个方面：一个是人所固有的积极本性，另一个是社会发展的要求。当这两个方面结合在一起以后，积极心理学的产生也就成了一种水到渠成之事。

1. 积极是人类固有的一种重要本性

人类社会致力于其社会成员的积极力量，这既是对人性的一种尊重和赞扬，更是对人性伟大的理智理解。我们说，人身上一定存在着某种远远优胜于其他生命形式——从野兽的残忍能力到现代显微条件下发现的引起可怕疾病的细菌的无理性能力——的源泉，这一源泉就是人外显的或潜在的积极力量。正像老虎以它的利牙、雄鹰以它的翅膀而骄傲一样，人类也以他身上存在的这种积极力量而欣喜。正因为有了这种能力，才使得人类在激烈的生存斗争中立于不败之地，并统治着地球上其他的各种生命形式。

有研究发现，刚出生一天的婴儿在听到别的婴儿忧伤的哭泣声后，他会立即哭起来，而且哭得很厉害，但他对自己哭声的录音却不做出任何反应，这一现象已在多个相关的实验研究中得到验证（L.P.Nucci，2003）。这是个相当了不起的发现，这证明了同情、关心等积极品质在人类进化过程中已成为人类本性的组成部分。人性的这种积极本性还可以从我们的社会习俗中得到显而易见的反映，例如，我们的社会都期望儿童对一些特定的成人施以特定的称呼（如教师、长辈等），如果叫什么没有内在的积极或消极意义，那社会何不让事情变得简单，每个人都直呼其名？事实上，社会的这一习俗通过给儿童提供一系列关于适当的称呼的期待，从而有助于协调社会体系内每个个体间的相互作用，这种相互作用便体现了一种积极意义——尊重、关心、爱护、考虑他人的权力意义等。

曾有社会学家（朱新秤，2001）分别就同一问题用了两种不同的叙述方式来对大学生作问卷调查。

第一种情况，假定社会将要爆发一场灾难，预计将要有600人死于非命，现在有两种应付这种灾难的方案可供选择：如果选择方案A，可挽救200人；如果选择方案B，600人都被挽救的可能性为1/3，一个人都救不活的可能性为2/3。请问你更喜欢哪个方案？

第二种情况，假定社会将要爆发一场灾难，预计将要有600人死于非命，现在有两种应付这种灾难的方案可供选择：如果选择方案 C，400 人将会死亡；如果选择方案 D，一个人都不死亡的可能性为 1/3，600 人都死亡的可能性为 2/3。请问你更喜欢哪个方案？

当把这些问题呈现给大学生时，结果发现：在第一种情况下，72% 的大学生选择方案 A，而在第二种情况下，78% 的大学生选择方案 D。如果我们对以上的各方案稍做分析，就会发现方案 A 与方案 C 是等值的，方案 B 与方案 D 也是等值的。为什么具有等值的答案在不同情形下的选择会出现如此大的差异性？其主要原因在于，方案 A 是以挽救生命数来叙述的，而 C 是以死亡生命数来描述的，很明显，挽救生命比失去生命更具积极意义，这说明大多数人都讨厌消极而偏爱积极，人在本性上总是倾向于选择积极的一面。

社会心理学研究方面有一个社会促进效应，它是指某个人在进行某项工作时，若和从事同样工作的其他人在一起，则要比他自己单独进行这项工作做得好。这一效应最早是由奥尔波特（F.H.Allport）于 20 世纪 20 年代初提出来的，后来这一现象在低等动物——如小鸡、老鼠、麻雀、蚂蚁等动物身上也得到了印证。这一理论提出后受到了心理学界的重视，许多心理学家又在进一步研究的基础上对它进行了修正，如 20 世纪 60 年代，罗伯特·查荣克、科特雷尔等心理学家认为他人在场只是增强了优势反应，如果优势反应是正确的，那他人在场就是有利的；但如果优势反应是错误的（不熟练的行为），则他人在场就会加剧错误的反应而影响正确的反应。但现在人们又发现，事实远不是前辈心理学家们想象的那么简单，这里面还包含着许多更复杂的情况。当男性被试在做同样的活动时，如果在场的分别是漂亮和丑陋的女孩，则促进的效果又不一样，漂亮女孩的促进作用明显更大一些。而当青春期的女孩在做诸如俯卧撑等一些体力要求较强的活动时，如果旁边有青年男子在场时，结果反而是促退而不是促进，为什么会出现这一系列的变化，道理很简单，就是人类存在着积极的本性。男孩因为旁边有漂亮的女孩而会得到更好的发挥，女孩则要在男孩面前表现出自己的女性柔弱、宁静美，因而反而被促退了。其实人类积极的本性不仅仅只是在社会促进效应上表现出来，在首因效应、晕轮效应等一些社会心理学理论方面也都存在着同样的情况。

积极是人类固有的一种本性，但这并不就意味着人类的积极本性在任何情况下都能自发地表现出来。我们在这里所要表达的正确含义是说人的心灵中有着天生的积极种子，至于这些种子能否顺利发芽生长，还要依赖于后天的其他条件。这就如农民种下一颗种子，这颗种子能否生长发育，除了依赖种子本身的特性之外，还要有适宜的环境气候和后天的精心照料——浇水施肥。因此，人类心灵中的积极种子也同样依赖于人所生活的环境，同样依赖于社会和我们本身对它们精心浇水施肥。从某种程度上说，积极心理学就是为了营造一种能促使人类的积极本性生长发育的环境，同时也是在为人类寻找一种为自己心灵中积极种子浇水施肥的方法和途径。

2. 积极的思想符合当前的社会条件的需要

从人类社会的发展历史来看，人类社会的发展，主要是人类所拥有的积极方面的东西的累积。你可以消灭一个王朝而结束一个时代，但你永远消灭不了这个时代所创造的积极，即使是人类历史上最黑暗的时代——不管是奴隶社会、封建社会还是欧洲的中世纪，也仍然保留了许多东西值得我们今天去敬仰。事实上，正是漫长的历史保存了人类的许多积极，我们的世界才达到了今天这样一个水平。

不仅如此，21世纪的社会已不同于过去的任何一个时代，今天的社会已不再像过去那样只是一味地为了使自己不再有任何问题而保持生存，而是趋向于使自己更完美、更舒适。社会的发展存在着一种必然性：当一个社会处于稳定、繁荣昌盛的和平时代时，这个社会的文化就会特别关注创造性、良好道德品质以及高质量的生活条件等一些个人层面和集体层面的积极品质。反过来，社会关注积极品质又会进一步大大促进社会本身的繁荣和发展，两者之间互为因果。关于这一点我们可以轻松地在历史中找到佐证，例如公元前5世纪的雅典、15世纪的佛罗伦萨、维多利亚时代的英格兰等就是最好的例子。

公元前5世纪的雅典是一个繁荣富强的民主共和社会，当时的哲学家们集中研究了人类的优秀品质，如什么是一个人的好行为和好品质？什么导致人的生活最有价值？这些哲人们的许多思想一直到今天仍然是我们的生活指导。由于最早出现了资本主义的萌芽，15世纪的佛罗伦萨在富裕之后，没有花费大量的金钱使自己成为欧洲最强大的军事机器，而是花大量的钱使自己成为欧洲最舒适、最优美的地方，佛罗伦萨至今仍是世人向往的旅游天堂。维多利亚时代的英格兰繁荣昌盛，因此那个时代的英格兰实施绅士教育，强调荣誉、纪律、勇猛和责任等积极品质，并把这些作为一个人优秀品质的核心，这种传统直到现在还是英国教育的最大特点。反过来，也正是公元前5世纪的雅典、15世纪的佛罗伦萨、维多利亚时代的英格兰等比较重视人类和社会的积极品质，才使得这些朝代成为那个时期社会繁荣的象征，也才给世人留下了更多值得记忆和尊敬的东西，以致我们今天还在津津乐道。

21世纪的今天，尽管还存在着许多不如意的地方，但总的来说，世界已开始进入一个相对较为富裕和稳定的时代，也就是说，我们已为关注积极创造了最好的社会条件。从世界范围内看，人类社会的许多领域内或多或少地正在兴起一场积极运动。比如积极的思想在经济学研究领域中的应用也取得了卓越的贡献，2002年10月9日，瑞典皇家科学院宣布把该年的诺贝尔经济学奖授予美国普林斯顿大学心理学和公共关系学教授卡尼曼（Daniel Kahneman）以及美国乔治·梅森大学的经济学和法学教授弗农·史密斯（Vernon L.Smith）。卡尼曼获得诺贝尔经济学奖是因为他把关于不确定条件下人的判断和决策的思想结合到了经济科学之中，他提出的前景理论（prospect theory）引起了世人的关注。如果仔细考察一下卡尼曼所提出的前景理论，我们就会发现，这一理论的核心思想就是建立在积极基础之上的。如他在前景理论中提出的回避损失（loss aversion）的理念——损失的效用要比等量收益的效用得到更大的优先权重，也即在经济活动中，如果从收益（积极）和损失（消极）两种不同的角度来提出问题，可以导致完全不同的结果（D.Kahneman & Tversky，1979）。具体表现在经济活动中就是：人们在生活中要么为获益而回避风险，要么为回避损失而冒风险。因此，从一定程度上说，卡尼曼教授的经济学理论可以被称之为积极经济学理论。

另外，教育领域内也掀起了一场积极教育运动，教育从原来过分关注学生所存在的问题转而关心学生的积极品质和积极体验，强调增进学生的积极体验既是教育目标达成的最主要途径，也是教育本身所追求的核心价值。积极的思想还在公共管理和社会政治活动中得到体现，如对于谈判活动来说，谈判双方在谈判中总是尽量回避谈到对方可能会有的损失，而更多地从减少双方的收益着手来获得谈判的成功，即在双方的合作谈判中更多地强调双赢而不是强调双输。而面对紧急事件时,许多人会采取明哲保身的策略不去做决策或只作一些无关紧要的决策,因为如果一个人做出的决策导致了损失(消极),这比起不做决策或做出的无关紧要的决策来说,会使自己处于更为不利的地位。

从我国的实际情况来看,随着我国社会主义现代化建设的顺利进行,社会已发生了很大的变化,我国正在由一个贫穷、落后的社会逐渐成为一个和平的、文明的并且解决了温饱问题的小康社会。在这样的社会里,所有的科学研究(不仅仅是心理学)都应顺应社会时代发展的必然要求——远离消极而偏向积极。这就如一个城市,如果这个城市到处都存在问题,垃圾成堆、污染严重、交通不畅、食物短缺等,它的重心就必然是放在问题的解决上。而当一个城市发展了以后,它的一些必需性功能都得到满足后,它就要以追求舒适、享受为主,并注重整个城市的环境优美。当前,我们的社会已逐渐开始由必需性需要向享受性需要转化,因此,与此相关的所有科学研究也就应当适应这种社会发展趋势,用积极来实现当代我国科学研究的价值回归,并使这种科学研究真正回归于社会、回归于人。

当然,我们说一个和平、繁荣富强的社会必然要关注积极,但这并不意味着在一个不稳定,甚至还有着许多麻烦和问题的社会就不需要关注积极。其实在任何一个社会,积极都是一条帮助人们驱散消极的有效途径,因为积极可以在人们面临不幸时或困难时抚慰自己的伤口,可以增加一个人心理的弹压性,以使自己在任何时候都变得从容不迫。面对今天这样一个飞速变化的社会,许多领域中一些不言而喻的观念正在失去它们的意义,积极与消极正在人类生活的许多层面表现出越来越明显的差异。社会已经创造了大量的物质财富,而这些物质财富不仅正在改变着我们的生活,而且也正在改变着我们的思想和观念,它使我们所有的一切都产生了一种新的需要——让社会的方方面面变得更积极。

(四)当代心理学研究积极的必要性

1. 从实践的角度来看

消极心理学在过去一段时间内确实为人类和人类社会的发展做出了很大的贡献,正如塞利格曼在美国心理协会1998的年度报告中提到的,现在心理学家们已经能对至少14种50年前我们还无能为力的心理疾病采取有效的治疗措施,同时对精神病患者的了解也大大增加了,这是一个实践性的伟大胜利。但就在我们为心理学的这一成就欢呼的时候，却也发现这个世界患心理疾病的人口数量也随着时间成倍地增长。以美国为例，20世纪末，美国患抑郁症的人口数量是40年前的10倍多，而且抑郁症患者也正呈现一个低龄化的倾向，40年前抑郁症患者基本都是中年人，现在却出现了许多十几岁的抑郁症患者。《参考消息》报道，一项由美国政府赞助也是迄今最全面的调查于2005年6月初公布，超过50%的美国人在一生中会出现精神方面的问题，而20世纪中叶精神疾病的患病比例只有20%～30%（凯里，2005），很难想象一个社会有超过一半的人患有"精神病"。美国精神病学会发布的《心理障碍诊断与统计手册》（DSM），正变得越来越厚，DSM-I在1952年发布时只包括了约60种失调病症，而现在的DSM-IV则增加到了300多种失调病症，包括从性欲失调、盗窃癖到嗜睡症等。世界卫生组织2004年的调查发现，就是在中国、日本这样的东方国家，即使由于文化的影响，其患抑郁症的比例也达到了3%左右，比20世纪中叶至少增加了一倍。这一现象似乎和消极心理学的实践初衷相违背，因为今天的人类比过去拥有更充分的自由、更好的物质享受、更先进的技术、更多的教育和娱乐等，而且人类在过去的几百年里并没有生理上的大变异，照理说人类应该比过去更幸福，可结果却是大相径庭，人类反而越来越感到不幸福，塞利格曼把这一现象称为人类20世纪最大的困惑。

怎样消除这种困惑？消极心理学的已有实践证明我们不能依靠对问题的修补来为人类谋取幸福，因此，心理学必须转向于人类的积极品质，通过大力倡导积极心理学来帮助人类真正到达幸福的彼岸。积极心理学能否担当这一重任？或许人类本身长期的心理学实践能很好地回答这个问题。心理学家对美国退伍军人管理委员会的650名病人进行了长期的研究，研究发现病人的积极态度与他良好的身体活力呈正相关，而与他的身体病痛状况呈负相关，总的来说，具有积极态度的病人的身体健康状况相对较好（Miller，2002）。在另一项研究中，研究者对300名心脏病病人进行了跟踪研究，结果发现：在做了心脏搭桥手术后，乐观积极的病人再次进医院做手术的人数比例远远低于消极悲观的病人（Miller，2002）。一些美国心理学家还做了一项长期的宏大研究，他们在60年代用《明尼苏达多相人格测验量表》对800名男女进行了测验，从中筛选出乐观型解释风格人格和悲观型解释风格人格（这是塞利格曼提出的一种人格分类标准，具体内容可以参阅前面）。30年后，心理学家对这些研究对象的各方面状况做了一个系统的分析研究，他们发现，具有悲观型解释风格人格的人的总的身体状况要比整个团体平均数差，他们的死亡率明显高于团体平均数，接受医院治疗和心理治疗的次数也大大多于团体平均数，而具有乐观型解释风格人格的人的情形则正好相反。

当然，我们还可以列举出许多类似的例子，不过有一点要说明的是，我们列举再多的实例也不能充分证明积极心理学就一定能有效地减少人类心理问题的产生。积极心理学的兴起才只有短短的几年，它的实践尚不足以证明自己对解决人类问题的有效性。事实上，我们在这里也并不想通过列举实例来证明心理学关注积极的必要性，我们只想表明：消极心理学过去的实践已经证明了它对有效地解决人类自身的问题无能为力，那我们为什么不换一种思维、换一种方法试试呢？换一种思维、换一种方法，我们至少还有解决问题的希望，更不用说心理学过去的实践已经有意无意地证明了心理学关注积极对解决人类自身问题的有效性。

2. 从理论的角度来看

从理论上说，在人均GDP处于1000美元到4000美元之间的阶段，社会矛盾暴露最充分，如果处理得好社会就会进入一个相对良性循环的新层次，而如果处理得不好则可能导致经济徘徊和社会动荡。我国目前已进入了全面建设小康社会的新阶段，人均GDP已超过了1000美元，正处于一个矛盾多发的时期。地区差距、城乡差别、贫富差别等问题极易诱发各种社会矛盾，因此和促进社会发展一样，维护社会稳定也是我国的头等大事。那我们靠什么来解决这些矛盾而实现我国社会的稳定呢？道理很简单：靠强调社会公平。所以从某种意义上说，我国也正处于由强调竞争到强调公平的转折点。社会学的理论告诉我们，如果一个社会过分强调竞争，其发展速度也许会较快，但也容易引起一系列的社会矛盾；反之如果一个社会强调公平，其经济发展的速度虽然会慢一点，但社会却会相对更安定。就我们今天的社会来说，发展和稳定是同等重要的，因此，我们怎样来找到"强调竞争"与"强调公平"之间的平衡点就显得事关重大，也许积极的思想才是帮助我们寻找到这一平衡点的关键。

其实，我们说人与人、人与万物是靠各自的积极来组成我们的社会，人只有积极地对待他人、对待世界万物，社会才能和睦相处而安宁，人类也才能获得永久的幸福。反之，如果我们消极地应对他人或世界万物，社会就会被各种问题所控制而失去存在的可能，人类也会很快走到自己的尽头，更不用说获得什么幸福了。从一定程度上说，社会的某种价值倾向对于整个社会来说担当了社会变化的诱导者角色，这就如一个心理治疗师对于他的病人一样，他以什么方式引导人，就会影响到其治疗对象发生什么样的变化，虽然也许会有同样的结果出现，但同样的结果其实是蕴藏了不同的价值意义（任俊，叶浩生，2004）。因此，一个社会只有以积极作为自己的根本价值，这个社会才能变成有效、公正、人道的社会。

我们今天的社会已不同于我们祖先的时代，人类的一切活动都不再是为了生存，而是为了生活得更幸福。在这样一个追求幸福的时代，人类已不再需要消极来时时对我们发出警告，而是需要积极来增强我们的力量和信心，这是我们当前社会的最大实际需要。心理学是一门研究人的科学，它以人类的心灵及其产物作为自己的研究对象，同时心理学的研究活动又是一种主观见之于客观的过程，"它并非某种心理规律或本质的认识，而是一种文化建构，反映了特定文化的价值观"（叶浩生，2003）。因此，心理学从本质上说是一种社会性的、历史性的存在，帮助人类获得自身应获得的幸福是当代心理学最迫切的任务。人类的一切科学从本质上说都是一种生活科学，其目的是帮助全体社会成员更加自然、容易地获得幸福和共享幸福。消极心理学只看到人的心理问题和外在世界的不良事件、恶劣环境，把心理学的目的定位于消除人心理和社会的各种问题，期望问题被消除的同时能自然给人类和人类社会带来繁荣。这种价值取向不仅使心理学本身的发展走向了畸形化，而且也导致了社会价值观的扭曲，影响了社会的和谐发展。美国心理学家谢尔顿（Sheldon）曾描绘了这样一种现象，当一个人回顾自己的过去并总结说自己是一个好人时，心理学家们马上就会给他贴上一个标签：自恋狂；当一个人帮助了另一个陌生人时，心理学家们就一定会从这个人的行为中寻找到他的自私利益。总之，消极心理学的视野中是不存在利他主义、同情、美德等，有的只是错觉、幻觉、非理性、怪癖、自负等字眼（Faller，2001）。在消极心理学看来，消极的社会动机是真实的，是放之四海而皆准的，积极的社会动机只是一个副产品,是人类偶然为之。

三、积极心理学对心理治疗的影响
（一）全面的人性观点

在心理咨询的不同流派之间,最根本的分析往往可以追溯到人性观的分歧。最为人们熟知的便是精神分析学派与人本主义学派的对立。精神分析学派强调人本能的力量,"本我"非理性地遵循着快乐原则,而"超我"则努力地压抑着不被接受的要求。人本主义学派则认为,生命自身的力量是具有建设性的,适当的环境可以让生命向积极的方向发展。同样,积极心理学对心理治疗最基础的影响首先也是对人性观的影响。

心理学,特别是认知神经科学的研究表明,人类具有两套独立的动机系统。人消极的（负性的）情绪是与撤退取向有关的行为抑制系统,其目的是通过抑制导致痛苦惩罚和其他不利结果的行为冲动,而使有机体免于麻烦。在生物进化过程中,负性情绪适应性功能更加明显,这导致了特殊的适应行为,如恐惧使人远离威胁,恶心使人远离有毒物质等。负性情绪主要有三类：焦虑、抑郁和愤怒,它们决定了人是战斗还是逃跑。相比之下,积极的（正性的）情绪是与接近行为有关的行为启动系统,它指导有机体接近导致愉快和奖赏的经验和情境。从人类进化史角度看,除了一些原始的积极情绪,如性和亲情等之外,大多数积极情绪在历史上的适应功能不如消极情绪明显或不像消极情绪一样具有特异性。积极情绪具有一定的泛化性,而且往往对行动还具有一定的抑制作用,比如快乐使人少行动,满意使人不行动。因此,积极情绪长期处于研究的边缘状态。直到最近,诸如弗雷德里克森等研究者才阐释积极情绪对于人类探索世界、建立社会关系的意义。特别是在现代社会,科学革命和工业化大大解放了生产力,工业社会已经从资源上相对满足了人类的基本需要并且保障了生命安全,我们生活的时代比历史上任何一个时代都更具有充足的粮食、更好的医疗条件和更少的战争,人们集中精力从事生产活动,医保、社保和各项社会保障制度覆盖了越来越多的人群。在这个现代社会,积极的心理真正地在人类发展与适应中具有现实的、重要的作用。

积极心理学既承认人的消极因素，也承认人的积极因素的人性观点，使得在治疗过程中我们看到人们的问题的同时，也看到人以及人所处的环境中的积极一面，进而为心理治疗中积极利用来访者的优势资源奠定了基础。举例来说，有些高校中对贫困大学生进行干预，其干预模式已经从以往对低自尊问题的探讨，变成了对贫困大学生勤俭、坚韧等积极品质的探讨。这种探讨让贫困大学生从自身所处的逆境之中看到自身的优势，既让他们找到了自身的长处，也很自然地解决了低自尊的问题。另一方面，积极心理学的人性观点肯定了人类具有积极向上的动机和情绪，而不仅仅具有失控的负面的情绪与动机。在治疗过程中，尊重并利用来自来访者的诉求，引导其按照自身的价值观去实现更好的生活，这既有利于积极一面的提升，也有利于对消极问题的处理。在生活质量疗法中，这样的思想会有所体现。

（二）心理健康标准与诊断

与人性观相应，积极心理学思想的加入，对心理健谈的标准以及相应的诊断、评估带来了巨大的影响。

对人类积极一面的关注并非积极心理学的原创内容。具有临床心理学或医学背景的人都了解，DSM 系统采用五轴即五个方面来评估病人的情况，其中最后一轴即 V 轴评价人的总体生活满意度。可以说这个 V 轴就是对人积极一面的评估。然而，在临床实践中，V 轴往往只是一个 0~100 点的评分，除此之外并没有特殊的意义，甚至在某些情况下干脆被忽略掉。如心理学在评价与诊断人的时候，一直固守着消极心理学的偏见，将评估人的心理疾病的症状、心理问题的表现当作首要任务，大多诊断与评估消极情绪，如把免于心理疾病当作心理健康的基本标准。把具有正常的智力、自我意识、自我调节或认知客观等作为心理健康的标准，而对于乐观、宽容、创造性、利他和幸福感等积极的心理品质缺少关注。当我们从负性情绪的角度把一个人评价为少焦虑或无焦虑、少恐惧或无恐惧时，这个人就是心理健康的。可实际上，免于心理疾病只是心理健康的一个基本条件。一个少有负性情绪的人是否积极地热爱生活，是否有效地发挥了个人潜能，是否活得精彩，就不得而知了。免于心理疾病只是一个人心理健康的最低标准，如果我们只是用这一准则指导心理健康教育，就好像是用一个矮小的屋子去量高个子。

积极心理学让我们换一个"高大的屋子"来测量人性,从人性能达到的高度来衡量人的最大潜能。

美国心理学家凯斯(Keyes)提出了积极心理学的两维诊断与评价系统(如图5-2)。在这个评价系统中,横轴是传统的临床心理学看待问题的视角,从负方向到正方向,代表着心理疾病症状的降低。在此基础上,积极心理学添加了一个纵轴,从负方向到正方向代表了主观幸福之"症状"的由低到高。也就是说,从症状学的视角去看,如果说心理疾病的症状是焦虑,那么心理健康的症状是主观幸福(wellbeing),如果说焦虑、抑郁是心理疾病的操作性定义,那么主观幸福感就是心理健康的操作性定义。值得注意的是,这里的主观幸福感和前面"各积极情绪+消极情绪+生活满意度"的主观幸福感的概念并不相同,前面的主观幸福感是一个用于研究的概念,而此处的主观幸福感指代人们对生活的积极感受。

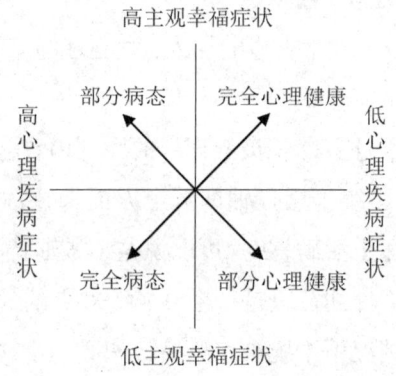

图5-2 凯斯(Keyes)积极心理学的两维诊断与评价系统

在这个二维的坐标轴建立起来之后,很自然地出现了心理健康的四个象限。右上方第一象限代表了完全心理健谈,处于这一象限的人们不仅心理疾病的症状较低,而且主观幸福感水平较高。左上方第二象限属于既有高幸福感但同时也体现着较多心理疾病症状的人。据了解,很多职场白领都属于这种情况,他们一方面对工作保持着高度的兴奋,另一方面又承受着巨大的压力。也许多数时候他们还是乐在其中,但长期紧绷的状态并不是生命的正常状态。处于第三象限也就是左下角的一类人,显然最为不幸,生活对于他们而言毫无乐趣,他们整天想着的就是各种让自己既烦躁又痛苦的问题。在工作领域中，相比于那些兴奋的人群，倦怠的人群就属于这一类。第四象限的人只有较少的心理疾病症状，但是他们对生活似乎也不太提得起精神，给人一种浑浑噩噩的感觉。积极一点说，这样的生活是舒适的，但是他们往往缺乏兴趣，缺乏对生活的欣赏与投入，在社会功能上也不如第一象限的人，总之，他们没有彰显出生命的活力，因而只能是"部分健康"。

（三）从积极的视角来解释病理学

尽管上面的二维评估系统给出了相互交叉的积极轴和消极轴，但是积极因素与消极因素之间还是具有较大的独立性。而在分析问题的阶段，即对个案进行概念化的阶段，积极心理学则与消极心理学一起，针对同样的问题，进行了不同视角的概念化。

比如，一个关于抑郁症的典型概念化可能是某人为成功设定了不切实际的高标准，并且对成功抱有过高的期望，从而导致了抑郁的出现。而从积极心理学的角度来看，这一问题可能就变成了生活中单一的强化物来源中断，且生活中其他领域的满意度同样过低而导致的动机不足。如只关心事业成功，对娱乐、交友等价值不重视，结果事业失败，其他领域的需要也同样没有得到满足，导致无资源可补偿，结果就是抑郁。

（四）全面而广泛的治疗

积极心理学的加入不仅为传统的临床实践提供了新的看待问题的视角，也将干预的内容从狭窄的心理疾病扩大到病人的整个生活。

积极心理学的加入，体现了对心理治疗过程中病人的生活满意度、优势与积极品质的重视。而这种对生活满意度的关注，必然要求治疗的时候将视野扩展到生活中的其他领域，而不仅仅局限于出现的问题本身。在生活质量疗法中，这种关注生活整体、关注各个生活领域之间相互关系的思想，将得到较为突出的体现。当然，来访者来到咨询室或治疗室求助，其诉求往往就是针对疾病本身。加之心理治疗成本较高，治疗师没有必要在任何一个案例中都将来访者的整个生活梳理一遍。但是，在需要的时候，特别是来访者的问题表现为情绪状态或生活幸福感这类较为笼统、较为弥散的问题时，在其主诉之外，使用一种针对生活的全面的干预策略，可以起到较为良好的效果。如果幸福感的提升并非来访者的主要目标，那么这种干预当然没有必要一直持续到来访者的幸福感提高到一定水平为止。此时，只需要为来访者进行相对简单的工作，引导其重视生活中的其他领域，教给其一种提升生活整体质量进而改善自身情绪和幸福感的方法和思想即可。

深入一点讲，积极心理学的治疗在一定程度上是一种生活哲学的改变。心理学已经证明，代表威胁与危险信号的消极信息总是被优先加工，因而生活中某一方面出现问题的来访者往往会盯住问题不放。此外，将注意力放在生活的某一领域，因某一领域的成败得失而影响情绪甚至自我概念，也是一些人存在的问题。积极心理学取向的治疗，在一定程度上借助来访者拓展其注意力，认识到生活中还有其他值得关注的方面。这种对全面性的理解本身可能就具有一定的对负面问题的去灾难化的作用。积极心理学取向的治疗，无论是生活质量疗法还是接纳与承诺疗法，都包含了价值观澄清的过程。这种价值观澄清的过程，在很大程度上是对自身生活的一种哲学思索，引导来访者思考自己的生活应当如何度过，有哪些领域、哪些价值观是值得自己去追寻的。这些干预，可以对来访者的生活哲学造成影响，从而在相当深高的程度上影响来访者的心理健康。

（五）促进心理健康和预防心理疾病

心理疾病的预防是近些年来才受到较多关注的话题。积极心理取向的干预措施对于心理健康的促进和心理疾病的预防应当有很重要的作用。

有句话说，"幸福的家庭是相似的，不幸的家庭各有各的不幸"，心理健康领域大概也可以套用类似的结论。在心理疾病的诊断标准方面，无论是美国的DSM系统还是我国的CCMD-3系统，都将精神疾病大约分为十大类，具体的小类别更是多种多样。在疾病的预防上，不可能针对每一种疾病开展工作。而在传统的临床心理学领域，特别是认知行为疗法流派，人们认为每一种疾病有每一种疾病的理论模型，具有广泛适用性的理论模型相对较少。这两方面的因素，使得从消极方面去进行心理疾病的预防工作较为困难。更何况，向一个正常人介绍抑郁症和焦虑症，他们不一定会感兴趣——尽管没有人能保证自己明天不会因为生活境遇的改变而患有这些心理疾病。

相比于"不幸"的各不相同，"幸福"则是较为普遍的。尽管"幸福"涉及方方面面，积极心理学研究的范围也是五花八门，但是，积极心理学的大部分内容是适合于大部分人群的。除了已经处在躁狂状态下的人，每个人都可以也都愿意让自己生活得更幸福、具有更好的能力。尤其是，积极情绪不仅与焦虑、抑郁等心理疾病症状在性质上存在一定程度的相互对立，积极情绪的拓展与建构功能还能帮助人们建构社会资源，如促进积极的思维和精力的恢复、促进利他行为，这种社会资源在人们处理负性情绪、面对危机时也会起到巨大的作用。因此，积极心理学在对一般人群开展心理健康工作，包括疾病预防工作时，是很好的工具。

四、积极心理学取向的心理疗法

受积极心理理论影响的治疗方法多种多样，而且在积极心理学产生之前，也有一些治疗方法应用了积极心理学的思想，如产生于德国的积极心理治疗、强调价值观澄清的现实疗法和短程焦点治疗等，但直接接受当代积极心理学或宣称自己为积极心理学取向的治疗的是当代新产生的新治疗方法。

其他积极心理学取向的认知行为疗法包括如下几种：

（一）个人快乐计划（Personal Happiness Program）

福代斯（Fordyce）的个人快乐计划已有30年左右的历史，可以说是最早的积极心理学取向的认知行为疗法。福代斯首先从研究资料中收集一些可以在短期内加以操作的对快乐有预测作用的预测因子（如做有意义的事情，与他人在一起等），然后再设计出一些认知和行为上的练习来加以指导。尽管这种方法在思路上很简单，也并未建立关于心理健康或幸福感的理论体系，但是研究证据表明，这种方法确实可以提升人们的长期满意度。在一系列配有控制组的实验研究中发现，该方法能够提升练习者的快乐程度并降低抑郁的感觉。

（二）积极心理学干预（Positive Psychology Interventions）和积极心理治疗（Positive Psychotherapy）。

所谓"积极心理学干预"是对一系列提升快乐与幸福的方法的统称。与福代斯的方法类似。积极心理学家收集汇总已有的干预方法，筛选出一些易于操作的方法，如记录自己值得感恩的事件、辨别自己的优势并在生活中应用等。积极心理学家对这些简单的干预方法进行了研究，其中有些方法的效果很好，有些方法只有短期效果，另一些可能并没有设想中的效果。而后，将这一系列的干预方法加以汇总和整合，使其成为更为系统的治疗流程，这就构成了所谓的"积极疗法"。由于这些干预都非常简易并要求付诸实践，因此积极疗法在治疗室里的工作主要是对这些方法及其在生活中的使用情况进行探讨。该模式较新颖，初步的研究表明其对提升幸福感和降低抑郁有作用，但更多的细致研究还有待展开。

（三）积极行为支持（Positive Behavioral Support）

卡尔（Carr）的积极行为支持起初用于帮助残疾人，但后来也有着较为广泛的应用。该方法的理论聚焦于环境因素，特别是产生问题的环境因素，并教导人们如何去应对这些环境问题；同时，该方法也重视家庭支持及其他一些积极的环境因素。可以说，该方法不仅着眼于环境中的消极一面，还关心何种环境提升了人们的幸福感。

（四）幸福疗法（Well-beingTherapy）

法瓦（Fava）的幸福疗法建立在关于心理幸福感的理论之上。与强调快乐的幸福观点不同，心理幸福感对幸福的定义强调人类功能的完善，包括6个方面：自我接纳、积极关系、环境掌控、个人成长、生活目标和自主性。幸福疗法是一种短程的、以纯粹的认知方法展开的治疗。治疗早期要求来访者辨别并置身于那些高幸福感的阶段，然后进行行为的记录。之后探讨哪些信念打断了这种高幸福感的状态，进而探讨和改变这些信念。从中不难看出，该疗法是"任务的积极"而非"方法的消极"，基本上是对阻碍自身处于良好状态的信念进行补救式处理的过程。证据表明，这种方法对于降低抑郁和焦虑有好处，同时也能提升幸福感。

（五）心理资本（Psychological Capital）提升

卢森斯（Luthans）从积极组织行为学的角度定义了心理资本的概念，该概念之下包括了心理学中乐观、希望、自我效能和韧性4个概念。由于卢森斯是管理学家，因而他对心理资本的干预往往针对企业中的员工展开。具体的干预方法类似于前面的积极疗法，是各种简易而有效的干预方法的拼盘。心理资本是近年来管理领域较为关注的词汇，因而相应的研究也在不断增加。从这些研究中我们可以得知，心理资本的干预方法基本上能够提升相应的心理变量的水平，从而带来进一步的收益。

（六）内观减压疗法（Mindfulness-based Stress Reduce）和内观认知疗法

（Mindfulness-based Cognitive Therapy）

内观减压疗法起初应用于慢性疾病的辅助治疗，而内观认知疗法则是内观减压疗法与认知疗法的结合，最早应用于抑郁症复发的预防。尽管这两种疗法起初都是从消极心理学的视角建立起来，但是这两种疗法中都包含正念练习，因而均强调对身体感受和此时此刻之活动的知觉，并且教导人们对知觉到的感受持一种不评判的甚至是积极拥抱的态度，因而这两种疗法也被研究者划归为积极心理学疗法。

（七）希望疗法（Hope Therapy）

希望这一概念在心理学中亦作为独立的对象而被研究，而且斯奈德（Snyder）也提出了相应的希望疗法，以认知行为疗法的模式对希望进行干预，并取得了较好的效果。

上述的一系列疗法概括了认知行为取向之下较为有影响力的一些积极心理学干预方案。再次重申，这些疗法依然不是积极心理学干预方法的全部。一方面，认知行为以外其他流派的积极取向的干预并未纳入其中；另一方面，在心理学实践中，还存在许多并不系统的干预措施，比如现在很多学校都提供了积极心理学取向的干预，尽管他们可能缺乏深厚的理论基础，并且在实证支持方面还达不到标准，但这些在实践中尝试和摸索出的方法也是非常宝贵的财富。

第二节　大学生就业创业积极心理品质

积极的心理品质会产生积极的行为，而消极的心理品质会产生消极的，甚至危害自己和社会的行为。

一、积极心理品质的内涵特征

（一）积极心理品质的内涵

心理学家皮特森（Peterson）和塞利格曼（Seligman）在研究个人品质中指出：个人品质是一种优秀的个性特质，它与具体的美德相结合，同时也体现在价值行为中。其中，美德是由伦理学家赋予的核心价值特征，主要包括智慧、勇气、仁慈、正义、节制和卓越。因为这些良好品德具有积极力量，所以也成为积极心理学研究的积极人格特征。比如，对世界的好奇和兴趣、正直、诚恳、公平、平等和感激等。

我国学者对积极心理品质的含义也做了分析，主要包括以下两种观点：

（1）认为积极心理品质是指比较持久的、积极的情绪和体验，包括高兴、兴趣、自豪和爱等积极的主观体验，如幸福感、满足感、快乐感，以及建构未来的乐观主义。

（2）从积极和消极的比较中分析积极心理品质的特性，认为积极是和消极相对的一个概念，积极心理品质应满足3个方面的内容：

①能够提高工作和学习绩效；

②有利于提高主观幸福感水平；

③能够预防心理疾病的产生，有利于心理健康。

根据以上学者关于积极心理品质的分析，作者认为：积极心理品质是个体在成长中以及在与环境相互作用的条件下形成的较为持久的积极的情绪和情感体验，以及对未来乐观向上的心理特征。

（二）积极心理品质的特征

具有积极心理品质的人表现出一种高效而令人满意的状态，在这种状态下，人的生命具有活力、潜能得以开发、自我得以实现，个体在与周围环境交互作用的过程中，能保持一种内部自洽与外部相融的平衡、协调状态，并具有一种积极、乐观的心理态势。

1. 积极的心理品质是健康的重要层面的体现，积极心理品质同身体健康，社会适应能力共同构成人们健康状态。

2. 积极心理品质是一种动态的、富有弹性伸缩的相对状态。

积极心理品质与消极心理品质并非泾渭分明的两极对立，而是一种处于发展变化过程中的连续状态，具有一定的层次性和相互转化的特点。如果将人的积极心理品质比作如图5-3所示的白色区域，消极心理品质为黑色区域，那么从白色区域到黑色区域之间有一个巨大的灰色区，灰色区域就是积极的心理品质和消极的心理品质可以相互转化的区域。黑色区域突出表现为诸如由学业不良、人际关系紧张、工作不顺利、择业受挫、情绪波折等生活矛盾所引起的情绪紧张和适应不良，而白色区域是一个人追求发展和自我实现的积极心理品质区域。

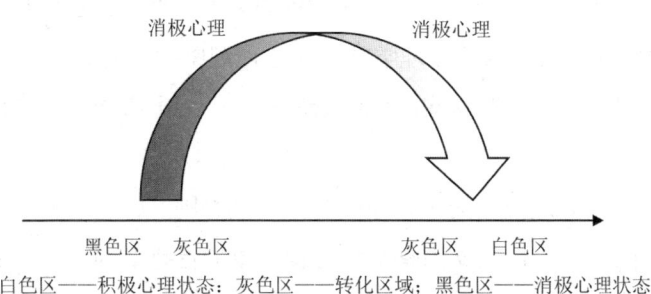

白色区——积极心理状态；灰色区——转化区域；黑色区——消极心理状态

图 5-3 心理状态波动区间

3. 积极心理品质的两个方面：内部自洽、外部相融。

洽，即和睦、相互协调一致。内部自洽，指向个体自我本身，表明个体对自己的身心状况以及自己和周围关系的认识达到一种认同、相协与悦纳的状态，也是认识自己和对待自己的和谐统一，主要表现为恰当的自我认知、积极的自我体验、合理的自我控制、不断的自我发展等方面。根据艾里克森"心理社会发展阶段理论"，在青年期这一发展阶段，其心理发展关键在于自我同一性的建立。

融，即调合、融合。外部相融，指向个体与外部环境的关系，即个体在与外部环境交互作用的过程中，能自由地选择其所从事的活动，追求自己的目标，以顺应环境、调控自己，其实质是个体对外部环境的积极适应，并达到一种相对协调融合状态。在这一适应过程中，静止是相对的，运动是永恒的，个体与外部环境之间总是处于一种从不协调→调合→相对协调→新的不协调→调合→更高水平的相对协调的运动变化发展过程中。

在这一过程中，主要包括两个方面：一是心理适应，即个体心理环境与实际环境相融合的状态；二是行为适应，即个体能够依据环境的变化，适时适当地调整自己的行为方式、行为反应，以顺应环境变化，以符合个人的行为要求，促进自身发展。心理适应是行为适应的基础和前提，行为适应是心理适应的表现和促进。适应的最终目的不是随遇而安，而是伺机而动，积极寻求发展机会，是主体在环境变化中的一种追求、选择与开拓。

4. 积极心理品质的重要特征是平衡协调与积极乐观。

平衡协调着眼于个体与自身及外部世界的关系状态，积极乐观主要从个体生活态度而言。仔细研读国内外心理学家关于心理健康标准的界定，虽然仁者见仁，智者见智，难以定论，但在这些众说纷纭的观点中无不渗透着平衡协调与积极乐观的特征取向。

弗洛伊德提出心理活动的第一原则为"快乐原则"，它表明人都具有追求快乐、逃避痛苦的本性。快乐原则是衡量心理健康的首要准则，从一定意义上讲，快乐原则反映了个体积极、乐观的内心体验和生活态度。第二大原则为"现实原则"，它强调个人与社会的整合。每个人都生活在社会中，一个心理积极的人必须适应社会，与社会处于和谐状态，才能达到积极的心理品质。

5. 具有积极心理品质的人不等于不存在心理问题。

《简明不列颠百科全书》中对心理健康做了如下界定：心理健康是指个体心理在本身及环境条件许可范围内所能达到的最佳功能状态，不是指绝对的十全十美的状态，即心理健康并非绝无心理冲突或心理矛盾，也不是指对任何事物都能愉快接受，而是指他们对待问题和处理矛盾的过程中更多地表现出一种主动、积极、乐观的适应倾向。

此外，积极心理品质只是一个相对衡量尺度，应该辩证、全面地理解和应用。判断一个人的心理品质，要充分考虑其稳定性，不能简单地根据一时一事下结论。也就是说，一些偶尔偏离正常的心理活动或行为表现，有可能是在应激状态下的应激表现，也可能是特定年龄阶段的成长表现，而并非意味着是心理不健康或不积极，应视具体情况而定。

6. 积极心理品质不仅是一种现代观念，更是一种现代能力。

随着现代社会的快速发展，人们对生活质量的追求不断提高，心理品质不仅作为一种现代概念，而且作为一种现代能力日渐渗入人们的生活中。同时，积极心理品质作为一种心理机能状态，就显性表现来看是个体与内外环境的良好适应状态，就隐性机制而言则是个体心理功能不断发挥与调节的适应过程，适应有消极适应和积极适应,积极心理意义上的适应就是个体在与环境的互动中,能够通过自身调节系统做出积极而能动的正能量反应,从而使主体与环境之间不断达到新的平衡的过程。这种过程既是一种现代能力的彰显,同时又是时代变化对人们能力发展的重要要求。

二、大学生就业创业积极心理品质的特征

我们知道人的一切行为的实现都由大脑整合加工完成,大学是人生中获取知识的重要时期,不但要掌握专业的知识和技能,更需要学习自己感兴趣的知识来构建自己的人生。"知识改变命运",面对大量的知识以及各种各样的信息,我们必须学会得心应手地选择我们需要的,弥补我们的不足和欠缺。大学生处于智力发展的高峰期,其观察力、记忆力、思维力和想象力等都处在人生中的最佳时期,在这个阶段,大学生的个性品质、自我意识、情绪品质和意识品质正处于学习发展和完善之中,我们选择怎么样完善自我、发展自我是这一时期的重要内容。

(一)大学生积极心理品质内涵的界定

孟万金教授在《中国大学生积极心理品质量表标志报告》中运用心理统计学的知识,测量出中国大学生所具有的 20 个积极心理品质特征,并把大学生的心理品质分为 6 个维度:

第一维度:智慧和知识维度——认知的力量。该维度包含 4 个因子,即"创造力""好奇心""热爱学习"和"思维与观察力"。

第二维度:勇气维度——情感的力量。该维度包含 3 个因子,即"真诚""勇敢坚持"和"热情"。

第三维度:人性(情)维度——人际的力量。该维度包含 3 个因子,即"感受爱""爱与友善"和"社交智慧"。

第四维度:公正维度——公民性的力量。该维度包含 3 个因子,即"团队精神""正直公平"和"领导能力"。

第五维度:节制维度——避免极端的力量。该维度包含 4 个因子,即"宽容""谦虚""审慎"和"自制"。

第六维度:超越维度——精神信念的力量。该维度包含 3 个因子,即"心灵

触动""幽默风趣"和"希望与信念"。该研究很好地概括了我国大学生应该具有的所有积极心理品质及其特点。

目前,孟万金教授研究的成果是当前培养大学生心理品质最具实践性和可操作性的成果。

(二)大学生就业创业积极心理品质的特征

1. 稳定性

大学生就业创业积极心理品质的形成需要很长时间,个体心理品质的形成是在家庭教育环境、社会大环境、学校及同伴共同影响下的结果,此外,心理品质一旦形成,就具有相对稳定性,要想改变很难。

2. 建设性

大学生就业创业积极心理品质可以激发人的潜能,使人创造性地寻求解决问题的办法或者开展工作。积极心理品质可以促使个体自我完善,更加积极主动地面对工作和生活中的一切问题。

3. 潜在性

大学生就业创业积极心理品质属于个体内部稳定的心理特征,内隐于个体之中,只有在一定的条件下,经过外界的刺激才能显现出来,需要教育者加以挖掘和培养。

(三)大学生就业创业积极心理品质构成

研究大学生的就业创业积极心理品质必须了解它的构成要素,根据对人的认知、情感、意志的心理过程和动机、能力、性格等个性心理的分析。我们把大学生积极心理品质分为人格特征、能力特征、情绪特征和意识特征。

而大学生就业创业积极的个性心理品质包括认知品质、情绪品质、意志品质以及适度的动机系统、良好的能力和性格等。

1. 优良的个性心理品质

个性是指一个人在生活实践中经常表现出来的,比较稳定的,带有一定倾向性的个体心理特征的总和。个性心理包括个性倾向性和个性心理特征,个性倾向性是推动人进行活动的动力系统,是个性结构中最活跃的因素,包括需要、动机、兴趣、爱好、态度、理想、信仰以及价值观等。

积极心理学家认为，积极人格特质主要源于对个体的各种现实能力和潜在能力加以激发和强化，当激发和强化使某种现实能力或潜在能力变为一种习惯性的工作方式时，积极人格也就形成了。

正常人的心理是一个动态平衡过程，也就是人格结构由很多两极相对的内动力形成，诸如意识与潜意识相对、升华与压抑相对、理性与非理性相对、个性内向与个性外向相对等。既然有相对，心理自然就会产生紧张、不安定、不平衡。

积极心理强调升华和理性等积极的心理因素，因而有助于个体保持健康的心理状态。因此，就业创业积极心理是个性培养的重要内容。积极心理学家们曾提出过许多种积极人格特质，就目前来看，主要有创造力、好奇心、诚实、坚持、爱心、公平和感恩等。

积极人格特质是就业创业积极心理研究的焦点，培养和发展这些积极品质，进而拥有这些积极品质，不仅可以缓解人在就业创业中遇到的压力与困难阻碍，而且可以提高生活满意度。

2. 积极的认知品质

认知是指人认识外界事物的过程，即对作用于人的感觉器官的外界事物进行信息加工的过程，是人基本的心理活动。它包括感觉、知觉、记忆、想象、思维和语言等，外界刺激作用于人脑，经过人脑的知觉系统和思维系统的加工，并借鉴个体以往的经验，最后形成个体对刺激的认知。对同一外界刺激，不同的人会形成不同的认知，根据皮亚杰的认知图式理论，认知图式是在多次的认知实践中逐渐形成的，并且是一个不断加工和处理的动态过程。不同的人有不同的认知图式，不同的认知图式决定着人们不同的认知。

大学生积极就业创业认知品质应该是：在辩证的认知指导下，既看到事物积极有利一面，也看到其不利一面，但是主体会从积极有利的方面出发，寻求解决问题的方法和途径。从认知角度来说，大学生应该积极努力地构建心理健康的核心特质，即建立积极的认知品质，积极认知品质能够让大学生正确地认识自己、悦纳自己，不但接纳自己的长处与潜力，更要面对自己的缺陷，同时不断进行自我完善和提升。

3. 积极的意志品质

意志指的是有意识地支配、调节的心理行为，它是人们根据一定的立场、观点、信念，自觉地确立目的并使用各种方法采取行动的心理能力。有人认为意志力包括自觉力、果断力、自制力和坚韧力。而积极的意志品质不但包括以上4种，更包含应对挫折的能力。所以，大学生积极心理教育应该致力于培养大学生意志的坚毅性，让他们能够长久地坚持学习和工作，面对艰难险阻不会气馁、面对挫折不会灰心，具有一种百折不挠的意志品质。克服自我的胆怯、羞涩、恐惧的干扰，以及疲劳、负担过重、知识和能力不足等障碍；即使遇到失败和挫折，也能忍受各种痛苦和磨难，正确地面对挫折，坚强地对待挫折，去积极应对成功和失败。

4. 积极的情绪品质

积极的情绪是一种正向价值的情绪，属于人的正能量。我国著名心理学家孟昭兰教授认为，积极情绪是与某种需要的满足相联系的，通常伴随愉悦的主观体验，并能提高人的积极性和活动能力。心理学最新的脑部研究也指出，真正决定人的智能并非传统智商，而是情绪情感智商，善于处理情绪并能觉察别人情绪的人，即能用理性控制冲动的人来衡量成功发展的重要能力；反之，易受情绪摆布、任性而难以与人相处者，即使有知识，有能力，也会陷于孤立，有怀才不遇、有志难伸之感。

积极的情绪和体验是积极心理学研究的一个主要方面。对于积极情绪，B.L.Fredrick（1998）提出了拓延—构建（broaden and build）理论，认为某些离散的积极情绪，包括高兴、兴趣、满足、自豪和爱，都有拓延人们瞬间的"知—行"的能力，并能构建和增强人的个性资源，如增强人的体力、智力、社会协调性等。值得注意的是积极情绪的各个方面是一个统一的整体，我们不能将之割裂开进行分条处理，在这方面，国外学者Susan E. 曾做过研究，他对7个被试的多种积极情绪进行了连续98个晚上的持续追踪，结果发现积极情绪间存在着一致的同步关系，体验到任何一种积极情绪的同时也都体验到其他的积极情绪。积极的情况品质包括情绪平和、稳定、愉悦和接纳自己；善于管理自己的情绪，调控、转化消极情绪，保持积极乐观的心态；对人有深刻和诚挚的感情；具有丰富、深刻的自我情感体验。弗雷德里克通过实验发现，积极的情绪能扩展个体的思想和行为，而消极情绪则会阻碍个体的思想和行为。弗雷德里克认为,积极情绪应包括快乐、兴趣、满足和爱。以上这些关于积极情绪的研究结果,为我们教育和培养大学生的积极情绪品质提供切入点,这也与我们调查问卷结果具有一致性。

5.积极的行为心理品质

作为当代大学生,应努力调控好自己的心理冲动,克服逆反心理,积极与同学、朋友交往,养成热情开朗的性格。在道德认知方面,认识自己生命的独特性,体会生命的可贵,充分认识到行为的结果,努力培养积极的行为习惯,让生命充满正能量。每个人都应该对自己的行为负责,能够分辨是非善恶,学会在复杂的社会生活中做出正确的选择。懂得对人守信、对事负责等诚实做人的基本要求,了解社会生活中诚实的复杂性,知道诚实才能得到信任,努力做诚实的人,体会"己所不欲,勿施于人"的道理,并懂得学会换位思考,学会与人为善,体会和谐的共同生活需要相互宽容和尊重,社会对公共规则的遵守体现着对他人的尊重,所有这些都是行为品质的基本内涵。

第三节 大学生就业创业积极心理品质的培育

培养大学生积极心理品质应该从几个方面入手。首先,从自己的思想意识上培养;其次,从行为上磨炼自己,既要从主观上有意识地进行自我培养,又要从客观条件上利用一切可以利用的机会和条件训练自己。

一、正确的价值观和人生观

价值观和人生观决定了一个人看待世界、改造世界、解决问题的根本出发点。一个人的人生观正确与否、是不是与实际情况相符、是不是切实可行,直接决定和影响其能否充分发挥积极的作用,进而影响一个人的积极心理品质。所以,老师、家长以及社会应倡导"树立正确的人生观和价值观"。

二、如何认清你自己

大学生应首先对自我有一个清醒客观的认识。我是谁，我的理想是什么，我的优势在哪里等，了解自我、认识自我方能努力克服不足，发挥长处。我们常常说"做人比做事更重要"，那么如何做一个人格健全的人、一个有理想有远大抱负的人、一个有知识有文化的人，就是要正确面对自己的不足，并且努力去改正和弥补，最大限度地提高自身素质。大学生有时间、有能力、也有条件逐渐完善自我各个方面的人格特质，努力培养自己的综合素质，做一个对社会有用的人才。

（一）培养坚强的意志和顽强的毅力

养成做事有目的性、行动自觉性、处事果断性、坚持到底的精神，胜不骄、败不馁，认真负责，勇于克服困难。

（二）培养谦虚谨慎、沉着稳重、凡事要三思而后行的品质和习惯

开展自我批评，以便能够不断地改正其自身弱点，使自己的行为方式不断地适应时代。

（三）培养广泛的兴趣爱好

知识丰富、视野宽阔，有利于智力的开发和能力的提高，从而易于取得多方面的工作成就，也容易适应社会各方面的变化。

三、大学生积极心理品质的自我培养

大学生应该从以下几个方面注重积极心理品质的培养，创造一个更好的自己。

（一）正确认识自己，全面看待他人

人与人性格差异很大，了解自己的性格优势与不足，要学会扬长避短并形成自己独特的自信心。人是不断变化发展的，我们需要不断更新、不断完善对自己的认识，才能使自己变得更好和更完美。你只要正确认识自己，就会感觉自己没那么差，就能全面地看待他人和自己，而使自己可能感觉状态不是最差或从此不太在乎他人的看法或想法。他人看法或想法往往存在片面性，会引起你自身不必要的自卑感。

（二）树立自信心

认识到通过自己的努力，自己一定能达到目标。从心理上认同自己，给自己鼓劲。要有心理准备，你就不会为一点困难而退缩。自信，才能使你充满信心完成任务。世界在发展，时代在进步，人也要随着时代的步伐前进。人的发展目标也在时时发生变化，只要你克服自卑心理，树立自信心，就能做自己幸福的缔造者。只要有了自信心，你什么困难都能克服，什么事情都难不倒你，你的学业或者事业就会成功。

（三）拓展人际关系广交朋友

拥有了自信，你还要学会广交朋友，只有在朋友们推心置腹的话语中你才能获得一种安慰，一种大胆说话的机会，一种锻炼你的场合，让你不怕任何人，敢于表示自己的意见或建议，发表自己的见解。因为朋友能让你远离孤独＼融入社会而获得快乐。

只有充满了友谊的人生才是充盈的、有意义的。有位哲人说：两个人分担一份痛苦，那就只有半份痛苦；两个人分享一份快乐，则有两份快乐。当你陷入困境、困窘急迫之时，忽然得到朋友的真诚帮助，即使只是平常的一句安慰、鼓励的话语，你的心情会怎样？是否会感到心灵得到了一种快慰的释放，觉得一股暖流从心底升起，于是充满信心，浑身是劲？当你获得成功、欣喜万分时，若得到朋友的真心祝福，你的心情又会怎样？是否感觉幸福？因此，增强你的自信心，就能消除自卑感，你就感觉自己是多么自信！你在拾回自信的同时工作方面就能大展宏图，你就是一位强者！

四、开展就业创业训练活动，培养大学生就业创业心理素质

培养大学生的就业创业心理素质，需要将就业创业教育课程与丰富的就业创业训练活动相结合，完善"第二课堂"就业创业教育；需要以培养大学生就业创业人格为核心目标，通过就业创业理论在实践中的运用，提高就业创业认知，锻炼就业创业意志。丰富的就业创业训练活动应该包括"训、练、赛、奖"4个方面。"训"即就业创业培训，"练"即实习实践，"赛"即就业创业比赛，"奖"即奖励机制。

（一）成功人士的现身说法

学校可邀请优秀校友、就业创业成功人士、专家学者等，采用就业创业经验交流会、座谈会、先进事迹报告会等形式，积极开展就业创业培训，树立就业创业先进典型，充分发挥榜样作用，激发就业创业动机。

（二）就业创业平台的构建

高校要加强与企业、产业园区、地方政府合作，共建创新就业创业培训与实习基地，通过实习实践，调节就业创业压力情绪，提高就业创业认知。

（三）兴趣社团小组

倡导和支持大学生建立就业创业社团，组织开展内容丰富、形式多样的"学校就业创业节"、就业创业沙龙、就业创业论坛等活动，指导学生参加"大学生就业创业引领计划"及各级各类的就业、创新创业大赛，以赛代练，培养坚强的就业创业意志。

（四）高校建立导师制

利用教师及校内外的一切资源帮助有想法、需要引导的学生建起就业创业的桥梁。

（五）把实习时间纳入教学大纲

在课堂教学的基础上，将大学生实习实践活动纳入教学大纲，并对实习时间作出硬性要求，确保实习不流于形式。

第六章　大学生就业创业心理拓展

在开展创业心理拓展训练过程中,为达到更好效果,应注意以下几点:

(1)要积极主动。只有积极主动地参与到活动中,全情投入,才能深刻感受到活动给你的心理带来的变化,才能使你真正受益。如果不积极主动,而是作为一个被动的参与者或冷漠的旁观者,不仅会影响活动的顺利进行,你也无法从中受益。

(2)要有合作精神。合作精神是进行任何团队活动的最基础原则,心理拓展训练活动也不例外。任何学员都要有较强的合作意识,积极配合教师,坚决听从教师的指令,遵守活动规则,配合其他成员完成训练任务。

(3)信赖和保密。在活动过程中,要对教师和其他学员高度信赖,要敢于把自己的真实想法和内心世界展露给他们。同时,也要有较强的保密观念,对于关涉其他学员的一些隐私性内容,要坚决保密,不向团队之外的人员传播。

(4)注意安全。部分拓展训练活动内容可能要进行较大幅度的肢体运动,或者要使用一些道具,因而可能存在一定的安全隐患,如果不小心,会给学员造成损伤。因此,各位学员一定要增强安全意识,时刻小心,避免发生危险。

第一节　就业创业意识拓展

一、基本理论

(一)自我意识概述

1. 自我意识的概念

自我意识是指一个人对自己的各种身心状况以及自己和周围关系的一种认识，也是人认识自己和对待自己的统一。

2. 自我意识的结构

从结构上看，自我意识包括3个方面：

（1）自我认识。即一个人对自己各种身心状况的认识。它包括自我感觉、自我观察、自我分析和自我评价等。自我认识主要涉及"我是一个怎样的人"。

（2）自我体验。是指一个人在自我认识的基础上产生的对自己所持的情感体验。它包括自我感受、自尊、自爱、自信、责任感、优越感等。自我体验主要涉及"我是否满意自己""我能否悦纳自己"等问题。

（3）自我控制。即一个人不受外界诱惑等因素的影响，能够自己调节和控制自己的情感和行为，是一种意志力的表现。它包括自主、自立、自强、自卫、自制、自律等。自我控制主要涉及"我怎样控制自己""如何使自己成为理想的那种人"等问题。

以上三者中，又以自我认识最为重要，它是自我意识的核心环节。

3. 自我意识的内容

从内容上看，自我意识可分为以下3种成分：

（1）生理自我。指个人对自己身体的认识，包括占有感、支配感和爱护感。这是自我意识最原始的层面。

（2）社会自我。指个人对自己在社会关系以及人际关系中的角色、地位的意识，对自己所承担的社会义务和权利的意识等。

（3）心理自我。指个人对自己的心理活动的意识，它包括对自己性格、智力、态度、信念、理想和行为等的意识。

（二）成熟自我意识的表现

自我意识是不断发展的，随着年龄的不断增长，存在着一个从萌芽、幼稚到逐步成熟的过程。获得较成熟的自我意识是个人发展的重要任务，也是心理健康和健全人格的重要内涵和特征。较成熟的自我意识主要表现在以下几个方面。

1. 客观全面的自我认识

即对自己生理、心理和社会等方面的特征都有客观、准确的了解，并能对它们做出正确的评价。不仅了解自己的外貌、身体、社会角色等外在特征，也了解自己的思想、品行、性格等内在特征；不仅了解自己之所长，也了解自己之所短，也即是有自知之明。

2. 自我悦纳

悦纳，字面的意思是"怀着喜悦的心情接纳"。自我悦纳，就是指对自己本来的面目持认可、肯定的态度，也就是要对同自己有关的各个方面的特征都完全接受，不仅接受自己优秀的一面，也接受自己不够优秀，甚至是缺陷、丑陋的一面。

3. 自信心

即相信自己具备实现某个人生目标或工作目标的能力（关于自信心，本章后面有详细论述）。

（三）创业者的自我意识

创业者应该有较成熟的自我意识。但这并不是说，如果缺乏较成熟自我意识就很难成为一个成功的创业者，而是说，拥有较成熟自我意识的创业者无疑更容易成为一个成功的创业者。简而言之，作为一个创业者，其自我意识在以下几方面显得尤其重要。

1. 清醒的自我认识

即对自己是个什么样的人、想做一个怎样的人、自己有哪些优点和缺点等问题有比较客观、全面的了解。如果对自我缺乏全面、客观、清醒的认识，就无法对自己到底应不应该走创业道路、自己是否适合创业等问题找到正确答案，从而会对自己的创业道路产生不利影响。

创业者自我认识的内容，主要包括以下 3 个方面：

（1）能力结构。能力（aptitude）是指完成种种活动所必备的个性心理特征。心理学上也常把能力称为"才能"。

从能力的构造上看，可将能力分为一般能力和特殊能力。一般能力往往是指智力（intelligence）。韦克斯勒（D.Wechsler）说，智力"是一种总括的或综合的能力，使人能有目的地行动、合理地思维，并有效地应付环境"。通俗点说，智力就是人们在日常生活、学习和工作中的绝大多数时候都需要的能力。

特殊能力是指能力的独特结合，如果人的某些个性心理特征的结合恰能满足从事某种活动的要求,那么他就具有这方面的特殊能力,如音乐能力、数学能力等。

不同职业需要不同的特殊能力与之相匹配,也就是说,不同能力特征的人适合于不同的职业类型。创业也不例外。创业活动要求创业者具有一些特殊的能力。因此,创业者应该对自己的能力结构有较清晰、客观的认识。

(2)职业兴趣。兴趣是从事任何事情的最重要动力之一。一个人在从事自己感兴趣的事情时,会表现出更高的热情以及积极性和主动性,会体验到更加强烈的快乐感、价值感和成就感。而当他面对自己不感兴趣的事情时,表现则完全相反。因此,选择自己感兴趣的职业是一个人进行职业选择和职业生涯规划的最基本原则。

这个道理同样适用于创业。那些对创业活动充满兴趣的创业者,会比其他人对创业投入更大的热情和更充沛的精力,因而也更容易成功。一些大学生选择创业之路,并不是出于兴趣,而是出于从众心理、猎奇心理或对成功和财富的渴望,这些人往往容易走上弯路。所以,大学生在创业之前,最好能对自己的兴趣特点有清楚的了解,以确定自己的真正兴趣到底是什么,是不是真的对创业感兴趣。

(3)人格特点。人格,简单地说,就是指人的心理和行为特点,包括气质和性格。每个人都有独特的人格。心理学经过研究发现,人格可以分为若干种不同的类型,每种类型都包含若干种不同的特征。据此,可以将大部分人归入各种人格类型之中,以此而预测他们的心理活动和行为。心理学研究还发现,不同的人格类型,与不同的职业相匹配,也就是说,某种特定人格类型的人相对来说更加适合从事某种特定的职业。创业也是一种独特的职业活动,这种活动能更加适合于某种人格类型的人从事。因此,创业者有必要对自己的人格特点有清楚的认识,以便于确认自己是否适合创业,或者在创业过程中,应该采取何种策略来弥补自己在人格方面的不足。

2. 明确的创业动机

即要对自己为什么要创业、创业的目的是什么有清醒的认识。不同的创业者可能有不一样的创业动机。有的人创业是为了赚更多的钱,有的人创业是为了创造更多的社会价值,有的人创业是为了更充分地发挥个人潜能,有的人创业是为了寻找独立、自由的感觉……创业动机不同,创业的目标和创业的模式、道路就有可能不同。如果创业动机不明确,也会给创业带来不利的影响。

3. 较强的创业自信心

同就业相比,创业的一个主要特征就是不确定性。创业的道路注定是充满困难、艰辛和风险的。创业不可能一帆风顺。因此,作为一个创业者,必备的心理品质就是强大的自信心。无论面对多大的困难和风险,都能坚信自己一定能够解决问题、成功应对挑战,获得最后的胜利。相反,如果自信心不强,面对困难和风险就会丧失勇气、动摇目标、畏惧不前,最终和成功擦肩而过。

4. 较强的自我控制力

创业活动是一项复杂的任务。创业过程中会遇到各种各样的机遇、困难和挑战。创业者需要具备坚强的意志力和较强的自我控制能力,这样才能顶住各种困难和压力的折磨,抵御住各种诱惑的考验,百折不挠地向目标靠近,最终取得成功。

二、团体活动

(一)活动1

两面人

1. 活动目的

进行自我探索,促使学员进一步了解自己的长处和短处。

2. 事前准备

笔、印制好的"两面的我"表格(如表6-1所示)。

3. 活动方式

(1)教师向全体学员发放"两面的我"表格,人手一张。

(2)学员认真反思自己,填写"两面的我"表格。

(3)小组交流。各位学员向小组内其他成员介绍自己的"两面的我"表格内容,并做解释。

(4)全体分享。每个小组推荐一人做代表,上台向全体学员分享自己的"两面的我"内容以及参加本活动的心得体会。

(5)教师进行总结点评。活动结束。

4. 注意事项

无特别注意事项。

5. 引导要点

（1）在能力方面，你有什么长处和短处呢？

（2）单纯根据你的能力特点，你更适合从事哪些职业呢？

（3）你认为对于创业来说，哪些能力是最重要的呢？为什么？

（4）你发觉自己和他人在能力方面的差异了吗？你怎么看待这些差异呢？

6. 点评提示

（1）每个人在能力方面都既有长处，也有短处，这很正常，全能的人是不存在的。

（2）不同的能力结构特点的确与不同的职业相匹配。如果一个人从事适合自己能力的职业，一般来说更容易做出更大的成就。

（3）理论上说，创业活动对创业者的能力也有特殊要求。你如果想走创业之路，就应该努力培养并提高自己相应的能力。

表6-1 两面的我

我的阳面（长处）	我的阴面（短处）
从以上的阳面（长处）和阴面（短处）来看，我更适合从事的职业是：	
如果要从事创业活动，我有必要改进的地方是：	

（二）活动2

大拍卖

1. 活动目的

进行自我探索，促使学员进一步了解自己所重视的个人价值。

2. 事前准备

笔、印制好的"个人价值项目单"（如表6-2所示）。

3. 活动方式

（1）活动以全体学员为单位进行。教师向每位学员发放"个人价值项目单"，同时用挂图的方式展示拍卖品。

（2）教师介绍本活动的规则。等一会，我们将进行一场模拟拍卖会。要拍卖的东西是这张挂图上所列的10件东西。假定在座的每一名学员手上都有100万元现金，而这笔钱是你一生的全部积蓄；教师做拍卖师，按照顺序逐一拍卖单上的东西，每件东西均从1万元开始叫价，学员举手竞拍，每次加价不得低于1000元，所拍东西最终卖给报价最高者。学员每拍得一件物品，就从自己的账户中扣除所花费金额，如余额不足，则不能继续买东西。

（3）各位学员根据自己的实际，对每件物品的价值进行预估，并将预估价填写在表中。

（4）模拟拍卖会正式开始。每拍卖出一样东西，就在挂图上标记出最终卖价和购买人姓名。直到10样东西全部拍卖完毕，活动结束。

（5）活动分享。教师邀请各位成功拍得物品的学员上台分享个人心得体会。如时间充足，可引导其他同学自由发表意见，并展开讨论。

（6）教师进行总结点评。活动结束。

4. 注意事项

（1）拍卖会的规则要解释清楚。必要时，可借助投影设备播放一些拍卖会现场资料，帮助学员完全了解拍卖规则。如在拍卖过程中发现有人违规，可以指出其错误，并对规则再次进行解释，或可宣布拍卖无效，并对违规者处以扣除"罚金"、取消拍卖资格等处罚。

（2）拍卖过程中，教师可适当解释拍卖物的具体内容及其对人生的价值，以引导学员更好地思考。

5.引导要点

（1）不惜以最高价成交，你是怎样想的呢？

（2）为什么你不再继续举牌竞价，而由他人拍得该物品，你是怎么想的呢？

（3）看看你自己的"个人价值项目单"，你有什么感想？

（4）你的"个人价值项目单"反映出你是一个什么样的人？你的这种特点适合创业吗？

6.点评提示

对于人生来说，每个人所重视的东西是不同的。这说明人和人的思想观念是不同的，甚至有比较大的差距。各种观念很难说谁对谁错，但是，最重要的不是对错，而是你要弄明白自己到底最看重什么，而且要接受这样的自己。

表6-2　个人价值项目单

序号	项目名称	你的估价	实际成交价	你拍得的价格
1	学到一技之长（专业地位、成就）			
2	当一个有名的人（名声）			
3	当一个指挥很多人的老板或官员（领导）			
4	与你喜欢的人朝夕相处（情感）			
5	环游世界（休闲）			
6	拥有无数书籍（知识）			
7	帮助残障人士（社会服务）			
8	身心健康（健康）			
9	拥有稳定的早出晚归的工作（稳定）			
10	拥有相处和谐的工作伙伴（人际）			

（三）活动3

你想干什么

1.活动目的

进行自我探索，促使学员进一步了解自己所重视的工作价值。

2. 事前准备

笔、印制好的"工作价值清单"（如表6-3所示）。

3. 活动方式

（1）活动以小组为单位进行。教师向每位学员发放"工作价值清单"，同时可用挂图或PPT的方式展示该清单。

（2）教师介绍"工作价值清单"及本活动的规则。清单的左侧是一项职业或工作可能具有的价值，清单右侧是你对这些价值的判断。请学员根据自己的实际，选择你对每一项工作价值的看重程度，在相应的空格内打钩全部项目打完钩后，根据自己的选择重新分析清单，思考一下，哪种具体职业或职位同你上述的选择相符合，并将答案填写在表中最后一行。

（3）活动正式开始。所有学员填写"工作价值清单"。完成后，进行小组内交流。各成员向小组其他成员解释自己的清单。

（4）活动分享。每个小组派1名代表上台发言，同全体学员分享个人心得体会。如时间充足，可引导其他同学自由发表意见，并展开讨论。

（5）教师进行总结点评。活动结束。

4. 注意事项

（1）提醒学员，"很重要"选项不宜太多，以1~3项为宜。因为一个东西的重要性是同其他东西相比较而得出的，当你认为很多东西东都很重要时，其实这些东西也就变得没那么重要了，你应该从这些很重要的东西中继续找出"最重要的"。

（2）根据需要，可以对每个选项做简单解释，因为对于缺乏社会经验和职业经历的学员来说，他们可能对某些项目的准确含义以及对自己的生活到底意味着什么，并不是很清楚。

5. 引导要点

（1）你对自己未来的工作，最看重的是什么？为什么？

（2）你对自己未来的工作，最不看重的是什么？为什么？

（3）你认为现实社会中，哪些职业或职位符合你刚才选择的那些特点？

（4）想象一下，未来你真的从事了这份工作，会是怎样的人生状态？你喜欢这种状态吗?

(5) 从你选择的答案看,你是否适合创业?为什么?

6. 点评提示

(1) 每个人的思想观念、性格不一样,答案也会不一样,这种情况是正常的。答案没有对错之分,只要真正符合一个人的实际,并且是完全出于一个人自觉自愿的选择,就都是正确的。

(2) 没有完美的职业或职位,任何一种职业或职位都有利弊。在选择职业或职位时,不要追求完美主义,不要期望"最好的",只要找准"最适合你的"。

(3) 工作价值内容中的"权力较大""收入很高,但不稳定""富于挑战性""有创新、创造的机会""跟人接触""工作时间不固定"等项目,与创业活动关系密切,较看重这些价值的学员,可能较适合创业。

表6-3 工作价值清单

类别	工作价值内容	对你来说的重要性				
		很重要	较重要	一般	不重要	很不重要
工作报酬	1. 社会地位较高					
	2. 权力较大					
	3. 收入高,稳定					
	4. 收入很高,但不稳定					
	5. 福利制度健全					
	6. 升迁快					
工作内容	7. 工作分量少,压力轻					
	8. 工作内容丰富多彩,富于变化					
	9. 富于挑战性					
	10. 有创新、创造的机会					
	11. 不过多地依赖团队,能独立作业					
	12. 社会服务					
	13. 具有领导性					
	14. 具有流动性					
	15. 需要经常进修、学习					

续表

类别	工作价值内容	对你来说的重要性					
		很重要	较重要	一般	不重要	很不重要
工作环境	16. 室内					
	17. 室外					
	18. 跟人接触					
	19. 跟机器或物品接触					
	20. 舒适					
工作时间	21. 工作时间不固定					
	22. 工作时间固定，按部就班					
人际关系	23. 工作伙伴相处融洽					
	24. 与上司相处融洽					
工作地点	25. 离家较近，可常回家					
	26. 离家较远，不能经常回家					
你认为，符合上述你选择的条件的职业或职位有可能是（可有多个答案）						

第二节　就业创业人格探索

一、基本理论

（一）什么是人格

人格（personality）一词源于古希腊语 persona，原指演员在舞台上戴的面具。演员因所扮演角色不同而佩戴不同的面具，类似于我国戏剧中的脸谱。如，京剧中，红脸代表忠义、耿直、有血性，白脸代表奸诈、多疑、凶诈，蓝脸代表性格刚直、桀骜不驯……这些面具体现了角色的特点和性格特征。

简单地说，心理学中的人格指的是一个人整体的精神面貌特点，是人们在社会化的过程中形成相对稳定的心理特征和外部行为特征，是具有一定倾向性的、比较稳定的心理特征的总和。

一个人的人格形成既受到先天的自然遗传因素影响，同时又受到社会化因素（家庭、学校）、社会文化因素、社会实践因素等后天影响。不同的人个性不同，对待同一境遇的思维方式、外显行为往往不同，从而导致不同的结果，甚至收获不同的命运。

（二）气质和性格

人格包括人的气质和性格。

气质是表现在心理活动的强度、速度和灵活性等动力特点方面的人格特征，相当于我们日常生活中所说的脾气、秉性或性情。气质是先天决定的，特别是同一个人的神经系统的功能特点有关。一个人的气质类型很难改变。

性格是表现在人对客观事物的态度，和与这种态度相适应的行为方式上的人格特征。性格是在社会生活实践中逐渐形成的，也就是说，性格是后天决定的。性格是可以通过改变环境或人为施加影响而改变的。

（三）气质类型

心理学研究表明，人类的气质一般可分为以下几种类型：

1. 多血质

多血质的人，其神经过程的特点是强、平衡且灵活。因此，多血质的人感受性低而耐受性高；活泼好动，言语、行动敏捷，反应和注意转移的速度都比较快；行为外向，容易适应外界环境的变化，善于社交，不怯生，容易接受新事物；注意力容易分散，兴趣多变，情绪不稳定。

2. 胆汁质

胆汁质的神经过程特点是强但不平衡。因此，胆汁质的人感受性低而耐受性高，能忍受强的刺激，能坚持长时间的工作而不知疲倦；精力旺盛，行为外向，直率热情；情绪的兴奋性高，但心境变化剧烈，脾气暴躁，难以自我克制。

3. 黏液质

黏液质的神经过程特点是强、平衡但不灵活。因此，黏液质的人感受性低而耐受性高，反应速度慢，情绪的兴奋性低但很平稳；举止平和，行为内向；头脑清醒，做事有条不紊、踏踏实实，但容易循规蹈矩；注意力容易集中，稳定性强；不善言谈，交际适度。

4.抑郁质

抑郁质的神经过程特点是弱，而且兴奋过程更弱。因此，抑郁质的人感受性高而耐受性低；多疑多虑，内心体验极为深刻，行为极端内向；敏感、机智，别人没有注意到的事情，他能注意得到；胆小、孤僻，情绪的兴奋性弱，难以为什么事动情，被什么事打动，寡欢、爱独处、不爱交往；做事认真、仔细，动作迟缓，防御反应明显。

需说明的一点是，以上4种气质类型是典型类型，大多数人是中间型或混合型。

（四）人格特质

人格特质理论起源于20世纪40年代的美国，主要代表人物是美国心理学家奥尔波特和卡特尔。特质理论认为，特质（trait）是人格的组成元素，是行为的基本特性，也是测量人格的基本单位。

卡特尔（K.B.Cattell）是一位重要的人格特质理论家，他把人格特质分为个别特质与共同特质、表面特质与根源特质、体质特质与环境特质以及动力特质与能力特质等4个层次。根源特质反映一个人整体人格的根本特质方面，表面特质是从根本特质中派生出来的。一个根源特质可以影响多种表面特质。1949年，卡特尔用因素分析法解析了16种根源特质（见表6-4），据此编制了著名的"卡特尔16种人格因素问卷"（简称16PF）。卡特尔认为，这16种根源特质就是人格的真正构造物，根据这些特质，可以预测一个人的行为反应。

表6-4 卡特乐的16种根源特质

序号	人格因素	低分者特征	高分者特征
A	乐群性	缄默、孤独	乐群、外向
B	聪慧性	迟钝、知识面窄	聪慧、富有知识
C	情绪稳定性	情绪激动	情绪稳定
D	恃强性	谦逊、顺从	支配、攻击
E	兴奋性	严肃、审慎	轻松、兴奋
F	有恒性	权宜、敷衍	有恒、负责
G	敢为性	畏怯、退缩	冒险、敢为

续表

序号	人格因素	低分者特征	高分者特征
H	敏感性	理智、着重实际	敏感、感情用事
I	怀疑性	信赖、随和	怀疑、刚愎
J	幻想性	现实、合乎成规	幻想、狂放不羁
K	世故性	坦白直率、天真	精明能干、世故
L	忧虑性	安详沉着、有自信心	忧虑抑郁、烦恼多端
M	激进性	保守、服从传统	自由、批判、激进
N	独立性	依赖、随群附众	自立、当机立断
O	自律性	矛盾冲突、不拘小节	知己知彼、自律严谨
P	紧张性	心平气和	紧张困扰

（五）人格与创业的关系

人格能否预测未来谁会去创业？谁可能创业成功？过去几十年来的创业研究，发现了一些可以分辨创业者的个人特质，最具有辨识度的创业人格特质为成就动机、内外控倾向、风险偏好以及对不确定性的容忍力。

1. 成就动机

成就动机指个体希望表现杰出，以追求进步与完美的欲望。以成就动机来源于自己内心抑或社会外界为标准，分为自我取向成就动机和社会取向成就动机两类。研究指出，成就动机是创业者的第一人格特质，创业者的成就动机比一般人高，而且成功的创业者大多具有高度的成就动机。成就动机高的人，喜欢从事富有挑战性的工作，往往愿意主动解决问题，喜欢自己设定目标，努力去达成，并获得回报，同时他们也乐意接受适中的风险。曾耀辉（1988）对国内高科技创业者的调查发现，这些人普遍具有极高的自我取向成就动机和中度的社会取向成就动机。

2. 内外控倾向（locus of control）

内外控倾向由 Rotter(1954) 率先提出，是指个人自认为能够掌控命运的程度。若个人认为可以主宰自己的命运，自己的事理应由自己负责，被称为"内控者"；而认为命运并非自己能够掌握，环境因素、运气等可能主宰了自己的命运，因此，无须对自己的事情负责或不需负担太多的责任,这种类似听天由命者,被称为"外控者"。研究发现,内外控人格对其人格特征、态度或行为有直接影响,内控者往往主动、自主、积极;而外控者则较为依赖、相信命运,态度消极。研究显示,创业者的个性大都属于内控导向型。Rotter（1966）也认为,内控者更可能追求创业角色,他们更勇于承担创业风险,并相信自己的努力将换得创业成功的美好果实。Broddlous（1980）的研究也指出,成功创业者多为内控人格倾向。

3. 风险偏好

风险偏好衡量的是个人对风险的态度,亦即对风险的嫌恶的程度。Hull, Bosley & Udll（1980）的研究发现,潜在的创业者比不想创业者具有更高的风险偏好。进一步的研究发现,他们并非风险追求者,而是风险承担者,亦即他们愿意承担合理的、估计过的、自认为能够承受的风险。Palich & Baghy（1995）认为,创业者之所以具有更高的风险倾向,可能是由于他们对市场形势的判断更为积极肯定,他们从"风险"中看出潜在的"机会"。

4. 对不确定性的容忍力

对不确定性的容忍力是指个人在处理资讯过程中对于不确定性和模糊状况的容忍程度。创业环境充满不确定性,创业过程中经常缺乏组织、结构和秩序,创业初期常常没有稳定的收入甚至没有收入,过着没有组织与秩序的生活,改变、挫折与意外几乎是家常便饭。显然,创业需要对不确定性的容忍力。事实上,研究发现,创业者对不确定性的容忍力较高,他们可以在不确定的环境下,积极主动寻求机遇或者一旦遇见机遇就迅速行动,他们喜欢在没有结构化和程序化的情境中工作。Budner（1962）指出,高不确定容忍度的实质就是在缺乏足够的信息中能够做出积极反应,并且对自己的决策充满信心。

必须说明的一点是,对于创业者的特质的研究,目前存在两种截然不同的观点:一种观点认为,成功创业者普遍具有共同的个性与心理特征;而另一种观点认为创业者的个性和心理特征与其创业行为之间没有必然联系。人格对于创业的影响确实不容忽视,但人格特质并不是影响创业的唯一决定因素。在大学生的创业过程中,除了人格因素的影响外,还受到社会、学校、家庭和自身其他因素的影响,如政府出台的相关政策、融资渠道、社会保障体系与社会认可度、学校的创业教育、创业机会等。

二、团体活动

（一）活动1

我是一朵花

1. 活动目的

进行自我探索，进一步了解自己的人格特点。

2. 事前准备

《人格形容词检索表》（如表6-5所示）、空白的"我是一朵花"图（如图6-1所示）、水彩笔若干。

3. 活动方式

（1）学员按小组坐好。活动将以小组为单位进行。教师向每位学员发放《人格形容词检索表》、空白的"我是一朵花"图和水彩笔。

（2）教师介绍本活动的目的、内容和规则。

（3）活动正式开始。学员认真阅读《人格形容词检索表》，思考哪些词适合自己，哪些不适合自己，在前者前面打钩，后者前面打叉。然后，学员对打钩的答案做更进一步的思考，选择出其中最能代表自己特点的5个答案，将它们分别填写在"我是一朵花"图中的5个花瓣中。

（4）小组所有成员完成上述步骤后，在小组内相互交流。学员轮流向其他人介绍自己的"花"，其他人则轮流对他的"花"是否准确地反映了他的人格特点进行评价并阐述理由。

（5）活动分享。每组选出1名代表上台，向全体学员分享自己的"我是一朵花"图以及参加活动的心得体会。

（6）教师进行总结点评。活动结束。

4. 注意事项

（1）这是一个促进自我反思的活动，比较耗费脑力，因此，教师应给大家思考和讨论留下比较充足的时间。

（2）要注意视察、监督各个小组的活动情况，如果发现有的小组成员没有认真思考,或者拿其他同学的答案开玩笑,气氛不够严肃等不良情况,要及时干预。

(3)可提醒学员把两份答案纸带回去,继续思考,反复琢磨。这样有利于更进一步深化大家对自我人格的思考、探索。

5. 引导要点

(1)当你在表和图上进行操作时,有何心理感受?是非常明确地做出回答,还是感到比较迷惑,拿不定主意?为什么会有这样的心理感受呢?

(2)小组交流听到其他同学对自己的"花"的评价时,特别是听到不同意见时,有什么感受?

(3)你觉得你的性格适合创业吗?为什么?

(4)你觉得谁的性格更适合创业?为什么?

6. 点评提示

(1)一个心理成熟的人,应该对自己的人格特点有比较客观、全面的了解。

(2)如果你在做这个练习时,特别是做打钩和填图环节时,感觉比较困难,可能说明你对自己的人格特点还不够了解。

(3)人格特点和创业有一定关系,但不是创业的决定性因素。

表6-5 人格形容词检索表

我是……				
□有恒心的	□冲动的	□有谋略的	□爱争辩的	□冷漠的
□害羞的	□有主见的	□理性的	□缺乏想象的	□文静的
□富想象力的	□有条理的	□被动的	□善解人意的	□直觉的
□追根究底的	□活跃的	□有责任感的	□乐观的	□顺从的
□好交际的	□友善的	□善言辞的	□好奇的	□助人的
□慌乱的	□固执的	□独立的	□刚毅的	□具体的
□富创意的	□合作的	□爱冒险的	□实际的	□保守的
□情绪化的	□防御的	□有自信的	□爱动脑筋的	□天真的
□颖悟的	□慷慨的	□浮躁的	□坦率的	□有说服力的
□柔婉的	□有同情心的	□周到的	□含蓄的	□不重实际的
□内省的	□喜欢表现的	□有效率的	□精确的	□拘谨的
□沉着的	□节俭的	□有野心的	□悲观的	□依赖的
□真诚的	□细心的	□理想主义的	□机智的	

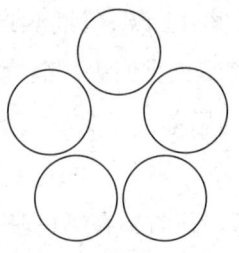

图 6-1 我是一朵花

（二）活动 2

"花王"争霸

1. 活动目的

对自己的性格是否适宜于创业进行反思。

2. 事前准备

纸做的"王冠"一顶。

3. 活动方式

（1）教师介绍本活动的目的、内容和规则。

（2）本活动延续以上"我是一朵花"的活动。以小组为单位进行讨论，根据刚才各位成员所做的"我是一朵花"图及大家对学员的了解，每个小组选出 1 位大家认为性格特点最适合创业的人选，作为该组的"花王"。

（3）每个小组的组长（也可以是小组成员选派的其他代表）和"花王"上台，轮流向全体学员介绍本组的"花王"。

（4）各小组组长和"花王"再次上台演讲，目的是证明自己的"花王"比其他各组的"花王"更适合创业活动，劝说大家支持。

（5）全班成员"以脚投票"，即几位"花王"站在台上，其他学员支持谁就站在谁的身后，哪位"花王"身后的支持者多即获胜。教师为获胜者戴上"王冠"。

（6）教师进行总结点评。活动结束。

4. 注意事项

（1）这是一个类似于辩论赛的活动，教师应努力引导活动的雄辩气氛。

（2）为了上述目的，根据实际，可以安排多轮演讲，或增加辩论、反驳对方等环节，以增加活动的趣味性。

5. 引导要点

（1）你觉得你的性格适合创业吗？为什么？

（2）你觉得谁的性格更适合创业？为什么？

6. 点评提示

（1）人格特点和创业有一定关系。

（2）但要注意，人格不是创业的决定性因素。

（三）活动3

自画像

1. 活动目的

进行自我探索，促使学员进一步了解自己。

2. 事前准备

笔、印制好的《自我投射表》（如表6-6所示）或空白A4纸若干张。

3. 活动方式

（1）学员按小组坐好，活动将以小组为单位进行。教师向每位学员发放纸笔。

（2）教师介绍本活动的目的、内容和规则。

（3）学员认真反思自己，填写《自我投射表》。

（4）小组所有成员完成《自我投射表》后，在小组内相互交流。

（5）活动分享。邀请各小组派代表分享个人心得体会。

（6）教师进行总结点评，活动结束。

4. 注意事项

解释《自我投射表》时，应简单解释一下"投射"的概念。

5. 引导要点

（1）填写《自我投射表》时，有何心理感受？

（2）小组交流听到其他同学的内容时，有什么感受？

（3）你填写的内容是否反映了你的价值观或信念？这些价值观和信念对你

的行为和生活产生了怎样的影响?

（4）你的这些价值观和信念与创业有关系吗?

6. 点评提示

俗话说"人贵有自知之明"。一般来说，人们的注意力比较多地集中于外界事物，而比较少进行自我反思。

表6-6 自我投射表

1. 假如我是一种动物，我希望是_____。 　因为_____。
2. 假如我是一朵花，我希望是_____。 　因为_____。
3. 假如我是一棵树，我希望是_____。 　因为_____。
4. 假如我是一种食物，我希望是_____。 　因为_____。
5. 假如我是一种交通工具，我希望是_____。 　因为_____。
6. 假如我是一个电视节目，我希望是_____。 　因为_____。
7. 假如我是一部电影，我希望是_____。 　因为_____。
8. 假如我是一种乐器，我希望是_____。 　因为_____。
9. 假如我是一种颜色，我希望是_____。 　因为_____。
10. 假如我是无所不能的，我希望是_____。 　因为_____。

第三节 就业创业自信心训练

一、基本理论

（一）自信、自卑和自我效能感的概念

自信，按其字面的意思就是"相信自己"，具体地说，就是相信自己有能力实现自己的愿望的心理，是对自己力量的充分肯定。

自卑和自信相反，即对自己的评价比较低，不相信自己有能力实现自己的愿望。心理学中还有一个和自信密切相关的概念叫自我效能感。自我效能感是指我们对自己有效地组织和完成某项特殊任务的主观评价。自我效能感指导我们生活中的很多事情，因为一般我们会在相信能取得期待成果时采取行动，而不会在我们认为会导致失败的方面采取太多的行动。因此，在绝大多数的情况下，自我效能感决定了我们对行为效果或结果的预期：如果我们预期会有成功的结果，那么这种效能感将成为一种执行任务的动力；如果我们预期不会取得成功时，那么这种效能感将成为一种阻碍因素。

比如，一个推销员能不能在一天内把 100 瓶香水推销给街上的女性呢？如果这个推销员有较强的自我效能感，预期自己能完成这一任务，他就会积极采取行动，因而也就更容易完成这一任务。如果这个推销员的自我效能感比较弱，预期自己无法完成这一任务，他就不大可能会积极采取行动，因此也就更难完成任务。

如不做太严格的区分，我们基本可以把自信等同于强自我效能感，自卑等同于弱自我效能感。

（二）自信心与创业

自信心和创业密切相关。这是因为，创业是一种开拓性行为。在创业过程中，充满了不确定因素，必然会遇到很多困难、挑战甚至危机。每当这些时候，只有那些自信心强大的创业者，对自己的能力有较高的评价和充分的信赖，才能有勇气面对困难，积极地应对挑战，想方设法去解决问题。而如果创业者的自信心较弱，或者说比较自卑，他对自己的评价较低，不大相信自己的能力，就不会鼓起足够的勇气面对困难，而是会畏惧不前，不能打起精神积极应对困难、解决问题。所以，可以说自信心是创业成功的一个极其重要的因素，创业者都必须具备强大的自信心。

但是，也要注意一个问题，那就是，自信心应该强大，却不能太强大。过度强大的自信心，会使自己对自己的评价远远高于自己的实际情况，对自己的能力也过于夸大，超出实际，这样，就变成了自大。自大是一种心理不成熟的表现。狂妄自大会让创业者对问题做出错误的判断，还会损害人际关系，从而对创业产生不利影响,甚至导致创业失败。所以,创业者也应注意坚决避免自大。

(三)如何培养自信心

自信心并不是与生俱来的,而是自我意识发展到一定程度的结果,是后天习得的。也就是说,自信心完全可以培养。培养自信心的途径和方法有许多,这里仅简要介绍以下几种。

1. 评估自我资本

客观、全面、积极的自我认识是自信的基础。许多人之所以自信心水平低,是因为他们没有看到,或不善于欣赏自己的优点。因此,提升自信心的一条重要途径,就是在自我反思的基础上,全面了解和评估自己的资本。当然,这里所说的资本,并不是说你的财产,而是指你的外貌特征、经历、知识、能力、人品、性格和社会资源中那些有价值的东西,以及你的人生经历中所取得的各种成就,或者通俗,就是指你的所有长处和优点。

你不妨找一张纸,把你的所有优点都一条条地记录下来,制成你的《个人价值清单》。你可以经常阅读这张清单,促使你的自信心不断提升。

2. 丰富专业知识,提升专业技能

丰富的知识和高超的技能是自信的另一个重要基础。就像高超的医术可以增加一个医生的自信心,娴熟的驾车技术可以增加一个汽车司机的自信心,你想要提升自己在哪个方面的自信心,就去努力锻炼那个领域的专业技能,让自己成为这个领域的专家或熟手。

按照这一原理,如果要提高在创业方面的自信心,很重要的一条途径,就是学习和创业有关的知识,深入了解创业的规律,熟悉和你创业的领域相关的市场、产品、价格、客户、政策等情况,通过创业实践,不断积累创业经验。

3. 积极的自我想象和自我暗示

经常想象一下自己的积极形象。比如,想象一下自己在演讲台上对着成千上万人讲话,侃侃而谈,表现得自信而富有感染力;想象一下自己在酒会上和各种各样的人碰杯,自由交谈,很多人都被你的翩翩风度和魅力所吸引;想象一下自己成功创业,自己的公司办公室在豪华的写字楼里,自己的各项业务运转良好,生意兴隆,自己感到巨大的成就感……

经常对自己说一些积极的、自我激励的话，可以大声说出来，也可以在心里默默地说。比如，"你真棒""你一定会成功""你是一个与众不同的人"……

4. 正确应对挫折

挫折会打击一个人的自信心。如果不能正确应对挫折，一些原本自信的人，在经历挫折后，也会变得自卑；原本自卑的人，就会更加自卑。正确应对挫折的方法有以下两个要点。

（1）处理好情绪。遇到挫折后，大多数人都会有强烈的情绪反应，感到痛苦、恐慌、抑郁、愤怒等。这些情绪不仅会影响人的思维活动，导致人们不能及时、客观地分析问题，还会引发人的各种消极认知，导致自卑。因此，遇到挫折后，应该第一时间把自己的情绪调节好。要告诉自己，人生道路上遇到挫折是正常的，使自己心情平静下来，尽量做到能以一个旁观者的角度来看待所发生的一切。

（2）正确归因。习惯内归因的人，往往把挫折的原因归于自己，认为挫折完全是自己的错误或无能造成的，从而不断地否定自己。这样，就会让自己变得自卑。当然，这并不意味着外归因，即把挫折的原因完全归于外界因素就是正确的。正确的归因，应该是全面客观的归因，确实属于外部的原因就归于外部，确实属于内部的原因就归于内部，进而据此寻找解决问题的办法。但是，即使是客观的内归因，也一定不要把原因归结为自己"能力不够""性格有问题"等个人特质因素，而是要尽量归结为"经验不足"等技术性原因，从而今后通过学习来避免挫折再次发生。

5. 自我突破

自我突破，就是把自己从某种束缚中突破出来。

自卑的人对自己的评价总是低于自己的实际情况，而且对自己的评价也总是否定性质的。这些评价就像一个无形的笼子把自己封锁起来。因此，要克服自卑，建立自信，一条重要的途径就是，把这个笼子拆烂，使当事人突破束缚，获得解脱。比如，一个人认为自己"不善于同陌生人沟通"，这个评价就无形中束缚了他的行为，使他从来不敢采取同陌生人讲话的行动。而自我突破就是要通过采取各种措施，使得这个当事人做出同陌生人讲话的举动。这样，就把当事人一下子从过去的束缚中突破出来，从而也就以实际行动推翻了他内心中"不善于同陌生人沟通的"判断。自我突破可以自己施行，也可在有关专业人员的帮助下施行。自我突破既体现在思想观念即认知层面上，也体现在行为层面上。相对而言，行为层面更加重要。因为，认知突破并不一定导致行为突破，而行为突破却必然导致认知突破。所以，自我突破往往以行为训练为主要手段和方法。

6. 自我激励

自我激励即自己通过心理调节或行为调节以提高自己的自信心和积极性的过程。一个人的自信心需要周围环境的激励，更需要自己的激励。自我激励的方法常见的有以下几条。

（1）为自己设定目标。设定目标是自我激励最主要的方法之一。一个有吸引力的目标能激发起你极大的热情和信心。如果你设定的是长远目标，应将它分解为若干个短时期的小目标，这样更有利于激发和维持你的信心。

（2）获得工作绩效的反馈。你要经常搜集和自己工作结果有关的信息，这样做的目的是为了让你肯定自己的工作是有成效、有意义的。这样，你的信心和热情才得以巩固和维持。很少有人能够在不知道工作结果的状况下保持长期的高激励水平。

（3）寻找工作的内在动机。工作的动机分内在动机和外在动机两类。外在动机指他人的夸奖、奖金、奖品、报酬、社会声望等来自身外环境的东西所激发的动机。内在动机指个体的成就欲、审美欲、兴趣、快乐感、自我挑战、自我满足感等内在精神需要所激发的动机。有关研究发现，内在动机对个体的激励作用更加持久。因此，寻找工作的乐趣或工作本身的价值是自我激励的一个很重要的途径。

（4）对自己的行为进行奖励。当自己做对事情时，给自己一定的奖励是一种很好的自我激励的方法。你可以先确定哪些特定的行为是你所期望的，比如坚持早起床、每天多工作30分钟、每天读书1小时、每天同客户通1次电话等，然后制定好奖励规则，即一旦自己完成了符合期望的行为，就以某种方式奖励自己，如赞扬自己几句、请自己吃个雪糕、给自己买个小礼物等。

（5）提升对工作价值的认识。如果你认为自己从事的工作是非常有意义的，你自然很容易被激励，更愿意积极地投入工作。相反，如果你认为自己正在从事的工作是毫无价值的,你就难以被激励,不愿意积极投入工作。因此,在投入工作之前,你应该进一步了解自己的工作,对它的意义有更加深刻的认识。

二、团体活动

（一）活动1

孤岛惊叫

1. 活动目的

（1）热身,活跃团体气氛。

（2）帮助学员突破羞怯、畏惧、自卑心理,提高自信心和胆量。

2. 事前准备

一个可移动的高台（若无专门的高台,可以用一张普通书桌代替）。

3. 活动方式

（1）教师进行简要的开场白,介绍本活动的目的和规则。

（2）学生轮流站在高台上,面对其他学员,竭尽全力,用最高的嗓门尖叫。要求眼睛必须直视其他学员,声音必须洪亮,叫声至少维持10秒钟。如发现违规者,教师可实施惩罚。惩罚的办法是要求当事人继续在高台上大声叫,但叫的内容与前不同,难度更大,包括:大声介绍自己,大声学动物叫（如狮子、狼、狗等）,大声叫骂自己,一边叫一边做各种鬼脸等。

（3）全部学员上台完毕后,分组交流心得体会。

（4）每组选派1名代表进行全体交流。

（5）教师点评。活动结束。

4. 注意事项

（1）站在高台上、用最高嗓门尖叫、眼睛必须直视其他学员是本次训练活动的关键所在,所以,教师应在这3个环节上高度注意、严格要求,绝不允许任何学员在这3个环节上打折扣。

（2）本训练主要是针对那些平时比较自卑、内向,容易害羞,不敢在陌生人面前大声说话,做事缩手缩脚的学员。因此,在活动过程中,要高度注意此类学员。对根据平时观察或活动现场的表现,认为比较自卑、内向的学员,教师要有目的地多使用惩罚手段，让这类学员有较长时间和较深入的训练。相反，对那些比较自信、外向、大胆、喜欢表现自己的学员，则可让他们尽快过关。

（3）可能会遇到个别极度自卑、羞怯的学员，不敢站在台上或不敢张嘴叫喊。对这类学员，教师要特别予以关注，进行支持和鼓励，努力促使该学员迈出第一步。对这类同学，一般来说，要谨慎使用惩罚手段，只要他（她）能有所突破，就要适可而止，并予以表扬。如果施加惩罚，可能会给学员带来更大压力感，导致他们更加退缩。这样不仅不利于自我突破，甚至反而会使问题加重。

5. 引导要点

（1）活动过程中内心有何体验？在你登台前和进行活动后，心情有什么变化？你一开始会有些紧张、害怕吗？开始喊叫后呢？紧张、害怕的心情有没有缓和一点？为什么？（特别是对于那些平时比较内向、羞怯的学员，要详细询问，活动前后内心感受有何不同）

（2）这些体验同创业有关系吗？

6. 点评提示

（1）很多担心害怕其实是我们自己想出来的，事实上，当你一旦付诸行动就会发现，之前的那些感觉很快就消失了。因此，不要被我们心中各种各样的恐惧感左右我们的决定和行动，只要你勇敢地行动起来，恐惧就会烟消云散。

（2）创业最需要的就是行动的勇气。因为恐惧而不敢行动，再美好的创业梦都只是个梦。勇敢行动，不仅所有的恐惧会随即消失，梦想也才有可能实现。

（二）活动2

我最棒

1. 活动目的

（1）探索自己，促进自我意识发展。

（2）促进自我肯定，增强自信心。

2. 事前准备

印制"我的闪光点"表格（如表6-7所示），笔。

3. 活动方式

（1）以小组为单位进行。发放"我的闪光点"表格和笔，人手1份。

（2）教师说明活动方式和规则后，所有学员根据表格内容反思自己，并填写好表格，时间为5分钟。

（3）全部学员完成填写后，在小组内部相互交流、每位学员向小组内成员念出自己所填的内容，并解释这样填写的原因。

（4）进行集体交流。每组选派1名代表上台，向全体学员宣读自己的表格内容并进行解释。

（5）教师对活动进行总结点评。最后，引导学员喊口号。教师大声问："这个世界谁最棒？"学员大声回答："我最棒！"如此重复3次。活动结束。

4. 注意事项

一定要向大家强调，填表时，每一个内容都必须是正面的、积极的，不允许出现负面的、消极的内容。

5. 引导要点

（1）你是否觉得这个活动在开始时，即开始填表时，非常困难？

（2）活动过程中内心有何体验？

（3）这种体验同创业有关系吗？

6. 点评提示

很多人都有完美主义的倾向。看自己时，注意力总是过多地集中在自己的缺点上面，而不是在自己的优点上面。其实，就像没有缺点的人是不存在的，完全没有优点的人也是不存在的。一般来说，每个人身上的优点都有很多。我们要善于发现自己的优点，而且平时要习惯于多想自己的优点，多发挥自己的优点，只有这样，自信心才能增强，生活态度也才能更加积极、乐观。

表6-7 我的闪光点

序号	问　题	我的答案
1	在外形上，我最喜欢自己的地方是	
2	在个人品质上，我最喜欢自己的地方是	

续表

序号	问 题	我的答案
3	在才华方面,我最喜欢自己的地方是	
4	在性格上,我最喜欢自己的地方是	
5	在知识和能力方面,我最喜欢自己的地方是	

(注意事项:填表时,每一个内容都必须是正面的、积极的,不允许出现负面的、消极的内容)

(三)活动3

信任背摔

1. 活动目的

(1)突破过度的自我防御心理,增加勇气。

(2)突破对团队的不信任心理,增进团队信任。

2. 事前准备

(1)背摔台1个,约150厘米高。若无专门的背摔台,可用书桌等物代替,只要高度合适、足够坚固即可。

(2)捆手布2条,约60厘米长。

(3)体操垫1块。

3. 活动方式

(1)教师说明活动方式和要求。

(2)1名学员站在高台上,脚跟踩到高台边缘,双手握于胸前并用布条捆住。要求学员当听到教师喊"一,二,三,倒!"后,即双脚不动而身体直立向后倒下。

(3)挑选10名学员作为台下保护人员。他们弓步站立,肩并肩、面对面排成两行,双臂向前平举,掌心向上,伸到对面学员胸前,所有胳膊保持在同一平面,形成手臂保护垫。保护垫的方向要和台上学员倒下的方向一致。要求他们要抬头看着从高台上倒下的学员,高台上的学员倒下时,台下的学员要注意手臂用力,把倒下的学员安全、稳妥地接住,接好后用"放腿抬肩法"将学员平稳放下。

（4）教师大声问："准备好了没有？"台上台下学员齐声喊："准备好了！"教师大声喊："一，二，三，倒！"台上学员向后倒下，台下保护人员将其接住。

（5）学员轮流上台，重复上述活动。直至全部学员进行完毕后，活动结束。

（6）进行分享和点评。

4. 注意事项

（1）活动过程中，教师一直站在高台上，负责指导台上的学员站好位置，用布条把学员的双手捆扎好。注意教师要始终紧抓着学员的手臂，以防学员突然倒下。

（2）要求全体学员（无论台上台下）摘去手表、胸针、发卡、项链、手镯、眼镜以及身上佩戴的所有可能造成伤害的物品。

（3）第一名背摔者最好是一名体重较轻的人，体重较重的学员应放在中间做，并相应地增加保护人数。

（4）有心脏病、脑血管病、高血压及腰腿骨骼受伤未痊愈者不能参加活动。

（5）背摔台的四角应确保牢固结实。

（6）要注意台面木板是否结实。

（7）防止台上学员倒下时将教师同时拉下。

（8）教师在台上移动时要防止摔下。

（9）教师要检查每一个背摔者身上是否有硬物等危险物品。

（10）下方保护学员的头要尽量后仰，以防被台上学员摔下时砸伤。

（11）下方保护学员接住上方学员后不得将其抛起，不得平放在地，不得突然松手。

（12）对恐惧感较强烈、不敢背摔的学员，教师要引导其他学员一起鼓励其摔下。实在不敢摔下的，应顺其自然，允许其暂时不参与。不要将学员强行推下。

5. 引导要点

（1）摔下前你的心理活动有哪些？

（2）摔下时的一瞬间，内心有何感受？

（3）进行活动的过程中你的内心有何体验？你有哪些感悟？

（4）如果台下没人接住你，或者你不相信他们能接住你，你的感受和结局又会怎样?

（5）你的这些体验和感悟同创业有关系吗？

6.点评提示

（1）畏惧很多时候是一种心理障碍，会束缚住我们，让我们不敢行动，从而让我们与成功失之交臂。

（2）畏惧要通过行动来突破。

（3）人们在工作、学习、生活等方面，包括创业，都会遇到很多令人畏惧的东西，这些东西往往并不可怕。可怕的是我们内心的障碍。勇敢地通过行动来突破它，你会发觉，突破就是一瞬间的事，并不难，而是很轻松。

（4）现实生活中，我们身边必须有一群值得信赖的人，这些人不仅会随时保护你、帮助你，给你的人生幸福、事业成功带来帮助，还会非常有助于你的自我成长和自我突破。创业同样如此。

第四节　创新思维拓展

一、基本理论

（一）创新思维的定义

创新思维是相对于传统思维而言的。所谓传统思维，即是说，一直以来存在、绝大多数人都习惯使用的思维。而创新思维就是不受现成的常规思路约束，突破传统思维，寻求对问题全新的、独特的解决方法的思维过程。创新思维的独特之处就在于一个"新"，即是对事物间的间接联系进行前所未有的思考，从而想出新点子，创造出新事物，发现新路子。

（二）创新思维的特点

与大家都熟悉的传统思维相比，创新思维的特征主要包括以下几方面：

1.求异

传统思维的特点是求同，即习惯于认同权威理论或跟从他人的思维方式。而创新思维则是对已有的观点、理论、现象甚至权威始终持有怀疑、批判、反思的态度,而不是盲从和轻信,并尽量用不同的角度、观点解释事物、解决问题,甚至发明新的理论和事物。

2. 新颖

新颖就是指独特性,突破旧有的思维定势,用前人没有尝试的方法去思考和解决问题。

3. 开放

开放是相对于封闭而言。传统思维一般具有封闭的性质,即思维方式固化,不愿意接纳同自己不一样的、不兼容的观点、思维方式和事物。而创新思维具有开放性,对任何新奇的、独特的、与众不同的,即使是同自己相排斥、相冲突的观点、思维方式和事物都保持宽容和接纳的态度。

4. 灵活

即不僵化顽固,而是灵活多变。为了寻求新的解决问题的途径,创新思维会不停地改变思路、策略,不断迸发新的灵感。

5. 稀缺

传统思维人人都会,而创新思维则一般只出现在少数人的头脑中。因此,任何时代,创新性人才都是一种稀缺资源,值得我们去珍惜。

(三) 创新思维的形式

创新思维包括多种形式,常见的有以下几种:

1. 发散性思维

与辐合思维相对而言,是指从一个目标出发,沿着各种不同的途径去思考,探求多种答案的思维。发散思维具有"一题多解""一物多用"的特征。比如,对于"铅笔有什么用途"的问题,用辐合思维找到的答案一般只有"写字""画画"等几个固定答案,而运用发散思维找到的答案可能是无数的,如可以用来代替尺子画直线、可以代替眉笔化妆、可以做武器对付坏人、笔芯刮下粉末灌入锁芯可以润滑钥匙、抽掉笔芯可以用作吸管、可以做燃料点火等。

2. 联想

所谓联想,就是由某人或某事想起其他相关的内容,从而把本来不相关的两个事物联系在一起。比如,传说鲁班在一次爬山时,手抓住一丛草,然后手被草划开了一个口子,流出血。鲁班就想:"什么草这么锋利呢?"于是他仔细地观察那一丛草,发现草叶子的边缘是锯齿状的,于是他就想到把分割木头的工具也做成锯齿状的,这样他就发明了锯子。把草和锯子联系在了一起,这就是联想。

3. 反向思维

又称逆向思维,是相对于正向思维而言的。人们思考解决某一类问题时,习惯于一种特定的思维方向,反向思维就是"反其道而行之",从相反的方向寻找办法。比如,破冰船的原理是利用船头的重量将冰压裂,因此,设计师要提高破冰船的功能,一般都会想法增加船头的重量。但是,一位苏联的科学家却运用反向思维,改向下压冰为向上推冰,即把船设计成类似于潜艇的样子,利用浮力从下面将冰顶裂。实践证明这种破冰船的破冰效果非常好。

(四)创新思维与创业的关系

创业者的创新思维水平高低同其创业能否成功有重要关系。这是因为创业的灵魂就是创新。创业活动的整个过程无不同创新有密切联系。如:必须在市场中发现新的机遇和盈利空间,必须想出新的产品或服务内容,必须创造新的与众不同的盈利模式,必须有新的营销策略……其中的任何一个环节都要求创业者运用创新思维,思考出与众不同的点子、思路和模式。可以预料,一个缺乏创新意识和创新能力,不善于使用创新思维,而只能按照传统思维墨守成规、按部就班地思考和经营的人,是不大可能成功创业的。即使创业暂时成功,他的事业也不大可能良好发展。

(五)创新思维的桎梏

创新思维之所以稀缺,是因为人们在长期的生活经历中,已经习惯使用某些思维方式,或者说形成了一些思维定势。这些思维定势成了创新思维的桎梏,限制了创新思维的运用。因此,要提高创新思维,必须先想方设法突破这些桎梏,创新思维的桎梏常见的有以下几种:

1. 经验思维

经验思维是以日常生活的经验为依据,判断、处理各种问题的思维。例如,人们凭经验认为"一把钥匙开一把锁",遇到开锁的问题,凭经验就会去找开这把锁的钥匙，这就是受了经验思维的桎梏。其实，能开锁的不仅是这把锁的钥匙，其他钥匙、铁丝、回形针等都可用来开锁，甚至直接把锁砸烂也是一种开锁办法。

2. 从众思维

即跟从其他人，特别是大多数人的思维，也就是别人怎么想我就怎么想，别人怎么做我就怎么做。从众心理是人类的一种特殊的心理效应，对人类适应社会有其积极意义。但从众心理也会成为一种桎梏，限制人的创新性思维。

3. 权威思维

即相信权威的思维。人类社会的很多领域都有权威。人们一般都愿意相信权威说的话。但是，过度相信甚至迷信权威，无疑会限制一个人的创新思维。事实上，任何权威都是有局限的。人类的许多次重大创新都是因为质疑、批判和推翻权威后才出现的。

4. 模式思维

当人们反复用某种思维方式或方案来解决问题有效时，这种思维方式或方案就会固化在他的脑海中，成为一种模式思维，当他今后碰到相同问题时，就会习惯于使用相同的模式来思考或处理。这种模式思维也会限制创新思维。

5. 教条思维

即过度相信某种理论或书本知识，即使是面对完全不适应该理论或知识的实际情况，也不懂灵活变通，而是仍然固守按照该理论和知识。教条思维无疑会极大地桎梏创新思维。

（六）提高创新思维的途径

1. 热爱工作，全情投入

创新思维并不是凭空产生、凭空运作的，它产生于实践，并回归于实践。因此，要改善自己的创新思维，最基本途径就是热爱自己从事的工作，并且全情投入，让自己的脑子沉浸在工作中，不断积累同工作有关的信息、知识和经验，不断思考、琢磨工作中碰到的各种问题。当经验积累多了，脑子用多了，创新思维自然就会不断改善。

2. 谦虚谨慎，自我反思

一个骄傲自大、以自我为中心、自以为是、不善于自我反思的人，必然会使自己停留在一种固定思维模式中，变得封闭、僵化、保守。这样的人是不可能创新的。因此，要提高创新思维水平，一个先决条件就是要克服妄自尊大的倾向，变得谦虚谨慎，并且养成自我反思的习惯，经常用批评的眼光看待自己和自己所从事的工作，这样做有利于创新思维的发展。

3. 加强学习，开阔视野

创新思维需要启发。要养成学习的习惯，时刻关注社会各个方面的新知识、新信息和新动态，不断拓宽自己的视野。在各种新信息的启发下，脑子里自然而然就会擦出一些新火花，出现一些新思路，创新思维也会因此不断地提高。

4. 广交朋友，加强交流

不同的人，其思维方式、知识经验、智力水平等都是不同的。广交朋友，与各种各样的人交流，事实上就是在扩大自己的信息量，同时会从不同的人那里得到不同的启发，这样是有利于激发自己的新想法，从而锻炼提高自己的创新思维的。

5. 进行智力开发

脑科学和心理学研究发现，创新思维是可以通过专门的训练，得到开发和不断提高的。有兴趣的同学可以参加一些专门的训练班，或者了解一些相关知识，利用业余时间进行自我训练。

（七）团队创新思维开发技术——头脑风暴法

提升一个人的创新思维能力需要一个过程，而且往往并不容易。事实上，一个人的创新思维总是有限的，俗话说，"三个臭皮匠赛过一个诸葛亮"，集体智慧的创造力才是无穷的。因此，创新过程中善于运用集体的创新思维，不仅可以弥补个人的不足，还可以最大限度地发挥出创新思维的潜力。对团队创新思维进行开发的技术有多种，其中一种最常用的技术是"头脑风暴法"。

头脑风暴法（brainstorm）是一种从心理上激励群体创新活动的方法，它是以小组讨论会的形式，通过一些规则，使成员在思维上互相启发、互相激励，产生一系列连锁反应，最终引发更多的创意。进行头脑风暴法，一般是针对要解决的问题或某个特定话题召开 6~10 人的小型会议，会议过程必须遵守以下规则。

1. 自由畅想

与会者要抛开一切条条框框和固有模式，不受任何条件约束，开动脑筋，尽最大可能驰骋想象力，想到的观点越新奇、越与众不同越好。而且想到什么就说什么，不要有任何顾虑。

2. 不做评价

要求所有与会者对其他成员的观点不做任何评价，既不表示反对，也不表示赞扬，更不可批评、反驳，而是要允许所有成员自由展示各自的观点。整个会议也不进行总结，总结留待会后或其他时间进行。

3. 鼓励数量

要求成员不停地以跳跃式思考，想出的点子越多越好。不管这些点子质量如何，只要是不一样的就说出来。

4. 互相启发

允许成员在其他人的观点的启发下想问题，或者综合大家的意见提出新观点。在实际操作过程中，还要注意，主持人要善于引导大家，使会议不要偏题，还要使讨论自始至终保持一种热烈的气氛。而且有必要设置一名记录员，把大家的观点随时记录下来。

二、团体活动

（一）活动1

故事接龙

1. 活动目的

训练成员的想象力。

2. 事前准备

无须特别的事前准备。

3. 活动方式

（1）教师进行简要的开场白，介绍本活动的目的、方式和规则。本活动是让学员集体编一个故事先由教师说出故事的开头，然后，由小组成员轮流构思后续情节，并讲给大家听。前一名学员说完后5秒内，后一名学员必须开始讲。每个人讲话不得少于20秒和超过1分钟。故事越曲折离奇越好,但要合乎情理,前后连贯。

（2）活动以小组为单位进行。先让各小组成员排好先后次序。然后教师开始讲故事:"小罗是一家小咖啡馆的老板。这天,他像往常一样早早起了床,要去他的咖啡馆……"

（3）各小组开始故事接龙。当所有成员都讲完时,活动结束。(根据实际情况,如有必要,可以接着讲2或3轮)

（4）各小组派1名代表,上台向全体学员讲述自己组编写的故事情节。

（5）集体评选哪个小组的故事更精彩,予以表彰奖励。

4. 注意事项

（1）各小组之间的距离应尽量远点,以避免互相"偷听"或影响。

（2）如要增加难度,教师可以为活动设定一些其他规则,如故事必须是恋爱故事或科幻故事,故事中必须出现某个人物（如孙悟空）等。

5. 引导要点

（1）故事接龙过程中,谁的想象力更丰富点?谁的情节更难接下去?谁的更容易接下去?

（2）故事的发展和结局是否出乎你的预料?

（3）这个活动给你的最大启发是什么?这一启发同创业有关系吗?

6. 点评提示

（1）不同的人想象力不一样。

（2）想象力是可以相互激发的。

（3）集体的智慧比个人更优越。

（4）想象力对创业也是必不可少的。

（二）活动2

神奇的砖头

1. 活动目的

（1）训练学员的发散思维能力。

（2）让学员体验头脑风暴活动,积累相关经验。

2. 事前准备

建筑用的普通砖头若干块；黑板 1 块；粉笔 1 支（或白板和白板笔）。

3. 活动方式

（1）教师进行简要的开场白，介绍头脑风暴活动（见本单元"基本理论"部分）。

（2）活动以小组为单位进行。各小组成员围成一圈坐好，中央放一块砖头。教师宣布本活动的内容就是围绕"这块砖头有什么用途"这一问题进行头脑风暴。要求每个组设立 1 名秘书，把大家的观点全部记录下来。

（3）15 分钟后，活动结束。进行小组分享。

（4）集体分享。每个小组派 1 名代表上台将本组的所有答案写在黑板上。

（5）教师引导全体学员对各组的答案进行评定，根据答案的数量和创新性，评出最优秀者，并予以表彰奖励。

4. 注意事项

（1）根据实际情况，教师可更改题目，如可改为"铅笔有什么用途""一个用过的易拉罐有什么用途""一枚大头针有什么用途"等。

（2）教师要巡视、监督各个小组开展活动的情况，如发现有违反头脑风暴法规则的情况，应立即予以纠正。

5. 引导要点

（1）如果你一个人想，你能在同样时间内想出这么多答案吗？

（2）你觉得头脑风暴法有什么好处？

（3）本活动对你有何启发？这种启发能运用在创业中吗？

6. 点评提示

（1）集体的创新思维能力远远大于个人。

（2）头脑风暴法发挥作用的关键在于不限制、不批评和相互启发，这一原理运用在人际交往中有利于改善我们的人际关系，运用于团队管理中，有利于激发团队的积极性。

（3）创业同样要尽量发挥集体的智慧。

（三）活动3

聪明的战俘

1. 活动目的

训练学员的逻辑推理能力。

2. 事前准备

4顶帽子，其中2顶红色，2顶蓝色（也可以是其他颜色）。一面纸板或木板制的"墙"，竖立在场地中间，用于隔断视线。眼罩4个。

3. 活动方式

（1）教师进行简要的开场白，告诉学员他们需要一起来解决一道难题。

（2）随意邀请4名学员志愿上台来充当"战俘"。让4名"战俘"排成一队站好。其中，1号"战俘"站在"墙"的一边，背靠"墙"。其他3名站在另一边，其中2号"战俘"面朝"墙"，3号"战俘"站在2号身后，4号"战俘"站在3号身后。"战俘"们站好后，教师要求他们眼睛只准朝前看，任何时候都不能回头。同时要求其他学员只能看，不准说话。

（3）教师给4名"战俘"做开场白：

请你们把自己想象成集中营里的战俘。集中营的司令让你们4人排成一排，但又不许另外3个看到第一个人。他给你们每人发了一顶帽子。他不许你们移动、回头和说话。如果有人胆敢违抗，就立即"枪毙"。现在，请你们戴上眼罩，蒙住眼睛。（教师将眼罩发给"战俘"，监督他们戴上）接下来，司令给你们每人头上戴一顶帽子。（教师将帽子给"战俘"戴上，1号、3号为蓝色，2号、4号为红色）好了，现在摘掉你们的眼罩，睁开眼睛，切记不准回头看。这时，司令让你们猜出自己头上戴的是什么颜色的帽子，如果你们有谁猜出——请注意，只要有一个人猜出来就可以。如果这个人猜对了，就把你们全部释放；如果这个人猜错了，就把你们全部"枪毙"。显然，第一个说话的人决定着你们4个人的命运。我只能告诉你们的是，这4顶帽子有2顶是红色，2顶是蓝色。好了，现在开始猜。请注意，不准走动，不准说话，不准回头。

（4）直到有人猜中，游戏部分结束，教师要猜中者向大家解释他是如何猜中的。

（5）教师引导大家讨论：如果3号、4号都戴红色帽子，谁会第一个猜中？

4.注意事项

（1）本活动也可以分小组进行，每个小组都选出各自的"战俘"，重复上述游戏。

（2）本活动也可以不进行分享，将问题留给学员在活动结束后自己思考，下节课再交流。

5.引导要点

（1）他是如何猜中的？推理过程是怎样的？

（2）帽子的排列方式有几种？分别是谁会第一个猜中？为什么？

6.点评提示

只有3号"战俘"可以猜中自己帽子的颜色。因为他可以看到自己前面的人（2号）戴着蓝帽子，他可以据此推理：如果他自己也戴着蓝帽子的话，4号"战俘"就会看到2顶蓝帽子，那么4号"战俘"马上就可推断出自己戴的是红帽子。但是4号"战俘"没有说话，这说明4号"战俘"一定是看到了1顶蓝帽子和1顶红帽子。而自己已经看到了一顶蓝帽子，那么自己的帽子就一定是红色的。

第五节　就业创业挫折承受力训练

一、基本理论

（一）基本概念

1.挫折

在日常生活用语中，挫折一词是指失败、阻碍、失意的意思。在心理学上，挫折是指一种情绪状态，即个体在从事有目的的活动过程中，遇到障碍或干扰，致使个人动机不能实现、需要不能满足时所产生的消极的情绪反应。

挫折包含3层含义。一是挫折情境，即造成挫折的情境条件或情境状态，如高考落榜、失恋、失业。二是挫折认知，即对挫折情境的知觉、认识和评价。同样的一件事，不同人有不同认识，也就会有不同感受。三是挫折反应，即伴随着挫折认知，主体对挫折情境的情绪反应，如不满、伤心、沮丧、愤怒、攻击等。

2. 创业挫折心理

创业挫折心理是指个体在创业过程中，遭遇难以克服或自认为无法克服的障碍或困扰，使得自身创业需要不能满足而产生的一种不良的情绪反应或体验。

3. 挫折承受力

挫折承受力，也叫挫折耐受力、抗挫折能力，是一个人在受到外部或内部困难冲击时的一种自我防卫心理及行为。抗挫折能力是个体在后天生活过程中为适应环境而习得的能力之一，它与其他品质一样可以经过学习和锻炼而获得提高。

（二）大学生创业挫折心理产生的原因

1. 客观原因

创业与风险时刻伴随，创业之路不可能是一帆风顺的，注定会遇到许多艰难、挑战和挫折。再加上我国当前政策和市场经济的大环境还客观地存在着一些不利于创业的因素，如大学生创业风险承担机制不健全等，大学生创业遇到挫折的可能性就会更大。

2. 主观原因

许多主观方面的因素也是大学生产生创业挫折心理的重要原因。有些大学生创业意识不清晰、创业观念不正确、创业目标不明确、创业意志不坚定；有些大学生没有充分了解自身的职业兴趣、职业倾向和职业素质，高估了自己的能力，提出了脱离实际的创业目标；还有的大学生人格发展不太成熟、心理承受力弱、自卑、存在错误归因风格……他们一旦在创业过程中遭遇挫折，没有充足的心理准备，往往就会感到痛苦茫然，甚至沮丧消沉，无法疏解内心的情绪。

（三）对创业挫折的情绪性反应

情绪性反应，是指当大学生在遭受创业挫折时产生的强烈的负面情绪或行为反应。这些负面情绪或行为反应可能往往都是失常的、失控的、没有目标导向的，甚至对自己、他人和社会造成一定程度的危害。大学生受挫后的情绪性反应主要有以下几种。

1. 冷漠

大学生遭受挫折后,往往将不满、愤怒暂时压抑,表现出漠不关心、无动于衷的态度。有些大学生在创业中遭受自身无法应对的挫折时,用冷漠来掩盖自己内心的痛苦和孤寂无助,对外界环境漠然置之,或者对一切都无所谓,不思进取,或者情绪低落陷入紧张状态,甚至对社会的各种不公平现象产生强烈的愤世嫉俗心理,将创业中遭遇挫折的原因简单归咎于某一因素。

2. 焦虑

焦虑是一种心理的过度紧张状态,它使人处于一种深度不安之中,是一种常见的神经官能症。适度的焦虑是一种压力,可以使大学生增强主动参与竞争和克服困难的能力;过度的焦虑,则会干扰大学生的正常活动,造成自身适应能力的下降,抑制个人能力的正常发挥,甚至造成心理问题。一些大学生在遭遇创业挫折后,背上了沉重的精神负担,情绪变得不稳定,心烦气躁、忧心忡忡、意志消沉,陷入焦虑急躁之中,严重影响创业活动的持续发展。

3. 攻击

指当大学生受挫后,在态度和情绪上往往会产生敌视和报复心理,在行为上可能会产生过激的举动。攻击行为可能直接指向构成挫折的人或物,也可能转向其他的替代物,还有可能转向自身。

4. 投射

指将自己不当行为、失误或内心存在的不良动机和思想观念、欲望等转移到别人身上,通过说"别人也一样"来减轻自己内心的焦虑、愧疚,逃避心理上的不安。

(四)挫折承受力与创业的关系

正如前述,创业挫折会引发创业者的不良情绪。在这些不良情绪的影响下,再加上创业者在人生观、创业观方面存在偏差,不能正确认识挫折,往往会导致创业者创业信心动摇,对创业前途悲观失望,最终放弃努力,创业失败,事实上是因为害怕再次遭受挫折。的确有许多大学生在初次创业受挫后就放弃自己的梦想;更有甚者,挫折会彻底打垮创业者的自信心,改变他的人生观,导致他意志消沉、一蹶不振,彻底改写人生故事,个别人甚至还会选择自杀。

一定程度上说，是否具有足够的挫折承受力，能否正确应对创业挫折，直接关系到大学生的创业成败和人生幸福。所以，大学生在创业之前，一定要对创业挫折有正确的认识和心理准备。在此基础上，学习掌握应对挫折的原则和方法，通过锻炼，不断提高自己的创业挫折承受力。

（五）应对挫折的原则和方法

1. 理性认知，正确归因

面对创业挫折的情境，不同的大学生有不同的认知，也就会产生不同的情绪，因而受挫者是否能够合理归因，理性认知创业过程中产生的困境，是十分重要的。归因时要客观认知挫折情境，冷静分析挫折的原因。要先从自己内部找原因，主动承担相应的责任，但也不要过于自责；要尽量找可以通过努力改变的因素，不要只归因于现实的家庭条件、运气之类不可改变或难以改变的因素。如有些大学生就将原因归结于自己的家庭背景，认为创业是比拼父辈财富和权势的"拼爹游戏"，对学校、社会等产生了诸多不满情绪，严重影响自身创业心态，不利于正确创业观的形成。

2. 自我心理调节，化解不良情绪

（1）幽默法。当遭遇挫折时，可以使用比喻、夸张等手段，嘲笑挫折或者自我嘲笑，宣泄内心的感受。

（2）宣泄法。释放内心真实的感受。大哭一场、写日记、听音乐、运动、找人倾诉等，但是一定要注意应当是合适的宣泄，以不损害自己、他人或者社会的利益为前提。

（3）知足法。所谓知足常乐，面对创业挫折，可以多看看周围境遇不如自己的人，这样可以使自己恢复心理平衡，但要预防一种心态：放弃努力奋斗。

3. 重新评估形势，确立新的策略

（1）坚持目标，继续努力。创业受挫后，冷静思考目标设定是否合适，如果自我评估所设定目标是合适的、可以实现的，即使一时受挫，尽量找出解决问题的办法，通过坚持不懈地努力，最终实现创业目标。

（2）调整目标，改变行为。当创业动机和创业目标经过多次反复尝试仍然不能成功，便开始重新审视动机和目标，并适时调整目标。这并非半途而废或者畏惧困难，而是实事求是的表现。

（3）改变目标，重新追求。当创业动机和创业目标实在难以实现时，建立新的目标来满足内心的需要。

4. 主动寻求他人帮助

一个人独自面对挫折，是勇敢的表现，找寻帮助，同样是勇敢的表现而且寻求家人、朋友、心理咨询机构等的帮助是大学生应对创业挫折的重要途径。

上面列举的方法，没有最佳的方法，只有适合的方法。不同的人应根据各自实际情况，选择适合自己的应对方法。

（六）提高创业挫折承受力的途径和方法

要提高自身的抗挫折能力，社会、学校、家庭等外界环境十分重要，但是最关键还是依靠受挫者本人积极应对。

1. 认知调节

校园和职场是两个不相同的环境。大学生创业前，要明确两种角色的权利、义务、规范，做好"学校人"到"职业人"的心理转换，坦然接受创业的考验，做好受挫的心理准备，做到有备无患。

2. 提高自信心

自信心是一种强大的内部动力，能激励人在对事物和现状有一定认识的基础上，坚持不懈地追求既定目标。应对挫折，要树立自信心，敢于向困境挑战，敢于承担创业逆境带来的后果。

3. 增强意志力

意志是人们为实现一定目的而去克服困难的心理过程及其行为表现。创业目标的实现，需要顽强的意志力。一遇到挫折就退缩的人与遇到挫折顽强坚持的人相比，不良情绪一定会比较强烈。抗挫能力需要意志力的支撑，而意志力是可以通过持续的训练获得的。

4. 在实践中锻炼

在市场经济大潮中，机会与风险并存，只要从事创业活动，就一定会伴随着机会和风险。而且梦想越远大，创业的成就感就越强，伴随的风险就越大，需要的抗挫折能力就越强。但是，谁也不可能在完全具备了足够的抗挫折能力后才去创业，最切实可行的办法是，在实践中锻炼，在创业过程中不断迎击挑战、克服困难的过程，就是不断提高抗挫折能力的过程。

二、团体活动

（一）活动1

挫折故事会

1. 活动目的

（1）通过分享挫折故事，体验挫折，营造感知挫折的气氛。

（2）为创业挫折训练做情感铺垫。

2. 事前准备

（1）若干张小卡片。卡片的数量至少多于学员的人数，即要保证每人有1张。每张卡片上事先打印上"我的挫折故事"字样，并保证每张卡片大小、样式相同。

（2）暗箱1只。（注：可用一个废旧的纸箱，或者一个塑料袋代替，只要能把上述卡片全部放入，既便于学员伸手进去选取，又不会被从外面轻易看到卡片即可）

3. 活动方式

（1）教师进行简要的开场白，介绍本活动的目的（为了获得挫折情感体验）、内容（自己的挫折故事）和规则（必须简要地写在分发的卡片上，不必写姓名或者做任何标记）。

（2）发放小卡片，人手1张。待大家填写完卡片后，每组的小组长收齐卡片，投入暗箱。老师摇晃暗箱后，要求每组学员自己选出代表上台取出任意1张卡片，大声读出卡片，同时向大家说出自己的感受。

（3）学员轮流上台（不设定次序，鼓励"抢先"上台）。要求：①所有学员要尊重他人的隐私，不可互相猜测挫折故事对应的同学；②上台学员要理解他人的挫折，摆正心态，客观分析他人的挫折故事，不可流露出不屑、夸张的神情或使用过激的语言评价他人的挫折；③没有上台的学员，可以积极提出自己对挫折故事的感受；④如果抽到的挫折故事是你的，请这位学员勇敢接受大家的见解，积极归因。

4. 注意事项

（1）活动刚开始，非常容易"冷场"，所以，教师一定要注意发挥好自己的模范带头作用，可以考虑以下几个要领和技巧。①活动开始，可能有些学员还有些扭捏，教师可以率先分享自己的挫折故事，活跃现场气氛。②调节好自己的情绪，让自己充满激情，充满希望，这样才能带领同学们体验挫折而不是沉陷于挫折。③每一轮分享完成后，要带头引导掌声，给予分享者和上台学员鼓励。

（2）活动越到后面，挫折故事就越能引导学员体验挫折情绪，这时候，就需要教师把控住整体的气氛，在学员分享自己的挫折故事后，一定要多使用振奋人心、充满激情的语气和语言，引导学员正面认知挫折，找到理性应对挫折的方法。

5. 引导要点

（1）卡片上的挫折故事，你可以承受吗？

（2）面对卡片上的挫折，你会怎么做？

（3）还有哪位同学要补充吗？

6. 点评提示

（1）人生总会遇到一些难以预见的挫折和困境，是迎难而上，还是退缩不前？关键是看自己怎样去面对，怎么去选择。困难磨炼人生，挫折造就成功；能够战胜别人的人不一定能够战胜自己，能够战胜自己的人才是真正的胜利者。

（2）大学生在学习、生活中往往会遇到学业挫折、情感挫折、就业挫折等，这些挫折就像鞋子里的沙砾，只有勇敢面对，倒出来，才能轻松愉悦地继续前行。而大学生在竞争日益激烈的今天，要成就梦想，或多或少都会遭遇创业挫折。

（二）活动2

自嘲达人

1. 活动目的

通过训练，提高运用自嘲技巧化解他人的负面评价以及挫折带来的自我负面评价的能力，从而增强创业挫折承受力。

2. 事前准备

无须特别的事前准备。

3. 活动方式

（1）教师进行简要的开场白，介绍通过自嘲技巧增强挫折承受力的基本原理，以及本活动的目的、内容和规则。

（2）活动以小组为单位进行。小组成员面对面围成一圈坐（或站）好。随机选择1名同学站在圈子中央，扮演"自嘲达人"。

（3）圈中的同学轮流对"自嘲达人"进行批评、指责、讥讽甚至辱骂，限每人说一句话，要求所有指责的话可以尽量刻薄，具有攻击性，但是不得涉及对方的家庭、宗教以及和性有关的内容。

（4）"自嘲达人"对每一句指责的话，都必须用"自嘲"的方式予以回答。回答的标准句型是："我是……（对方指责的内容），但是……（用幽默的方式破解指责的内容，巧妙地达到自我肯定的目的）。"比如，对方说："你是一个大笨蛋。""自嘲达人"用自嘲的方式回答："我是一个大笨蛋，但是，笨蛋、鸡蛋都是蛋，我们营养丰富、味道好，人人都喜欢。"要求："自嘲达人"回答完毕后，下一名同学才能开始"指责"。如果"自嘲达人"一时无法想出合适的回答，其他同学可以为他出谋划策。

（5）圈中所有同学都"指责"完毕后，一轮结束。重新换1名"自嘲达人"，活动按以上方式继续进行。

（6）小组所有同学都扮演完"自嘲达人"后，活动告一段落。

（7）小组分享。小组通过讨论，评选出最佳"自嘲达人"1名，最佳自嘲回答3句。

（8）全体分享。小组组长轮流向全体学员介绍本小组的最佳自嘲回答，分享参加活动的心得体会。

（9）教师点评。活动结束。

4. 注意事项

（1）本活动中的指责性语言可能会对学员产生伤害。教师一定要在活动前解释清楚对指责性语言的内容限制要求。同时向大家说明，本活动纯属游戏，对听到的所有难听的话都要当成是演戏，不要放在心里。

（2）教师要密切留意学员的现场表现。如发现个别同学所说的指责性语言违反规定，要立即制止，并对该同学做出批评。如发现个别同学听到指责后有不适应反应，应及时进行安慰和疏导，心理脆弱、反应比较强烈的，应阻止其扮演"自嘲达人"。

5. 引导要点

（1）当你听到指责的话时，心里的第一反应是什么？

（2）当你说出自嘲的话后，心里有什么感受？

6. 点评提示

（1）当听到对自己进行负面评价的话时，绝大多数人的第一感觉是不舒服。出于本能，有的紧接着就产生了发怒的冲动，想要攻击对方；而有些人则产生了悲伤的情绪，想要回避。这些反应都是正常的，但又都是不理智的，不是合理的应对方式。

（2）当用自嘲的方式回应后，心里会有一种解脱感，变得轻松了许多，别人指责的话的伤害力立即减弱了很多。由此可见，自嘲是一种缓解挫折带来的心理伤害的有效技巧。

（3）建议各位学员把自嘲的技巧运用于现实生活中，不仅运用在创业活动中，也可以运用到其他场合。

（三）活动3

站桩争霸赛

1. 活动目的

训练意志力和忍耐力，增强心理承受力。

2. 事前准备

体育裁判用秒表若干；奖品。

3. 活动方式

（1）教师开场白，向学员说明什么是站桩，并亲自示范，带领大家练习。发现大家都基本掌握了站桩的动作和要领后，即向大家说明本活动的目的、进行方式和规则。

（2）小组比赛。活动先以小组为单位进行。要求各组成员在组长的统一指挥下，同时开始站桩，进行比赛，最后选出坚持时间最长的两位学员为小组获胜者。

（3）决赛。各个小组的两名获胜者代表本组参加全班总决赛。比赛方式为，每小组的两名选手面对面站立，各组选手并列排成一排，在教师的指挥下开始站桩，看哪一个组坚持的时间最久，最久者获胜。每一小组的两名选手，任何一名失败，就算小组失败。

（4）所有参加决赛的选手向大家分享心得体会。

（5）教师点评。活动结束。

4.注意事项

（1）站桩是武术运动的一种基本功。教师在活动之前要充分了解站桩的有关知识，深刻领会站桩的要领并且自己多加练习，这样才能在活动中有效地传授给学员。

（2）比赛环节要设置专门的计分员和裁判，并且在比赛开始前要明确告知他们比赛的规则和裁判标准，并确定他们已掌握。

（3）比赛结果有可能出现争议，教师要预先想好各种应对预案。

（4）为确保学员能以严肃认真的态度投入比赛，教师应在一开始就强调比赛的严肃性，营造出严肃的比赛气氛，还可考虑设置比较丰厚的奖品以吸引参赛。

5.引导要点

（1）当你感觉到腰腿酸痛的时候，内心有什么样的心理活动？

（2）当你（决赛选手）与同伴面对面进行站桩比赛时，内心有何感受？

（3）在小组赛和决赛中，你的心理感受有什么不同？为什么会有这种不同？

（4）比较一下你在小组赛和决赛中的成绩，哪个成绩更好？为什么会有这种差别？

（5）站桩比赛中的心理体验同创业活动有什么联系？

6.点评提示

（1）站桩不仅考验肉体的承受力，也考验心理的承受力，能不能忍受住肌肉的酸痛，能不能战胜要放弃的念头，是能否成功的关键。

（2）（决赛时）和同伴并肩作战的相互支持感、为小组争光的荣耀感、其他成员的激励、对胜利后回报的期待等都使心理承受力增强。这一规律同样适用于创业过程。

（3）站桩是训练心理承受力的好方法，建议学员坚持天天练习，不仅强身健体，而且对于提高心理素质大有裨益。

第六节　人际沟通能力训练

一、基本理论

（一）基本概念

1. 人际沟通

从信息论的角度而言，人际沟通（communication）是指为了设定的目标，把信息、思想和情感在个人或群体间传递，并达成共识的过程。简而言之，个体或群体之间信息交流和互动过程就是沟通。明确的沟通目标、达成共识以及沟通的内容（信息、思想和情感）是沟通过程中必不可少的三要素。

语言、表情、动作、眼神等都是传达信息、思想和情感的载体。美国心理学家艾伯特·梅拉宾（Albert Mehrabian）的研究发现，语言表达在沟通中仅起方向性和规定性的作用，而语气、语调、眼神、肢体语言等在思想和情感交流中具有更为重要的作用。

2. 人际关系

人际关系是指人们在相互交往过程中，彼此间相互影响而形成的一种心理上和社会上的联系，是在一定的社会团体中，人们之间直接的、间接的、可察觉到的并受心理特征所制约的社会交往关系。人际关系反映了交往双方寻求满足其社会需要的心理状态。人际关系的状况（亲近、疏远、友善、敌对等）取决于人们心理满足的程度。

人际沟通是建立和维持人际关系的手段。

（二）人际沟通障碍

所谓沟通障碍，是指信息在传递和交换过程中，由于信息意图受到干扰或误解而导致沟通失真的现象。在沟通过程中，常常会受到各种因素的影响和干扰，使沟通受阻。主要的沟通障碍来自信息发送者、接受者和信息传播通道三个方面。

1. 发送者的障碍

在沟通过程中，信息发送者的情绪稳定性、个人倾向性、个人感受、表达能力强弱、知识经验丰富与否、判断力高低等都会影响信息的完整传递。例如，信息传送不全、传递不及时等都可能影响信息的发送。

2. 接受者的障碍

从信息接收者的角度看，影响信息沟通的主要因素有：信息译码不准确、对信息的筛选、对信息的承受力、心理障碍、过早的评价、情绪等。

3. 沟通通道的障碍

信息沟通通道也会影响沟通效果，主要表现在：

（1）选择沟通媒介不当。如对于重要事项而言，与书面传达相比，口头传达效果较差，因为接受者会认为"口说无凭""随便说说"而不加重视。

（2）信息媒介之间相互冲突。当信息用几种形式传送时，如果相互之间不协调，会使接受者难以理解传递的信息内容。如领导表扬下属时面部表情很严肃甚至皱着眉头，就会让下属感到迷惑。

（3）沟通渠道过长。沟通的漏斗原理指出，从信息发送者到信息接收者，所呈现信息是一个逐渐减少的趋势，因为漏斗的突出特性就是"漏"。因此，对于沟通者来说，如果组织机构庞大、内部层次过多，从最高层下传信息到最低层，从低层汇总情况上报到最高层，中间环节越多，信息损失往往越大。

（4）外部干扰。信息沟通过程中经常会受到自然界各种物理噪声等影响或被其他事物干扰，而且也可能会因双方距离太远而沟通不便，影响沟通效果。

卡耐基指出，80%的人际间矛盾是由于沟通不畅造成的。在实际生活和工作中，因沟通不畅而引起的问题屡见不鲜，一个词、一个语调、一个手势看似不经意，却可能传达了不甚明确甚至令人不安的信息，从而造成沟通障碍、工作效率下降。

（三）创业与人际沟通的关系

1. 创业离不开人际沟通

在现代社会中任何人要完成一项任务，离开社会、群体、他人是不可能的，创业也是如此。创业活动不是创业者个人的单打独斗，创业过程就是一项复杂的社会活动过程。如创业过程中，创业者可能需要与政府监管部门、供应商、顾客、同行等社会各界打交道。尽管由于创业形式和创业内容不同，人际关系在创业过程中的重要作用也不一样，但无论如何，一切创业活动都离不开人际关系的支持，甚至在某些领域，如果没有良好的人际沟通，缺乏人脉，即使其他条件都很充足，也可能导致无法创业或者创业不成功。

2. 创业需要良好的人脉

以往，人们习惯强调自主创业，但实际上，随着人际沟通在创业中的作用逐渐被人们重视，这一"自主创业"的观念正在日益改变。在美国有句流行语：一个人能否成功，不在于你知道什么（what you know），而在于你认识谁（whom you know）。美国社会学家卡耐基的调查也发现，一个人事业的成功，仅有15%是归功于其专业知识和技能，85%则依靠其人际关系和处世能力。如今越来越多的人认为，在大学生创业过程中，人脉资源是创业心理拓展中的重要资源，是一种潜在的无形资产和重要财富。特别是对于规模小、影响力小、知名度小、客户资源少的创业期企业而言，良好的人际沟通显得尤为重要。良好的人脉圈会逐渐成为创业信息、资金、经验的"蓄水池"，有时甚至可能具有化腐朽为神奇的作用。

3. 创业必备良好的团队沟通

人力资源始终都是创业过程中最宝贵、最具有创造力的资源。创业团队资源无疑对创业具有十分重要的意义。良好的人际沟通能够化解创业过程中所遇到的种种困难，有利于经营高效的创业团队，充分发挥"1+1"大于2的效应，引领创业成功。

（四）人际沟通的基本原则和技巧

1. 恰当提问

提问的关键在于知道在合适的时间和场合提合适的问题。提问恰当与否，主要看所选择问题是否有助于实现沟通目标，所选择的提问方式是否有助于解决问题。开放式问题是收集正确信息的最好方式，封闭式问题有助于寻求事实，避免啰嗦，但不能充分了解细节，带有引导性。因此，了解情况可使用开放式提问，促成结论则用封闭式提问。

2. 设身处地倾听

听与倾听是有区别的。听到只是一个生理过程，它是听觉器官对声波的单纯感受，是一种无意识的行为。倾听不仅是耳朵听到相应的声音的过程，而且是一种情感活动，需要用耳听、用眼观察、用嘴提问、用脑思考、用心灵感受，需要通过面部表情、肢体语言（body language）和话语等回应，向对方传递一种信息——我很想听你说话，我尊重和关心你。

3. 积极有效反馈

沟通过程中只有出现反馈，才意味着有效沟通的开始。反馈分给予反馈和接受反馈两个方面。

给予反馈时，要设身处地站在对方角度，针对对方需要给予反馈。反馈要明确具体，且具有建设性，反馈建议集中在对方实际可以改变的行为，而不是简单否定，更不是粗暴批评。反馈要把握时机且对事不对人。反馈的目的是达成共识令对方接受，因此，反馈时一定要考虑对方接受程度，确保理解。

接受反馈时，态度要谦虚真诚，无论反馈是否正确中听，接收反馈时都要暂时友好地接纳，不能打断别人的反馈或拒绝接受反馈。打断反馈包括语言直接打断，也包括肢体语言打断，比如不耐烦的表情、姿势等。接受别人反馈，自己要有明确的态度，如理解、同意、赞成、支持、不同意、保留意见、怎么行动等。反馈不明确，对方会误解、听不懂或内心对抗，从而增加沟通成本，影响沟通质量。

（五）建立良好人际关系的基本原则

要建立良好的人际关系，除了要有较好的沟通技巧之外，还要遵守一些人际交往的基本原则，主要包括以下几方面：

1. 平等尊重

人生来平等，没有人希望自己被压迫和歧视。心理学研究证明，尊重是人的最基本需求之一，人人都希望得到别人的尊重。因此，要建立良好的人际关系，必须坚持平等待人，尊重他人，不能趾高气扬，妄自尊大，凌驾于他人之上，任意侵犯他人的利益，伤害他人的情感。

2. 互利互惠

互利互惠，即在交往的过程中，要使交往双方都受惠、都得利，而不能一方得利，另一方受损。互利互惠是平等原则的本质要求，一方得利，另一方受损，甚至一方得利是以另一方受损为前提式的交往方式显然是不合理的，也难以建立良好的人际关系。

3. 诚实守信

只有讲真话、守诺言的人才能赢得别人的信任，人们才愿意和他建立良好的关系。你愿意同一个不讲实话、不守诺言的人交朋友吗？

4. 宽容忍让

每个人都有缺点，人与人在打交道的过程中也难免会说错一些话、做错一些事，如果对所有的缺点和错误都斤斤计较，就很难和他人建立亲密的关系。因此，在不丧失原则的前提下，只有做到宽容忍让，才能建立良好的人际关系。

（六）提高人际沟通能力的途径和方法

（1）加强理论学习，了解人际交往和人际沟通的有关知识。

（2）提高个人道德水平，自觉、严格遵守人际交往的基本原则和道德、礼仪规范。

（3）加强社会学习，认真观察身边在人际沟通和人际交往方面比较成功的人，从他们的身上学习，并积极模仿，把从他们身上学习到的东西运用到自己身上。

（4）积极锻炼。提高自信心，积极主动地与人交往，并不断总结人际交往的经验和教训，不断提高自己的人际沟通能力，建立良好的人际关系。

（5）参加人际沟通拓展训练，有目的地、专门化地训练提高人际沟通能力。

二、团体活动

（一）活动1

诚实的牙签

1. 活动目的

（1）引导学员体验在人际沟通中自我开放的重要性。

（2）训练学员人际沟通的主动意识。

2. 事前准备

牙签（大量）。

3. 活动方式

（1）教师开场白，说明本活动的目的、程序和规则。

（2）活动以小组为单位进行。活动前，教师发放给每名学员 10 根牙签。

（3）让小组成员自由发言。讲述一件自己从未做过的某件事情（如：从未考试作弊）。如果其他成员中有人做过这件事情（如：考试作过弊），就将自己手中的 1 根牙签给发言的那名学员。然后，其他同学继续发言，同样道理，做过发言者所说内容事情大学生创业心理拓展的同学交出 1 根牙签。要求后面发言的内容不得与前面讲过的内容重复。学员的发言次数不限。

（4）直到某名学员手中的牙签全部送完后，发言结束。最早结束发言的小组获胜。

（5）小组讨论，分享刚才活动的心得体会。

（6）每个小组选派 1 名代表做全班交流，汇报本小组活动情况及自己的心得体会。

（7）教师点评。活动结束。

4. 注意事项

（1）本活动的主题在于诚实和自我坦露，因此，教师引导学员一定要诚实、坦率，讲真话、表真态。

（2）活动过程中，可能会涉及学员的个人隐私和秘密，因此，教师还须向学员强调自愿和保密原则。如涉及隐私的内容学员可以选择不说或不承认，如有学员说出了有关隐私的内容，要求其他学员一定保密。

5. 引导要点

（1）你手里的牙签数代表着什么？

（2）活动中，你更希望别人发言，还是更想自己发言？你的发言主动吗？为什么？

（3）如果想让自己的牙签最早派发完，你认为应该采取什么样的策略？为什么？

6. 点评提示

（1）积极主动地寻找话题、坦率表达、真诚是人际沟通最基本，也是最重要的原则。不遵守这些原则,往往会导致沟通难以深入、持久。

(2)游戏中,表面上看,主动讲话是"吃亏"的,但是只有主动讲话才能引导话题向有利于自己的方向进行,所以主动讲话实际上正是使自己快点胜出的关键所在。这也正是人际沟通的秘密所在——主动沟通表面上看是浪费时间,但其实长远来看,又恰恰是获得成功的关键。

(3)游戏中,也有个别人"钻空子",靠不坦诚来使自己的牙签尽快发完,但这样的人即使暂时成功也会给人留下不守诚信、道德缺失的不良印象,事实上是不利于同他人建立良好人际关系的,最终会遭受更大的失败。

(二)活动2

数字谜底大传递

1. 活动目的

(1)引导成员感悟通过沟通制定沟通规则的重要性。

(2)引导成员领悟沟通的复杂性和重要性,提高制定规则、遵守规则、有效沟通、加强反馈等方面的能力。

2. 事前准备

若干张小卡片。教师在卡片的一面写上数字。数字可以是任意的,如850、672、0.06等。

3. 活动方式

(1)教师开场白,向学员说明活动的目的、方式和规则,并向学员示范"捏"和"敲"的按摩动作。

(2)活动以小组为单位进行。教师先从每个小组中随机选出1名学员,派到其他小组中做"监督员"。监督员的任务是监督其他小组游戏时是否违规,游戏中一旦有人违规要立即大声向教师汇报。

(3)各小组进行内部会议,讨论完成活动任务的办法,时间为4分钟。

(4)第一轮活动开始进行。步骤和规则如下:

①小组成员排成一列纵队。

②每组派队列中的最后1名学员到教师处,随机抽取一张卡片。要求该学员记住卡片上的数字,但一定不能说出该数字,而只能在回到队列中后,通过在背

部"捏"与"敲"这两个动作来传递给前一个人,然后依次传递,直到传递到队列的第一个人。要求动作传递中任何人不准说话,不准用嘴巴发出任何声音,不准回头,不准打手势,否则视为游戏失败。

③传递结束后,队列中的第一个学员举手示意,监督员递上纸和笔,让其把答案写在纸上。然后监督员核对数字,如和卡片上的数字一致则宣布获胜,如不一致,则宣布失败。

(5)失败的小组再次进行内部会议,时间为2分钟。然后按照以上步骤进行第二次活动。如第二次活动仍然失败,则给1分钟时间进行会议,然后开始第三次活动,也是最后一次活动。获胜的小组则不再进行活动,可作为观众,观察其他小组的活动。

(6)最后一个完成任务(或无法完成任务)的小组,要接受优胜组提出的"惩罚"。"惩罚"方式由优胜组决定。

(7)学员自由发言,同大家交流自己参加活动的感受。

(8)教师点评。活动结束。

4. 注意事项

(1)游戏场面可能会出现混乱,教师要注意维持秩序并严格监控游戏过程中学员不能出声。

(2)写在卡片上的数字,可以根据每组的沟通能力,把每组每次游戏的数字变换难易程度。

(3)"惩罚"是为了娱乐,教师要引导优胜组提出的"惩罚"办法越富于趣味性越好。

5. 引导要点

(1)你们的小组会议是怎样进行的?有没有谁来主持会议?大家有没有有效沟通?有没有对商定的规则进行总结?

(2)你对你们小组商定的传递信号的规则明白吗?如果不是太明白,你认为问题出在哪里?你为什么没有进一步沟通?

(3)在小组会议时,你是领导讨论的人吗?为什么你会是(或不是)?

(4)你们小组有没有讨论过,如果发现前面的人传错了,小组应如何发出信号，大学生创业心理拓展通知前面的人及时纠错？如果没有，为什么你们会忽略呢？

6. 点评提示

（1）做任何事情，包括创业，事前通过充分沟通，制定出规则是非常重要的。

（2）制定沟通规则的过程也是一个沟通过程，既要确保规则的正确性，更要确保每一名成员都已经有效地理解、掌握了规则，否则，再好的规则也会在实施中失效。

（3）制定规则的过程中，发扬民主、充分表达、反复反馈都是非常重要的。

（4）作为一个团队领导（如一个创业者），要有足够的预见性，要能对事情的发展规律、趋势和可能出现的问题进行准确判断，从而提前制定应对方案。

（5）任何事情，在进行过程中出错是在所难免的，关键是要通过充分沟通寻求解决问题的办法。

（6）创业活动不是创业者个人的活动，而是需要团队的共同努力，有团队就需要沟通，缺乏有效沟通，事业很难成功。

（三）活动3

极限转移

1. 活动目的

（1）引导学员体验从错误中学习沟通的经验。

（2）促进学员之间有效的相互沟通、合作，提高合作意识和沟通能力。

2. 事前准备

粉笔。

3. 活动方式

（1）活动以小组为单位进行。在每个小组所在位置分别用粉笔在地上画出两条长6～7米，相距约25厘米的平行线。要求小组内全体学员站在已经画好的平行线内，以任意顺序排成一列横队。

（2）各组队伍排好后，教师做开场白，说明比赛目的、形式和规则。要求每组成员重新调整队伍，在最短时间内，按学员年龄（含月、日龄）从大至小的顺序排成一队，但在此过程中，任何人的脚都不能踩到两条线的外面，有人踩到则该组比赛算输。

（3）教师统一发出命令"开始"，各组开始调整队伍。直到全部小组调整好队伍后，活动告一段落。最先调整好队伍的小组获胜。

（4）小组分享。各小组队伍解散，围坐在一起进行讨论，分析刚才活动的经验教训，分享个人心得。

（5）集体分享。每小组派1名代表上台发言，分享本小组讨论情况。

（6）教师点评。活动结束。

4. 注意事项

（1）要确保所画的平行线不能模糊。

（2）要注意监督，确保参加活动的每组成员不能踩出平行线外必要时，教师可选派几位学员做助理，负责监督。

5. 引导要点

（1）任务完成所采用的执行方式与开始时的执行方式是否相同？如果相同，这是否就是最好、最适合团队的方法？如果不同，每次的执行方式是如何被推翻、改变的？

（2）团队当中有领导者吗？领导者是如何产生的？你想给予领导者什么回馈？如果没有领导者，你觉得对团队的影响是什么？这对创业活动有哪些启示？

（3）沟通的过程中，是否让每个人都清楚知道内容？还是变成小团体的沟通？实际的生活和创业活动中是否有相类似的情形？

（4）活动过程中意见的发散是否通畅？有没有人提出意见却被忽略？为什么？创业活动中是否有相似的情形？

（5）如果这个活动再执行一次，你会如何做？

6. 点评提示

（1）有效沟通是活动确保成功的前提和关键。先行沟通胜过及早行动。

（2）沟通的重要目的有三：一是产生一个团队领导；二是制定执行任务、有效合作的规则；三是确保规则被有效执行，并随时纠正差错。

（3）创业活动不是单个人唱独角戏，没有团队共同努力的创业是不会成功的。创业者的职业特点要求他必须保持团队意识，加强沟通。良好的人际沟通能力是每一个创业者都必须具备的。

第七节 创业压力管理训练

一、基本理论

（一）压力的定义

当今社会，压力这一概念非常流行，很多人都会经常谈到压力。

从心理学的角度看，所谓压力，就是压力源和压力反应共同构成的一种认知和行为体验过程。通俗地说，就是压力源引发的一系列心理感受。

压力源，指的是现实生活中要求人们去适应的事件。现实生活中，人们每天都会遇到许多不得不去适应的事件，如要完成工作任务、照料家庭成员、乘车上班、生病治病等。这些事如果不能有效解决，就会影响正常生活，而要解决这些事，心里就要经常惦记、思考这些事，这一过程就会使人的内心产生一系列特殊的变化和体验，也就是压力感。

（二）压力的影响

压力对人的影响不总是消极的。事实上，压力对人的影响首先是积极的。只有在一定的压力下，人的心理能量才能被激发出来，神经兴奋性增加，思维更活跃，反应更敏捷，注意力更集中，因而完成任务的效率会大大提高。

但是，如果压力过大或者持续的时间过长，就会对人产生不利影响。常见的不利影响一般表现在两个方面。一是心理方面，人们会感觉到内心焦虑不安、痛苦、情绪低落、脾气暴躁、容易发火、失眠、多梦、注意力不集中、思维迟钝、记忆力减退等。二是生理方面，会出现头痛、头晕、疲劳、腰酸腿疼、食欲减退、胃疼、多汗、腹泻等。现代医学研究发现，压力是很多疾病，如胃溃疡、癌症、高血压、脑血管病、心脏病等的重要诱因。

（三）压力与创业

设想一下，你在一家企业做员工和自己创办经营一家企业，哪一种情况压力更大呢？无疑是后者。

创业者在创业过程中，要处理很多事情，如市场调研、制订创业计划、寻找投资、选择企业地址、选择供货商、企业注册、组建创业团队、招聘员工、制订营销策略和计划、管理企业……任何一件事处理不好，创业就不会成功。还要面对很多风险，如市场风险、竞争风险、资金风险、团队风险、技术风险、法律风险……任何一个风险应对不当，都有可能使企业遭遇灭顶之灾。因此，创业带给创业者的压力是非常巨大的，而且这些压力会长期存在，一直贯穿创业活动始终。

所以，作为一个创业者，必须具备高超的压力管理能力，善于应对各种压力。

（四）压力管理的方法

压力的产生和发展是有规律的，心理学研究已经较深刻地揭示了这些规律。因此，利用这些规律，通过采取一些方法，对压力进行有效的应对管理，从而提高工作效率、保护心理健康是完全有可能的。管理压力的方法有很多，下面简要介绍几种。

1. 调整压力源

压力是压力源引发的，因此，最有效管理压力的方法就是调整压力源，把那些给你带来麻烦的压力源彻底消除。例如，当前的工作是你最主要的压力源，那么换一个更舒服的工作，你的压力水平就会降低。

2. 认知调节

压力的确是由压力源引发的，但它之所以会引发压力，关键是取决于你对压力源的认知。比如，领导布置给你一项任务，这个任务会成为你的一个压力源。如果你认为这个任务对于你来说并不重要，你并没有对它太在意，它引发的压力感就比较小；相反，如果你非常重视这个任务，把它看成是影响你事业前程的重大契机，它引发的压力感就会比较大。

事实上，人们在日常生活中遇到的压力，相当一部分来自对压力源错误的或不恰当的认知，夸大了压力源的危险性和重要性，从而导致你过度反应。通过有目的地认真反思，对压力源做重新评估，可以降低你的压力水平。

比如：某天你要参加一个会议，有可能会迟到。你不妨想一想以下4个问题：如果我迟到，这个会议会无法召开吗？如果我迟到，我的声誉会受到很大损害吗？

如果我迟到，我会受到较严重惩罚或被解雇吗？如果我迟到，我可能受到的损失会无法挽回吗？如果你的答案有3个以上的"是"，你的压力感就是正当的。如果有2个以上"否"，你就根本没必要太担心。

3. 任务管理

对生活中的任务无法控制是引起压力的一个重要原因。你也许总是感觉到每天有做不完的事，或者总是有要做的事从什么地方突然扑到你的眼前，总是让你感到防不胜防、手忙脚乱、疲于应付。但是，同时你每天也总会有一些时间比较无聊，被你轻易地打发掉了。如果你的日常生活经常出现这种状况，说明你没有将你的生活任务管理好，你被各种事件牵着鼻子走，而不是反过来，你牵着它们的鼻子这种状况会使你感到有很大压力。

要摆脱这种状况，唯一有效的办法就是学会规划、管理自己的生活任务和时间，并养成一种习惯，把生活事件控制在自己的手中。

进行任务管理或时间管理的技巧有许多，但其共同的规律和原则可以概括为以下3个步骤。

步骤一：把你日常生活、学习和工作中要做的事情进行整理，列出一个清单，并按事情的重要性、紧急性程度进行分类。

步骤二：将你每天、周、月、年可支配的时间分隔成若干个相对独立的时间段。

步骤三：将你的任务清单（步骤一）和你的时间清单（步骤二）对照，把各项任务安排在特定的时间段中，形成你的日计划、月计划或年计划表。切记，安排任务时，大学生创业心理拓展要优先安排那些对你来说最重要的事情，其次是那些较重要的事情，而那些不重要的、可有可无的事情则尽量不要安排进来，即使安排，也要最后考虑，并仅给它们非常短暂的时间。

步骤四：在现实生活、学习和工作中，严格执行计划。

4. 社会支持

一群你可以依靠、能给你鼓励和安慰的人就是你的社会支持系统，比如你的父母、亲戚、朋友、同学等。社会支持系统会对你的人生幸福、心理健康产生非常积极的影响，对于帮助你应对压力同样可以发挥非常积极的作用。你可以将你内心的压力感向他们倾诉，他们的倾听、鼓励、安慰会让你变得更加轻松，压力感大大化解。社会支持系统的另一个作用是，当你面对的事情太多时，可以请他们帮助，为你分担任务，或协助你解决问题，这也可以为缓解你的压力发挥很好的作用。

5. 放松法

压力最主要的一种后果，是让我们的神经紧绷，内心紧张、焦虑不安。放松法就是要通过一些办法缓解这种紧张，使内心恢复平静、轻松。放松法并不是一种单一的办法，而是有很多种，在日常生活中可以根据每个人的实际情况灵活运用。常见的办法有：

（1）运动。体育运动，特别是有氧运动，可以促进人体血液循环和新陈代谢，从而可以帮助人们放松身心，缓解压力。压力较大时，去户外运动一下，出出汗，是一个很好的办法。

（2）沐浴。工作了一天，在感到疲劳、压力大时，泡个热水澡或冲个凉水浴，可以帮你一下子摆脱疲劳，浑身上下变得轻松。

（3）睡觉。累了就睡上一觉，对于帮助你恢复体力、放松心情都非常有效。

（4）游戏。工作压力大的时候，暂时从工作中解脱一会，玩一会游戏，比如打扑克、下棋、玩电子游戏等，也可以帮助你缓解压力。

（5）听音乐。听一段音乐，特别是节奏较慢、旋律舒缓的抒情歌曲或轻音乐，也可以帮助你放松身心，缓解压力。

二、团体活动

（一）活动1

压力清单

1. 活动目的

（1）促进学员反思自己的压力情况。

（2）提升压力管理的意识和技能。

2. 事前准备

印制"我的压力清单"（如表6-8所示），笔。

3. 活动方式

（1）教师进行简要的开场白，介绍本活动的目的和规则。

（2）以小组为单位进行。发放"我的压力清单"，人手1张。要求学员回顾总结自己当前的生活状态，把感到压力最大的5件事情填写在表格中。然后要求学员思考，可以通过哪些办法有效地减轻所面临的压力，把想到的办法用简洁的文字填写在表格相应位置。

（3）小组内部进行交流。成员轮流将自己的"我的压力清单"（见表6-8）向其他成员解释，然后其他学员向其提出解决该压力的建议，要求所提建议必须为新的，即不能和学员清单中已有的办法重复。

（4）集体交流。每个组选派1名代表，上台分享自己的"我的压力清单"和心得体会。

（5）教师点评。活动结束。

4. 注意事项

本活动的目的在于引发学员对自己目前面临压力的情况以及应对压力的经验进行反思，因此要多一些提示引导，并给大家的讨论和分享留出足够时间。

5. 引导要点

（1）你的压力清单和其他学员有什么不同？你怎么看待这种不同？

（2）你在日常生活中常有压力感吗？让你觉得最沉重的压力有哪些？

（3）你在日常生活中是怎样处理这些压力的？你有比较成功的办法吗？你现在能想出一些其他办法吗？

（4）其他同学给你建议的管理压力的办法对你有什么启发？

6. 点评提示

（1）并不是只有你才有压力，压力人人都有，只是各自不同而已。

（2）压力并不可怕。任何压力都有办法应对、管理，将其消除或减轻它对人身心健康的不利影响。而且这样的办法不止一种。

（3）因此，面对压力，不要焦虑，不要害怕，不要抱怨，不要回避，不要发怒，而要平静地面对，理智地思考，寻求解决它的最佳办法。

（4）寻求他人的帮助也是缓解压力的一条有效途径。

表 6-8　我的压力清单

目前我面临的最主要压力	我自己的解决办法	其他人提供的解决办法

（二）活动 2

生活馅饼

1. 活动目的

促进学员反思自己的时间利用情况，增强时间管理的意识。

2. 事前准备

印制"我的一天"表格（如表 6-9 所示）及"生活馅饼图"（如图 6-2 所示），笔。

3. 活动方式

（1）教师进行简要的开场白，介绍本活动的目的和规则。

（2）以小组为单位进行。发放"我的一天"表格，人手一张。要求学员尽量回忆过去一周中比较典型的一天参加的各项活动，既包括工作、学习、集体活动、社交等"大"事，也包括吃饭、睡觉、娱乐、休闲等日常生活"小"事。将相关内容实事求是地填写在"我的一天"表格中，尽量详细。限时 15 分钟。

（3）上一步骤完成后，发放"生活馅饼图"，人手一张，发放水彩笔，人手一盒或每个小组一盒。要求学员根据"我的一天"表格上的内容，计算自己花在不同类型事情上的时间，然后按照每类所花时间的多少，用不同颜色的水彩笔将相应比例的"生活馅饼"部分涂上颜色。分"工作""学习""锻炼身体""休闲娱乐和人际交往""家庭""个人起居"和"其他"等。当把整个"生活馅饼"都涂满颜色后，即完成任务。

（4）小组内部进行交流，各成员将自己的"我的一天"表格和"生活馅饼图"向其他成员介绍，并进行解释说明。

（5）集体交流。每个小组派1名代表上台交流。

（6）教师点评。活动结束。

4. 注意事项

（1）教师务必将"我的一天"表格和"生活馅饼图"的填写要求向学员解释清楚。要仔细询问"还有哪位同学有疑问吗"，确保每位学员都能准确领会。

（2）本活动的目的在于引发学员对自己的时间管理状况进行反思，因此要多一些提示引导，并给大家的讨论和分享留出足够时间。

5. 引导要点

（1）你的生活馅饼和其他学员有什么不同？你对自己的生活馅饼满意吗？

（2）你在日常生活中常有压力感吗？你认为自己的压力和你的时间使用情况有关系吗？如有关系，是什么关系？

（3）你认为自己的"生活馅饼图"需要改进吗？哪些部分增加，哪些部分减少？增加或减少多少才合适？你愿意再画一张你理想中的"生活馅饼图"吗？

（4）你对自己的"生活馅饼图"的调整，如何体现在你对自己一天时间的安排中？你一天中，哪些事情应该丢掉？哪些事情不应该丢掉，哪些事情时间要增加，哪些事情时间要减少？增加或减少多少较合适？你愿意再制定一张你理想中的"我的一天"表吗？

6. 点评提示

（1）时间是需要管理的。时间管理得好，会帮助我们减少压力，增进幸福，提高生活质量。时间管理得不好，会让我们压力增加，快乐和幸福感减少，生活质量下降。

因此，一定要增强时间管理的意识，学会管理个人时间，并实际运用于我们的现实生活中。

（2）学会时间管理，也有利于我们的创业。

表6-9 我的一天

起始时间	终止时间	事件内容（做什么）	共享时间	分类
（例）7：00	7：30	吃早餐	30分钟	个人起居

（说明：①若内容较多，1页表格不够填写，可以加多1页表格续页。②分类项下限7类，分别为"工作""学习""锻炼身体""休闲娱乐和人际交往""家庭""个人起居"和"其他"）

以下这个大圆圈代表一天24小时，其中每一小格代表1小时。请按照你在"我的一天"表格中统计的各个类型所占用的时间，将各个小格进行分割，每种类型分割一个区域。然后将各个区域分别用不同的颜色涂满。不同类型对应的颜色分别为："工作"（红）"学习"（黄）"锻炼身体"（蓝）"休闲娱乐和人际交往"（绿）"家庭"（紫）"个人起居"（橙）和"其他"（黑）。

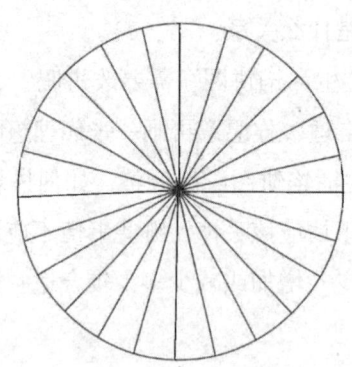

图6-1 生活馅饼图

（三）活动3

美好的一天

1.活动目的

引导学员学习通过美好想象来缓解压力感的方法。

2. 事前准备

无须特别的事前准备

3. 活动方式

（1）教师进行简要的开场白，介绍本活动的目的和规则。

（2）全体学员集体进行。教师要求所有人进入放松状态，闭上眼睛，轻松地呼吸，排除杂念。教师宣布，自己要向学员讲述美好轻松的一天是怎么样的，要求大家根据老师的提示，运用自己的想象力，尽最大努力在脑海中描绘出自己最美好轻松的一天可能是什么样子的。然后，教师开始这样描述：

早晨，你躺在床上，完全地放松。你正在醒来，开始这美好、轻松的一天。这是一个你整天都会感到平静与充实的日子，从早晨一直到晚上。慢慢地，在想象中，你睁开眼睛……环顾四周……房间看起来怎么样？你身边有人吗？慢慢地，轻轻地，你从床上起来，盥洗完毕，开始你一天的行程。在这个美好、轻松的一天，你去了哪里？你在工作吗？你在家吗？身边有人吗？环顾一下四周，慢慢地……你感到轻松而平静……你在大学生创业心理拓展哪里？你又在干什么呢……现在，是这个美好的一天的午饭时间。环顾一下四周，慢慢地……你在哪里吃午饭？和谁在一起……

现在是下午，而你依然感到非常平静，好像世界上的每一件事情都好。你在哪里？你在干什么？如果有个人在你身边，他是谁……

现在到晚饭时间了。再环顾四周……你在哪里吃晚饭呢？吃的是什么？是一个人还是和其他人在一起……

现在是夜晚时分，在这个美好、轻松的一天，你如何度过晚上的时光？你周围是什么？你周围是谁……

最后，该睡觉了。你感到充实和平静……你上了床，闭上眼睛，你感到温暖、困倦和平静……渐渐地，回顾着你在这个美好、轻松的一天的所见所闻，你进入了梦乡……

（3）过一会，让所有学员睁开眼睛，要求学员分组讨论。每个成员都要向小组其他成员讲述自己刚才所想象的东西，然后分析自己目前的状况同想象的情景差距有多大，有没有接近的可能性。

4. 注意事项

（1）活动开始前，教师一定要引导学员放松，必要时可借助音乐、放松术等手段。

（2）教师用语言引导学员想象时，说话语调要非常轻柔，尽量慢，并可有一定的沉默，保证大家有足够的时间展开想象。必要时，教师可事先把引导语录音，活动进行时采用播放录音的方法，这样可以避免教师现场发挥不稳定。

（3）活动进行过程中，可以一直播放一些舒缓的音乐做背景。

5. 引导要点

（1）你想象的一天与真实的一天有多接近？

（2）做过想象之后，你感觉自己的心情有什么变化？

（3）你愿意让你现实生活的每一天离你想象的情景越来越近吗？你想象的一天中的哪些特点可以转化到你真实的一天中去？

6. 点评提示

（1）对每一天充满美好的期待，可以让我们的心情变好，也会大大减轻内心中的压力感。因此，要养成早晨醒来后，就对自己即将开始的一天进行美好想象的习惯。

（2）要经常想一想，怎样才能让自己的一天变得更美好；然后，尽量把能改进的办法运用到生活中，你会发现，生活会越来越美好，梦想真的可以变成现实。

第八节 创业领导力拓展

一、基本理论

（一）领导和领导力的概念

要了解领导的概念，一个前提条件是必须区分开领导和领导人这两个概念。因为在汉语习惯中，这两个概念往往并不做区分，而是经常混用的。但是，在英语中，这两个概念是严格区分的，而且在心理学中，这两个概念的内涵和外延也都是完全不同的。

在心理学中，领导（leadership）是指群体在特定的条件下，为实现既定目标，而对所在群体和所属成员进行引导和施加影响的过程。其中，致力于实现这个过程的群体或组织中的特定的人就是领导人（leader）。

领导力指的是一个领导者在实施领导行为时所表现出来的效果的强度。领导力的强或弱，既和外在因素——如团队成员的特点、制度环境、任务的难易程度等有关，也和领导者的内在因素——如领导者的人格特点、领导风格、动机、道德水平、个人魅力等有关。因为环境是多变的，所以提高领导力的关键在于改善领导者的各种内在条件和因素。

（二）领导与管理的区别

很多人常常会混淆领导和管理，认为领导就是管理，管理就是领导，领导者的职责就是管理，从事管理工作的人就是领导者。其实，领导和管理既有联系，也有不同。

所谓管理（management）就是通过计划、组织、人员分配、导向和控制组织资源等一系列活动有效地达到组织目标。通俗地讲，领导就是做决策，管理就是实施决策；领导是舵，管理是帆和桨。在一个组织中，管理和领导都至关重要，它们必须有效整合才能更好地实现组织目标。具体而言，领导和管理的区别主要包括以下几方面。

（1）领导的职责是制定愿景和战略，并关注组织未来的前景。管理的责任是制定如何实现愿景和战略的计划和方案，尤其关注前景的实现可能性。

（2）在对组织中成员施加影响方面，领导的主要作用是引导成员形成价值观，管理的作用是对成员进行分工，并通过纪律和奖惩控制他们的行为，确保他们有效工作。

（3）在权力方面，领导者的权力基础是其个人影响力，而管理者的权力基础是所在的职位，即来自领导者的授权。

（4）从为组织创造的成果来看，领导主要是不断追求完美，给组织带来新变化，而管理者主要是确保组织的稳定和效率。

(三)领导力与创业的关系

领导和创业并不一定有必然联系。一个创业者可以不是一个领导人,一个领导人更加不一定是一个创业者。但是,他们也有可能会发生关系,那就是当创业行为并不是由创业者一个人单打独斗进行,而是由一个团队进行时。这时候,创业者往往要同时扮演领导者的角色。他要为组织制定目标和战略,要带领和指挥整个团队工作,要对创业过程面临的种种挑战和问题做出决策……这些都是一个领导者的职责。因此,创业者具备一定的领导素质是必要的。而一个创业者要想成功创业,有必要通过学习提高自己的领导能力和技巧。

(四)领导者的特质

领导者的特质指一个具有较强领导力的领导者身上所应具备的最重要的心理特点。这样的特点有很多,但比较而言,以下几条应该是比较主要的。

1. 企业家精神

企业家精神,通俗地说,主要包括创新精神、冒险精神和实干精神。这些精神无疑也是一个成功的领导者所应具备的。领导者如果缺乏创新精神,就不大可能为团队事业碰到的问题找出有效的解决办法;如果缺乏冒险精神,就会被困难吓倒或阻碍,不大可能带领团队走得更远;而如果缺乏实干精神,就会停滞于空想和表面文章中,不大可能带领团队干出真正的成就。缺乏企业家精神的领导者,无疑不是一个好的领导者。

2. 可信赖的品质

谁也不愿意跟着自己不信任的人走。因此,一个成功的领导者必然是一个能赢得他人信赖的人,也就是说,他身上必须具备可赢得人们信赖的一些品质。这些品质包括诚实、正直、忠诚、公平、无私、有同情心、果断、自律、负责等,其中,诚实、正直尤为重要。

3. 敬业精神

领导者应该对他领导他人从事的事业具有比其他人更加强烈的动机和热爱,愿意为之投入更多精力,甚至牺牲自己。只有这样,才能赢得团队成员的尊敬和信赖,也才能保证领导的有效性。

4. 较高的情绪智力

情绪智力指一个人认识自己、管理自己和与人交往的基本能力。领导者既要和自己所领导的团队和谐相处、有效互动，还要和团队外的各种人士建立有效的关系，这就要求领导者必须具有较强的人际交往能力，善于构建良好的人际关系。而要达到这一目标，一个前提条件就是要有较成熟的自我意识、较强的自信心和自我控制能力。也就是说，领导者必须具备较高水平的情绪智力。

5. 判断力和决断力

领导者职责就是带领团队成员完成相关任务，实现预期目标。在这个过程中，必然会遇到各种各样的问题，领导者必须有足够的能力对这些问题进行分析、判断，提出解决的方案，也必须有足够的能力和勇气对各种备选方案做出选择，这就要求领导者必须具备较强的判断力和决断力。一个思维水平不太高、经验不太丰富，从而不能对面临的问题进行正确分析和判断的人；或者一个面对问题和机遇优柔寡断、瞻前顾后，不能及时做出决断的人，是无法成为一个好的领导者的。

6. 个人魅力

魅力是一种对他人的吸引力。尽管魅力不是一个领导者必备的特征，但是，一个具有较强个人魅力的领导者，无疑会对他人产生更强烈的吸引，从而使他的领导力大大提高。魅力并不是一种单独的特征，而是多种特征在一个人身上的综合反映。它包括姣好的容貌、富于个性和吸引力的举止、翩翩的风度、幽默的谈吐、迸发的热情、迷人的亲和力等。

（五）如何提高领导力

尽管领导力和领导者的先天因素有一定关系，却并不完全取决于先天，研究表明，后天的学习和锻炼可以提高领导力。而且对于多数人来说，很少有机会从事领导工作，从而很少有机会展现自己的领导力。也就是说，领导力可能是很多人的一种潜在的能力，需要进行开发才能展现出来。开发领导力潜能和提高领导力的途径和方法主要有以下几条。

1. 学习和训练

系统地学习和领导有关的理论知识，如管理学、人际关系学、管理心理学等。针对和领导有关的能力和工作技巧进行专门训练，如策划能力、人际沟通能力、口才、礼仪等。

2. 观察和模仿

仔细观察身边的领导者，特别是那些比较优秀的领导者，总结他们的经验，分析他们的成功之道，研究他们的行为特点和规律，然后进行模仿学习，把他们好的经验运用到你自己的实践中。另外，阅读著名领导者的传记也是学习提高领导力的有效途径。

3. 实践领导角色

可以结合自己的生活、工作实践，主动争取担任一些"小"领导角色，如班干部、社团骨干、兴趣小组负责人等，通过努力扮演好这些角色来锻炼自己的领导能力。

4. 领导特质自我开发

进行自我分析，寻找自己身上适合和不适合领导者的人格特征和能力特点，然后有针对性地努力发挥自己的特长，开发自己的才能；而对不足的部分进行系统学习、锻炼，不断提高。

5. 帮你的领导者进行领导

和你距离最近的领导就是你自己的顶头上司，你应该珍惜机会，向他（她）学习。其中，一个有效的办法是，你要学会站在顶头上司的角度分析问题，寻找解决问题的办法，经常向他提出合理建议，帮他出主意，向他争取更多授权独立完成较多任务。通过这一途径，你的领导能力会得到充分锻炼。

二、团体活动

（一）活动1

盲人障碍赛

1. 活动目的

让学员体会领导与被领导、信任与被信任的感觉，领悟领导者的责任意识。

2. 事前准备

眼罩若干；椅子、水桶、砖头、木块等可作为障碍物的物品若干；秒表。

3. 活动方式

（1）教师进行简要的开场白，介绍本活动的目的和规则。

（2）用各种物品在空地上摆出一条有种种障碍的路线，设定好起点和终点。将全体成员划分成两人一组，分为若干小组，活动按小组轮流进行。活动的方式为，小组成员一人戴上眼罩，扮演"盲人"，另一人扮演"指挥者"，都站在路线起点。当教师说"开始"，"指挥者"原地不动，负责用语言发出指令，指挥"盲人"快速绕过各种障碍物，走向终点。"盲人"则必须听从"指挥者"的指挥，努力向前走。要求行进过程中不得碰到障碍物，一旦碰到则算犯规，活动重新开始。当"盲人"顺利到达终点后，第一段行程结束。

（3）计时员用秒表记录各组行程所用时间。所有小组活动完毕后统计分数，用时最短的小组获胜，给予奖励。

（4）各小组"盲人"和"指挥者"互换身份，重新按以上规则进行第二段行程。第二段行程完毕，活动结束。

（5）计时员根据第二次计时结果，评出第二轮的获胜小组，给予奖励。

（6）请两轮活动的获胜小组成员和用时最长的小组成员分享心得体会。

4. 注意事项

要注意安全。场地地面要平而不打滑，以防人员摔倒。障碍物不要有较尖锐的棱角、玻璃等，以免成员碰撞受伤。必要时可设置两位成员担任安全员，活动过程中跟随在"盲人"左右，随时保护其安全。

5. 引导要点

（1）做"盲人"和做"指挥"心理感受有什么不同呢？两者的主要区别在哪里？

（2）当你做"盲人"时，是否会担心"指挥者"的命令出错呢？当听到"指挥者"的指令时，你心里有没有怀疑、犹豫过？你是怎样克服这种怀疑和犹豫心理的呢？

（3）当你做"指挥者"时，你是否有压力感呢？你是否担心指挥出错呢？为了避免出错，你认为应该怎样做呢？

（4）在一个团队中，领导者和被领导者的角色特点和心理特点是否同"指挥者"和"盲人"相似呢？他们的相似之处有哪些？这个游戏对于在现实生活中扮演好领导者或被领导者角色有什么启发？

6. 点评提示

（1）在一个团队中，相互信任和积极合作是非常必要也非常重要的，缺乏信任和合作，团队将无法运作。

（2）一个团队中，领导者是必不可少的。高度的责任感、正确的判断、准确的命令是作为一个领导最基本的素质和职责要求。

（3）一个团队中，成员们必须对领导者高度信任，对领导者的指令忠实执行，这是团队成员的基本义务。

（4）领导者的错误命令会极大地影响团队成员对他的信任，因此，作为一个领导者，必须通过诚实守信、公平公正、敬业奉献、深思熟虑、谨慎决策、有效沟通等途径来确保自己不发出错误命令。

（二）活动2

盲人方阵

1. 活动目的

引导学生感受在非常状态下进行沟通和决策的过程，领悟沟通、决策和领导的重要性。

2. 事前准备

眼罩若干个，25米左右的长绳子若干条（长度一样）。

3. 活动方式

（1）教师进行简要的开场白，介绍本活动的目的和规则。

（2）活动以小组为单位进行。每个小组的成员不得少于8人。活动开始时，要求所有成员戴上眼罩，然后教师将一捆缠绕在一起的绳子交给一名组员，要求每个小组在老师宣布"开始"后，尽快组织全体成员利用这条绳子组成一个最大的正方形，要求小组成员相对均匀地分布正方形的四条边上。可以说话、走动、讨论，但在任务完成之前，任何人不准解开眼罩。最早、最正确地完成任务的小组获胜，给予一定奖励。

（3）成员自由分享心得体会。

4. 注意事项

（1）提醒并防止队员相互碰撞。

（2）如发现有解开眼罩的成员，将其作犯规处理，及时清理出团队。

5. 引导要点

（1）面对任务，有人主动、有人被动，有人积极说话、有人沉默寡言，有人喜欢发出指令、有人喜欢听从指令……众人的表现非常不一致，这说明什么问题？

（2）从任务一开始的混乱状态，到逐渐变得有秩序，这中间发生了什么情况？为什么会发生这种情况？

（3）后来，大家逐渐倾向于听从某个人的意见和指令，为什么会这样呢？

（4）完成这一任务的难点在哪里？解决这一难点的关键在哪里？这对你有什么启发？

6. 点评提示

（1）人的性格各不相同，有些性格的人更适合担任领导者的角色。那些积极主动、外向、敢于提出和坚持自己的意见、善于说服他人的人更容易成为领导者。或者反过来说，要成为一个合格的领导者，应该积极锻炼，使自己具备以上的特征。

（2）领导是为了协调团队行为而自然产生的，这是一个必然过程。只有产生了领导，团队行为才变得有秩序和有效率。

（3）完成这一任务的关键在于产生出一个领导人，并且学会在领导人的指挥下，进行分析、协商和合作行动。

（三）活动3

电网

1. 活动目的

（1）增强相互合作的团队精神。

（2）锻炼领导决策能力，体会计划和精心操作的重要性。

（3）认识每个人在团队中的角色及其作用。

2. 事前准备

一张 4 米宽、6 米高的绳网（即"四框麻绳"，框由细棉纶绳或其他质地的细绳拉出不规则排列的 15～20 个高低、大小、形状各不相同的"洞"，最小的"洞"可勉强通过比较瘦小的学生）。两根 2 米高的、能支撑起绳网的支架或其他替代支撑物。

3. 活动方式

（1）视具体情况，活动可集体进行，也可以小组为单位进行。参加活动的成员以 10～20 人为宜。活动开始前，将绳网布置好，像羽毛球网一样直立悬挂。学生集中于"电网"一侧。

（2）教师进行简要的开场白，介绍本活动的目的和规则。要求全部学生必须在不触动"电网"（即身体不碰绳子）的情况下，从"电网"中的"洞"穿过，到达"电网"的另一侧。每个"洞"只能 1 人通过，使用后即不能再用。如有人触网则必须返回，另选其他"洞"通过，原"洞"作废。已通过"电网"到达另一侧的学生，不得返回帮忙。

（3）团队在规定时间内全体通过"电网"，得 100 分。在规定时间结束后通过的，每剩 1 人扣 10 分。如活动分组进行，得分最高的小组获胜，给予一定奖励。

（4）集体分享心得体会。教师点评。

4. 注意事项

（1）本活动看似简单，实则较难。为避免学生草率开始、匆匆通过，应在布置完任务后提醒学生此活动并不简单，也会涉及管理中的一些重要环节，因此要一丝不苟，精心策划、充分预演之后再开始穿越。

（2）"电网"上的"洞"数量要和学生人数相匹配，一般"网洞"数要比学生数多 2～3 个。如果人数太多，超过"网洞"数，也可规定若干的"网洞"可以重复通过两次。

（3）提前通知学生，参加本次活动时，要尽量穿紧身的衣服，女生不要穿裙子。戴眼镜的同学应将眼镜摘除。

（4）活动进行过程中，教师要仔细观察每个人的表现、作用、决策和协调过程，以便于指导和点评。

（5）需要将成员托起通过"网洞"时，要提醒保护学生，注意平稳起放，保证安全。

（6）活动进行过程中，学生如有可能导致危险的举动，教师应及时制止。

5. 引导要点

（1）当团队面临这个任务时，最先要做的事情是什么？为什么？

（2）完成这个任务有哪些关键步骤？为什么要这样做？

（3）面对这个任务时，你们团队的方案是怎样形成的？

（4）你在完成任务的过程中，扮演什么角色？发挥了什么作用？你怎么看待你自己的作用？你有什么心得体会？

6. 点评提示

（1）团队面临任务时，确定决策人或领导者是迈向成功的第一步。

（2）确立领导、充分研究问题、形成工作方案、分工协作是团队工作的主要步骤。

（3）每个人都要摆正个人在团队中的位置，是团队成功的重要保障。

（4）充分沟通、相互激励是增强团队凝聚力的关键。

第七章 结束语

　　自 1999 年高校扩招以来，高等院校在数量、规模、专业设置等方面急剧增长，促使中国高等教育逐步进入大众化时代。在大众化教育阶段，大学生就业模式也发生了根本性的变化，由"统包统分"转变为"双向选择，自主择业"。而就业方式的市场化、大众化使大学生就业问题成为国家、社会、学生、家长所共同关注的焦点。进入 21 世纪，我国每年高校毕业生的数量都在高速增长。大学毕业生的就业创业问题十分严峻，就业创业竞争也愈演愈烈。

　　长期以来，大部分高校更多地关注文化课教育，对学生的心理健康教育关注度不够，加之现在大学生多为独生子女，心理承受能力较差。面对"就业难"和就业结构不断变化的现实问题和越来越大的心理冲突及压力，心理问题也就日益严峻，当代大学生的就业创业心理也逐渐成为社会各界高度关注的问题之一。据研究，就业创业心理问题已经成为除学习压力、情感困惑和人际关系之外影响高校大学生心理的第四大因素，并直接影响了部分大学生的正常就业创业和健康发展。如此一来，大学生的就业创业已不仅是他们个人能力的比拼，而且也是对他们心理素质的一种考验。

　　因此，研究和解决大学生的就业创业心理问题是非常有必要，不仅能够帮助大学生更好地实现就业创业，而且对国家的稳定发展、社会的和谐构建有着重要意义。但大学生就业创业心理研究是一个广泛的、系统的概念，具有多方面的内容，并受诸多因素的影响，需要社会、学校、家庭共同关注、齐心努力，积极发挥各自职能作用和资源优势，大力研究行之有效的办法举措，以良好的教育引导、高效的心理疏导，帮助大学生缓解就业创业压力，端正就业创业态度，合力培养大学生良好的心理素质品质，促进大学生有效就业创业。

参考文献

［1］郝宏伟.大学生创业基础［M］.广州：广东高等教育出版社，2013.

［2］葛建新，周卫中，林嵩等.创业管理实务［M］.北京：化学工业出版社，2011.

［3］贾虹.创新思维与创业［M］.北京：北京大学出版社，2011.

［4］龚惠香.大学生心理素质训练［M］.杭州：浙江大学出版社，2011.

［5］张小远，解亚宁.心理健康教程［M］.广州：广东高等教育出版社，2003.

［6］陈国梁.大学生心理健康教育［M］.广州：华南理工大学出版社，2005.

［7］钟向阳.高校新生心理适应素质训练手册［M］.广州：广东高等教育出版社，2009.

［8］郭强.创新能力培训全案［M］.北京：人民邮电出版社，2011.

［9］赵崇莲，鞠鑫.普通心理学［M］.北京：高等教育出版社.2010.

［10］全琳琛.沟通能力培训游戏经典［M］.北京：人民邮电出版社，2009.

［11］蔡升桂.沟通能力培训全案［M］.北京：人民邮电出版社，2011.

［12］彭聃龄.普通心理学［M］.北京：北京师范大学出版社，2012.

［13］康青，蔡惠伟.管理沟通教程［M］.北京：清华大学出版社，2009.

［14］叶奕乾.现代人格心理学［M］.上海：上海教育出版社，2011.

［15］何传添.大学生创业管理教程［M］.北京：清华大学出版社，2015.

［16］严建雯.大学生创业心理研究［M］.北京：人民出版社，2012.

［17］周国平.人文精神的哲学思考［M］.武汉：长江文艺出版社，2014.

［18］柯江林.大学生心理资本研究［M］.北京：知识产权出版社，2015.

［19］徐虹，吴全会.基础心理学［M］.北京：北京师范大学出版社，2015.

［20］刘晶.大学生创新创业基础［M］.北京：中国水利水电出版社，2015.

［21］郝宏伟.大学生创业心理拓展［M］.广州：广东高等教育出版社，2015.

［22］张德山.大学生创业教育［M］.镇江：江苏大学出版社，2015.

［23］张德山.大学生创业教育案例分析［M］.镇江：江苏大学出版社，2015.

［24］丁铎.首都大学生创业意向影响因素分析［D］.北京：北京邮电大学，2015.

［25］韩力争.大学生创业自我效能感结构研究［D］.南京：南京师范大学，2011.

［26］汪姣.大学生创业教育与创业意向的关系：创业自我效能感的中介作用［D］.济南：山东师范大学，2012.

［27］李海垒.大学生创业意向及其与社会文化、人格的关系［D］.济南：山东师范大学，2012.

［28］刘志.大学生创业意向的结构影响因素及提升对策研究［D］.长春：东北师范大学，2013.

［29］牛骅.大学生创业心理资本、创业机会能力和创业绩效的关系研究［D］.重庆：重庆师范大学，2015.

［30］吕叻加.思想政治教育视阈下大学生创业心理素质的培育研究［D］.西安科技大学，2014.

［31］刘潇潇，武怡.大学生创业心理综述性研究［J］.读与写（教育教学刊），2018，15（05）：29-30.

［32］杜璞瑞.当代大学生就业心理问题及其影响因素研究［J］.科技经济

导刊，2018，26（14）：157.

［33］赵欣.当代大学生就业心理问题及其影响因素研究［J］.当代教育实践与教学研究，2018（04）：156-157.

［34］杨菁.大学毕业生消极就业心理分析及对策［J］.当代教育实践与教学研究，2018（04）：158-159+163.

［35］王婷.当代大学生就业心理障碍及其引导策略研究［J］.低碳世界，2018（03）：363-364.

［36］张锦艳.大学生就业心理问题的表现及调试研究［J］.劳动保障世界，2018（08）：15.

［37］董娇隆，张涛.创新驱动背景下大学生就业心理问题分析及对策［J］.潍坊工程职业学院学报，2018，31（01）：59-62.

［38］李艳.大学生创新创业心理培养的策略［J］.创新创业理论研究与实践，2018，1（02）：111-113.

［39］易丽.培育大学生积极就业心理的重要性及对策探究［J］.哈尔滨职业技术学院学报，2018（01）：94-96.

［40］何庆龄，曹军辉.大学生创新创业人才心理素质的塑造与培养研究［J］.农村经济与科技，2017，28（S1）：223.

［41］吕凯，刘海霞.新常态下大学生创新创业心理支持的研究与探讨［J］.赤峰学院学报（自然科学版），2017，33（24）：60-61.

［42］陈媛媛，丁文娜.我国大学生创业心理及创业教育改革初探［J］.赤峰学院学报（自然科学版），2017，33（24）：64-65.

［43］胡丽敏.新时期大学生创业心理障碍与对策探究［J］.人才资源开发，2017（24）：82-83.

［44］郭志芳，钟建安，段锦云.大学生创业心理特质与创业意向的关系：就业压力应对方式的中介效应［J］.应用心理学，2013，19（03）：265-271.

［45］孙香珍.高职学生就业创业心理储备［J］.合作经济与科技，2011（06）：128.

［46］苏继春.高职学生就业创业心理储备［J］.中国职业技术教育，2010

（09）：79-80.

［47］吴俊华，杨秀丽，唐辉一.人格因素对大学生创业的影响研究［J］.赤峰学院学报(自然科学版)，2017，33（11）：173-174.

附录：[案例]大学生创新创业项目
——约·绘°F

约·绘°F是笔者在当前"大众创新万众创业""精准扶贫"的国家政策下与张源老师、余䶮老师一起共同指导的大学生创新创业团队项目。在该项目的组建、成立和运营过程中，都遇到了如书中所描述的大学生诸如惧怕、自信心不足、自我效能感低、悲观思维倾向等心理，作为指导老师也经历过迷茫、困惑、悲伤，甚至萌生过退意，但内心最终都被激动、欣喜和成就感所占据。虽然目前取得的成绩不算优异，但在这一过程中体会到了创新创业的艰难，但好在笔者所在单位的领导和热心同事给予了无条件的支持和帮助，同时项目团队是一个积极乐观，迎难而上集体，这为我们获得今天的成绩奠定了基础。今后我们将继续沿着创新创业的公益之路砥砺前行。以下是该项目的项目计划书，提供给读者进行参考。

项目摘要

截至目前，我国不满16周岁的农村留守儿童数量大约为902万人。在十九大会议中，习总书记提出优先发展教育事业，力求建设教育大国。为了响应国家政策，根据《国务院关于加强农村守儿童关爱保护工作的意见》，发扬我校大爱无疆的精神，我们成立了约·绘°F。首先，我们将邀请绘画专家对想要提升绘画技能的贫困艺术生进行深层次绘画教学，其次，我们带领这些大学生去往贫困山区对留守儿童进行绘画教学，通过绘画教学的方式对留守儿童进行教育扶贫。

所以约·绘°F将通过专家顾问、贫困艺术生、留守儿童三方面可以实现双重教育扶贫。采用线上线下联合推广的方式，以贵州师范学院为起点，用绘画教学的方式，进行双重教育扶贫，约·绘°F旨在建立全省甚至全国的公益双重扶贫以及艺术教育关注推广，以双重扶贫创新的方式开启教育扶贫的新时代。

第一章 项目介绍

1.1 项目背景

在现在互联网+的时代，我国国民的经济水平越来越高，且教育事业的发展越来越好。但是，相对国内的部分省份来说，如贵州、云南、四川等省份的山区教育发展相对落后，留守儿童的教育需求问题亟待解决。父母为了生计，为了自己的孩子可以过上更好的生活和接受更好的教育，他们不得不背井离乡，离开自己的孩子，外出打工，获取家庭收入，维持家庭经济。这样，出现了留守儿童，且数量逐年递增。由于常年缺乏原生父母的陪伴，留守儿童在生理、心理、教育和生活等方面出现了各式各样的问题。出现了有的孩子不愿与人交往、有的孩子性格孤僻、有的不信任他人、有的早早辍学、有的甚至怨恨父母等情况。在十九大会议中，习总书记提出优先发展教育事业，力求建设教育大国。在发展城市儿童教育的同时，还有一个群体——留守儿童也需要教育丰富。阿里巴巴 CEO 马云在贵阳 2018 中国国际大数据产业博览会上也表示，贫困问题要从源头解决，特别是教育的不平衡，扶贫是授人以鱼，脱贫则是授人以渔，致富是给大家造一个鱼塘，我们不仅仅要扶贫，我们更是要给孩子们造一个艺术教育的鱼塘。所以在响应国家政策的前提下，我们有了一个想法，组织人力为贫困山区的留守儿童开展艺术教学课程，进行第一重艺术教育扶贫，为这群孩子带去得到艺术教育的机会。

2015 年，我校为了响应国家政策，开始对口帮扶我省铜仁市印江县峨岭街道曾家坳村曾家小学的留守儿童。在那里，绝大部分的青年和已经为人父母的村民为了一家人的生计都外出打工了，村里大多数是年迈的老人和孤单的孩童。在村子里，只有一所学校，在这唯一的学校里，只有一个年级一个班级，在这唯一的班级里，他们只有一个老师。他们不仅缺乏教师资源，更缺乏教学资源，留守儿童的教育发展急需改善。因为公益活动的牵引，我们团队遇见了约·绘的创始人，交谈中，我们想到，既然寒门可以出贵子，那么寒门也一定能出优秀的艺术生，我们相信寒门贵子在艺术上也是相对容易体现的，因为艺术二字在每个人的生命里都是平等的，而且艺术创作天赋是成为一名艺术从业者或艺术家的重要因素之一，家庭或生活环境并不起决定性作用。我们受到这一系列启发后，决定创建一个为留守儿童进行艺术教育扶贫的团队，该公司表示大力支持，并为我们提供了前期的技术支持和资金资助，于是我们创建了为留守儿童进行艺术教育扶贫的团队——约·绘F。我们希望给更多像曾家坳村这样的孩子们带去接触艺术教育的机会，也希望呼吁社会，从而带动更多人关注他们，关注他们的艺术教育。

　　生活中，可能我们会先解决衣食住行，其次是教育问题，最后才是精神世界。但你一定很难想象，在曾家坳村的留守儿童们在为了衣食住行不断拼搏，为了教育问题不断努力的情况下，他们也极度渴望得到艺术教育，渴望得到精神文化的熏陶。很难去想象有孩子就连拥有一支彩色的笔和一张干净的画纸都很困难。我们去了印江，看到每个孩子都活泼爱笑，了解到他们喜欢画画，石头和小木棍是他们的小画笔，墙壁和沙地是他们的小画纸。玩游戏时，我们让小朋友们说说自己的愿望，有一个小女生泪汪汪地说她的愿望是想要一个画本，给爸爸妈妈画很多画，等父母出去打工后就可以看着画想念她们。在印江看到那些孩子，我们备感心酸，更让我们惊讶和震撼的是，只要一到学校，到教室，看见我们团队的人，看见我们为他们带去画笔和颜料，看见我们为他们带去接受艺术教学课程的机会，这群可爱的天使就兴奋起来，期待起来。我们看得到他们眼里的渴望，看得到他们心里的需要，所以我们决定把这份美好、这份希望、这个艺术教学课程带给他们，让他们的梦想燃烧起来，让有天赋的留守儿童有条件加入我们的"油画村"。在各种各样绘画门类中，我们坚定的选择了油画，是基于油画的色彩饱和度高，也更吸引小孩子，覆盖性强，较易掌握和学习。约·绘F未来的愿景就是建立一个梦想油画村，在我们做公益，做帮扶，做教育扶贫的过程中，去发现、去培养有天赋、有机会的留守儿童，让他们报考自己心仪的艺术院校，让他们有追逐梦想的机会。我们会对考上艺术院校的孩子进行学杂费全额资助,让他们无后顾之忧地去施展自己的才华。最后我们希望他们不仅拥有画笔,更能拥有画画的能力,用自己的双手握住画笔去装扮自己的村庄。

为了将我们的教育扶贫实现,团队以贵州师范学院为切入点,找到大学生志愿者,发展公益生力军,让艺术学院的大学生们到贫困山区对留守儿童实现艺术教育;而学习艺术专业的大学生中有的家庭也很贫困,我们针对这一群贫困艺术生也有相应的教育扶贫,请国内外、省内外、校内外绘画专家对他们的绘画技法进行指导,这也实现了第二重艺术教育扶贫;进而实现双重教育扶贫模式,针对不去贫困山区对留守儿童进行教学扶贫的大学生,我们采取的也是低价收费,给这群贫困艺术生更多的学习机会。

约·绘ᴴ对于大学生来说,不仅可以提升绘画技法,更是可以实现自身的社会价值感和社会责任感;对于社会学习群体来说,我们提供了学习的平台,也提供了他们与留守儿童面对面交流的机会;对于留守儿童来说,他们有了接触艺术教育的机会,有了接触更大更广世界的机会,也有了追逐梦想的机会。我们的梦想是在对留守儿童进行艺术教育扶贫、对两个贫困群体进行双重扶贫的同时,建立一个"油画村",在其中,我们是圆梦人,也是追梦人……

马云说过,公益与慈善是有区别的,慈善在于给予,而公益是在于参与,是在于点点滴滴的行动,是需要时间、激情、智慧的。所以,为了能让我们的公益项目可持续发展,我们利用现有资源开发了一些商业项目来支撑我们的公益活动,如针对想要体验绘画、想要学习绘画技法的各年龄段的各类社会人士开展绘画学习课程;针对想要与绘画专家及顾问接触,以及想要学习和提升自身绘画技法的大学生,开展了绘画技法课程等。这样可延续我们对留守儿童的爱,续写他们与油画艺术的"缘分"。

我们的愿景是建立一个"油画村",村里的人用画笔修饰形状,用颜料填充色彩,用艺术装饰梦想。我们会把"村子"慢慢扩大,不只帮助印江的留守儿童,我们还帮助和陪伴更多的留守儿童,与他们约会,以艺术教育的方式陪伴着他们渐渐长大,把他们的梦想点亮。

1.2 项目任务

★ 山区送教,给留守儿童带去接触绘画的机会;

★ 为绘画专业的贫困艺术生或者有一定绘画基础但没有更好的条件提升自己绘画技巧的大学生提供绘画技法课程;

★ 面向社会开设绘画学习课程。

1.3 项目优势

1.3.1 社会资源广泛

项目扎根于高等院校,通过与贵阳市多家知名媒体、多家知名企业、多家特殊教育机构、多家艺术机构等合作,与各行业的精英进行交流,能为项目的实施和发展提供了较广泛的社会资源。

1.3.2 人力技能优势

该项目由我国知名画家、知名教育学家、高校教师作为艺术和技术顾问,提供了理论支持和信誉度保证,也是我们找到课程讲师的途径。

工作人员均为在校大学生,依托贵阳市各大高等院校雄厚的师资力量和大学生人才储备,为公益活动的开展和市场开发提供了扎实的人力基础。

1.3.3 无形资产优势

通过与多家爱心企业、知名媒体通力合作,提高项目知名度。

1.3.4 扶贫创新点

双重教育扶贫模式:

第一重扶贫助学:为没有条件提升自己绘画技巧的贫困艺术生及大学生提供额外的艺术教学课程;

第二重扶贫助学:创建公益平台,择优选择受过艺术教学课程及有意愿参加公益活动的贫困艺术生,让他们为留守的孩子们提供油画送教公益活动。

我们通过双重教育扶贫模式来实现希望小学、贫困艺术生、专业导师、企业等各方合作,一起努力,大力推动教育扶贫的发展。

第二章　团队建设

2.1 团队核心成员

陈丹丹：女，2015级特殊教育专业学生。一个处事方式简单粗暴、喜欢画点乱七八糟的东西的典型汉子。

白桂霖：女，2015级应用心理学专业学生。混玄学，爱清明梦且具有三分钟热度的重症冲动小火箭。

陈贵灵：女，2017级特殊教育专业学生。喜欢摄影，热爱冒险，工作积极，挑战不停，努力和勇气会让长大的快乐不用裹着一层苦，所以，正青春，就疯狂。

赵江胤：男，2016级经济学专业学生。总喜欢忙碌生活的小男生，一忙起来就很兴奋

宋鑫：女，2017级美术学专业学生。知识储备不足但很好学，简单干净不失优雅。

2.2 专家顾问

高小华：毕业于四川美术学院。曾获得美国亚太艺术研究院"20世纪艺术贡献奖勋章"。

甘庭俭：西南民族大学美术学硕士点领衔导师，西南民族大学学科带头人，国家一级美术师。

王崇学：1999年毕业于四川师范大学艺术学院油画系。师从程丛林教授，主编了《素描几何》高校教材，并参与编写《油画》《素描》高校教材。

夏培耀：历任四川美术学院绘画系主任、油画系主任、油画艺术研究所所长、中国美术家协会会员、中国油画学会理事。

武新宇：中国设计师协会会员，四川省美术家协会会员。

刘　红：心理学教授，贵州师范学院教育科学学院院长。

赵　政：贵州师范学院教育科学学院办公室副主任，挂职曾家坳村第一书记，负责脱贫攻坚全面工作。

吴俊华：心理学副教授，贵州师范学院教育科学学院实验室主任。

张　源：音乐人类学硕士研究生，研究生业余期间师从我国著名青年画家王崇学。

杜宏博：贵州师范学院创新创业学院执行副院长，竞赛指导中心主任。

罗　凯：心理学副教授，贵州教育与发展中心研究员。

刘　舒：自幼师从四川美术学院绘画系主任、油画系主任、油画艺术研究所所长夏培耀教授。

朱　征：邮政总局软件开发总监。

徐　璐：毕业于加拿大渥太华亚岗昆学院。

杨　京：贵阳超品品牌策划设计有限公司创始人。

吴江华：意大利罗马美术学院西方艺术史硕士研究生。

杨宇翔：毕业于英国金斯顿大学 (Kingston University London)。

胡　建：贵阳诚盛达文化传媒有限公司创始人。

曾　境：贵州省青年油画家。

熊良鹏：starTimes 跨国传媒集团非洲区总监，贵州省荒糖餐饮文化有限公司创始人。

2.3 项目基础条件

★贵州师范学院教育科学学院

贵州师范学院教育科学学院拥有艺术教育系、应用心理学系、特殊教育系和学前教育系。艺术教育是培养人感知美、鉴赏美、创造美的能力的审美教育，其目的是促进人的身心实现和谐的发展；艺术教育还能够完善学生的人格，健全学生的自我意识体。配合应用心理学提供的心理教育，让我们的专业实践和综合实践活动有充足的空间、人员和技术。

★大业青藤咖啡文化空间

为约·绘ºF提供了安静的办公场所、画材存放场所、志愿者培训场所。

★贵州省天和舒源文化传播有限公司

为约·绘ºF早期的项目运转提供了资金支持。

2.4 合作现状

★合作学校

贵阳市振华附属小学、铜仁市印江县峨岭街道曾家坳村曾家小学，安顺龙宫镇油菜湖村龙宫镇小学，苗族侗族自治州和平小学，黔东南景山小学。

★合作的公益机构：

贵阳市都市女性慈善公益组织、贵州省扶贫促进会。

澳大利亚 Aubrand Pty Ltd 投资公司、上海读时投资管理有限公司、上海坤祥投资管理有限公司、贵阳都市女性慈善公益联合会。

★合作的专业协会：

贵州省美术家协会、贵州省美术馆、贵州省全民素质工作委员会。

★合作的媒体：

贵阳电视台、贵州电台、贵州日报社。

★合作的保险公司：

中国平安保险公司贵州分公司。

★合作的企业：

上海读时投资管理有限公司、贵州超品品牌设计有限公司、贵州小番茄餐饮文化有限公司、贵州优举企业管理有限公司、贵州长青藤留学教育咨询有限公司、贵州荒糖家餐饮文化管理有限公司、贵州睿柏禾酒店管理有限公司。

第三章 市场分析

3.1 市场介绍

3.1.1 市场现状分析

一个可行项目的背后离不开一个强大的支撑。"约·绘ᶠ"是"约·绘"的副品牌,从属于贵州天和舒源文化传播有限公司。"约·绘"是贵州省原创品牌,该品牌创建于2015年,它在贵阳建立了一个有关艺术、品质、和生活的交流平台。历时近3年,成功举办零基础油画等活动百余场。

约·绘ᶠ在得到该公司的支持后,以习总书记在十九大中提到优先发展教育事业为契机,为了关爱留守儿童艺术教育需要,呼吁社会对留守儿童艺术教育的关注,我们形成了独具特色的艺术课程体系,以尽可能地满足留守儿童的艺术需求。

约·绘ᶠ以油画技法课程的形式走进高校大学生群体,特别针对贫困艺术生,发挥团队优势,致力于组织一批热爱公益、关爱留守儿童的爱心人士去做好其公益活动。在此过程中,约·绘ᶠ也将开发艺术教学课程作为艺术教育的首要手段,力致于通过艺术教学课程让留守儿童体验艺术教育的美,补偿他们的身心缺陷,塑造德智体美全面发展的留守儿童。目前,艺术课程在留守儿童地区的普及面极度狭窄,而需要艺术教学课程的留守儿童基数很庞大。因此,我们要将艺术教学课程带给留守儿童,给更多的留守儿童带去接触艺术、接触油画的机会,让他们通过绘画表达情感,增进交流,不断提升自己的艺术水平及心理健康水平。

高校大学生作为公益事业中的生力军,蕴藏着巨大的市场潜力。因此,我们选择对高校大学生,特别是贫困艺术生开展艺术技法教学课程,为公益事业储备志愿者队伍,在为我们大学生志愿者代言的同时,也推动了艺术教学课程的发展及市场的开拓。近期，我们将在学校举行高校大学生油画技法课程。在未来的时间里，我们会将此课程推广到各大高校，提升团队知名度，更好地收纳公益力量。

约·绘 F 会让参与艺术技法教学课程并且愿意做公益的大学生带队进入山区，对留守儿童进行艺术教学课程，让他们接触艺术，追求艺术，这也是对留守儿童进行了陪伴，在一定程度上安抚了他们的心灵。通过举行各类公益活动，增强留守儿童与社会的紧密感，呼吁社会关注留守儿童的艺术教育。我们会将帮扶的留守儿童的优秀油画作品加工为系列陪伴·艺术衍生品，打造成对外宣传的工具，形成一个留守儿童公益事业向外传递的有效途径。我们不是空喊口号，而是付诸实践，约·绘 F 在贵阳市振华附小举办过公益活动，和校内的留守儿童增进感情交流，关注这帮留守儿童的艺术精神世界。

为了响应国家对口帮扶的方针，我们团队将主动对接对口帮扶印江县峨岭街道曾家坳村曾家小学的留守儿童，通过开展油画教学课程，为他们提供良好的艺术体验。我们正在走进更多留守儿童学校，把我们独特的艺术教学课程带给更多的留守儿童。

目前贵阳市内高校大学生中油画技法课程的市场非常稀缺，而大学生又作为公益事业中的生力军，我们会通过艺术教学课程，择优选择，不断开拓高校大学生市场。在此项目基础上，我们将会采用微信端链接公益＋艺术教学，更有效地开展公益活动，推动艺术教学课程的发展，将我们的公益事业和艺术教学课程推向更多留守儿童，高校大学生等。

3.1.2 目标市场

★留守儿童家庭、学校及政府等

在此市场，艺术教学课程发展落后，丰富艺术教学课程内容迫在眉睫。艺术教学课程在对留守儿童进行艺术教学的同时，给予他们精神上的享受和心灵上的抚慰。多方位地对留守儿童的整体情况进行改善，增强他们与人交流的意愿以及对人的信赖感，帮助他们更好地融入社会生活。

★高校大学生

油画技法教学课程是约·绘 F 中的一个基础市场，主要服务于高校大学生，通过绘画专家开展教学，给单纯学习绘画的大学生和想要进一步提升绘画技法的贫困艺术生提供区别于普通教学的艺术教学课程，有意愿做公益的大学生又可以加入我们的公益团队，去给留守儿童进行绘画教学，也储备了志愿者团队力量。

★公司及企业等

在此市场，我们会根据公司及企业等需要，与有社会责任感，社会担当，并想要回馈社会的公司及企业等共同策划公益活动方案，共同举办公益活动等。通过公益活动，打响公司及约·绘F的知名度，以此达到四方的互利共赢的效果。

3.1.3 市场定位

★服务竞争优势

我们打造的是提升绘画技法教学服务及精神与心理需求服务，这与市场上单纯的培训机构不同，我们拥有自己的特色。通过艺术教学课程，更好地发展留守儿童的艺术教育事业。因此，我们采取的服务方式及公益项目更能吸引有社会责任感及社会担当的消费群体。

★价格竞争优势

在高校大学生油画技法课程的市场方面，我们的主要客户是在校大学生。针对不想进山区、只想单纯提升绘画技法的大学生，我们的定价也是较低的，符合学生群体的消费层次。

3.2 3PS 分析

3.2.1 产品 Product

约·绘F的产品主打艺术教学课程 + 公益 + 微信客户端。就留守儿童而言，我们进行艺术教学的教育扶贫及公益活动的开展；就贫困艺术生而言，我们开展绘画技法学习课程；就普通高校大学生而言，我们开展油画体验学习课程。

所以约·绘F的项目成果遵循以下原则：

★精神升华

约·绘F致力于在留守儿童剧增的时代，让人们关注留守儿童及留守儿童的艺术教育，让他们有静享绘画过程的机会，精神世界得到一个抚慰和升华，从而改善心理孤单的情况。并且通过公益活动，提高人们对留守儿童的了解度及关注度，让留守儿童和社会的紧密感加强。另外，本项目致力于打造梦想之村——油画村，所以在项目实施过程中，主动发现在油画方面有天赋的留守儿童并对其进行培养是我们的重要任务之一。

★产品丰富

油画内容丰富，可以成为公益文化的载体。在服务项目中，根据高校大学生的不同需求，开发出主题不同的、品质优良的油画技法课程，以此吸引消费者的关注度和参与度。

★文化内涵

约·绘°F将"有艺术、有气质、有活力、有温度"的精神追求融入互联网+艺术教学+公益的模式中，完美地体现了公益活动中有意义有温度的文化和不懈探索艺术教学课程的精神。

★主题鲜明

互联网+艺术教学+公益是约·绘°F的主题，这一主题充满了艺术、温情和时代需求，呈现了大爱无疆的无私奉献的精神。

★设计新颖

在课程繁杂的今天，很多人想要学习更加专业，更具实操性的课程。来到约·绘°F，你不需要花费更多的费用去参加额外的培训，就能在绘画专家及顾问的指导下收纳更扎实的油画技法，体验到心灵的净化。当然，我们不局限于线下的服务模式，我们会推广到互联网+，将我们的服务引领到一个新高度。

3.2.2 价格 Price

通过对高校大学生群体消费能力的调查，项目产品定价采取低价策略，利用中低端的消费水平，享受到优质的油画技法教育服务。

3.2.3 宣传 Promotion

★通过互联网社交平台进行宣传，如网站、微博、微信、QQ 等。

★通过各大高等院校互通平台，会议，校内纸媒、网站、校内外各种社团组织进行宣传。

★通过与贵州知名媒体，如 FM102.7、FM909 超越广播、贵阳电视台等开展宣传活动。

★通过参加各类大学生创新创业大赛提升品牌知名度。

3.2.4 市场痛点分析及解决策略 Strategy

校园创意痛点 社会推广痛点	1. 高校大学生油画技法课程属于新型项目，目标受众群体主要是在校大学生，市场主体消费能力有限。 2. 同质化严重 3. 留守儿童的艺术教育事业较为落后
校园创意痛点对策 社会推广痛点对策	1. 本项目采用低价体验形式，利用现代流行的网络推广模式，进行大量转发，借此达到宣传推广的目的，提高关注度 2. 约·绘 F 主要是做艺术教学课程服务，崇尚互联网+艺术教学+公益的主题，让客户清楚地知道我们的服务宗旨，避免同质化 3. 加大艺术教学课程的开发力度，积极对留守儿童进行艺术教学

3.3 对约·绘 F 的宏观外部环境进行分析

3.3.1 社会环境（Social）

截至目前，不满 16 周岁的农村留守儿童数量为 902 万人。其中，由（外）祖父母监护的 805 万人，占 89.3%；由亲戚朋友监护的 30 万人，占 3.3%；一方外出务工另一方无监护能力的 31 万人，占 3.4%。有 36 万农村留守儿童无人监护，占 4%。从区域来看，东部省份农村留守儿童 87 万人，占全国总数的 9.65%；中部省份农村留守儿童 463 万人，占全国总数的 51.33%；西部省份 352 万人，占全国总数的 39.02%。从省份来看，江西、四川、贵州、安徽、河南、湖南和湖北等省的农村留守儿童数量都在 70 万人以上。

到 2017 年底，全国注册志愿者占居民人口比重为 2.56%，其中有 10 个省份注册志愿者占居民人口比重高于平均水平。占比最高的三个地区为北京市、重庆市和上海市。北京注册志愿者占居民人口比重达 17.11%，全国第一。据有关机构测算，2017 年，在官方正式注册的志愿者与未注册的志愿者合计 13 480 万人，占全国人口的 9.75%。这意味着，我国每 10 人就有 1 名志愿者。中国志愿服务联合会第一届理事会第七次会议消息，截至 12 月 17 日，我国实名注册志愿者超过 6720 万人（35 岁以下占 49%），注册志愿者服务组织超过 41 万个，发布志愿服务项目逾 103 万个，累计记录志愿服务时间约 8.1 亿小时。由此可见，我们是具有较大的后备力量支持于我们公益事业的发展。

而留守儿童的教育,则存在着教学形式老套、教学科目单一的缺陷。调查显示,山区学校教学科目几乎只有语文和数学,缺少音乐与美术的学习条件。这样的社会环境,让约·绘℉的项目有市场条件将规模扩大,以便将油画艺术带给更多留守儿童,实现教育扶贫的一小步,走出约·绘℉的一大步。

3.3.2 经济环境(Economic)

改革开放后,中国目前已经是世界第二大经济体,人们的生活水平和文化水平不断提高。

但我国贫困山区的经济环境还是非常严峻,人均可支配收入普遍在1.5万元左右,甚至部分地区不到1万元。这些地区,月薪普遍在2000元左右,农村地区甚至不足1000元。这种月收入不足2000元的超低收入群体,总人数不在少数。保守估计在5000万到1亿人之间。

贫困家庭的经济水平较低,教育受重视程度不够,许多家庭无力支付孩子上学所需学杂费用,也无力使子女接受更多教育,更不用说花销巨大的艺术方面的教育。

所以我们约·绘℉在这样的经济环境以及教育背景下,做这样的艺术教育支援的公益事业,迫在眉睫,也希望更多的人加入我们,一起为公益事业做出自己的贡献。

而城市家庭经济收入相对于贫困山区来说,有着巨大的差异。例如贵阳家庭人均收入达32 186元,居民的生活质量越来越高,可以支配支出更多收入花费在精神消费方面,人们在消费的时候,价格是一个因素,却非唯一因素,人们更多考虑的是产品的质量和收藏价值。因此,我们的公益及公益衍生品将会迎来广阔的市场。

3.3.3 政治环境(Political)

中华人民共和国成立以来,中国的政治环境相当稳定,同时也在谋求成为更大更强的政治强国和教育事业大国。习总书记在十九大中重点提出优先发展教育事业,为贯彻落实扶贫工作相关精神和要求,高校发挥校外教育优势,走进对口援助乡村,让农村留守儿童也能享受到城市优质的教育,助力精准扶贫。我国近期出台了相关艺术文化的扶持以及帮扶政策,这为我们的艺术教学课程提供了较好的基础。2012年,国家针对贵州特发的"国发二号文件",更是给我国的艺术文化行业带来更多的机遇。除此之外,我校响应国家号召,鼓励大学生创新创业,建立了大学科技园和创新创业学院,鼓励大学生自主创业,为我们项目的成立提供了平台支撑。

3.3.4 技术环境(Technical)

随着互联网的快速发展,电子商务的普及,我们的团队利用大数据,建立微信公众号,开发出模式新颖的微信小程序,并研发艺术教学课程。在不断更新信息的同时,积极探索艺术教学课程的发展,尽可能地了解市场现状,满足目标群体的需求。

为保证后期发展的顺利,我们将对微信交流平台进行日常维修,保障网络环境的安全性。

3.3.4.1 优势(Strengths)

★社会资源广泛

此项目扎根于高等院校,通过与贵阳市多家知名媒体、多家知名企业、多家艺术机构等合作,与各行业的精英进行交流,能为项目的实施和发展提供了较广泛的社会资源。

★技术技能全面

该项目由我国知名画家、知名教育学家、高校教师作为艺术教学课程+公益顾问,提供了理论支持和信誉度保证。IT专业技术人员作为程序开发的专业指导,提供了互联网交流平台开发的技术保证。以小程序的形式推出功能强大的产品。通过网络,项目运营活动得到快捷方便的处理,减少不必要的中间环节,并可以帮助寻找到潜在志愿者资源,提高项目的知名度和品牌效益,做到真正的双向沟通,实现盈利。

★人力资源充足

工作人员均为在校大学生,依托贵阳市各大高等院校雄厚的师资力量和大学生人才储备,为公益活动的开展和艺术教学课程开发提供了扎实的人力基础。

★无形资产丰富

通过与多家爱心企业、知名媒体及高校等的通力合作，提高项目知名度。

3.3.4.2 劣势（Weakness）

项目队伍进入山区由于经济、交通等原因耗时较大。

项目团队成员缺少从业经验，在运营过程中会遇到各种棘手的问题。

项目复制性强，在社会上的知名度不高，初期没有建立强大的客户群。

在学校内，主要受众人群为在校大学生，消费能力较低。

在专业人才方面，还要进一步培养及发掘，法律方面也存在一定风险。

项目初期，公共关系薄弱，没有足够的管理经验，资金的筹集方面依赖所属公司和"约·绘"项目的扶持，没有多余的流动资金。

3.3.4.3 机会（Opportunities）

随着时代的发展，我国越来越重视教育事业的发展，在十九大会议中，习总书记提出优先发展教育事业，力求建设教育大国。由此，留守儿童越来越受到人们群众的关注，为了帮助他们，响应国家政策，人们举办了各种各样的公益活动，成立了复杂多样的帮扶机构和团队等，如：情暖留守儿童、长沙爱心组织、精准扶贫等。

而我们约·绘°F由高校作为切入点，高校规模扩大，人数扩招，群体加大，加之高校品牌具有其他艺术培训机构不可比拟的先天优势。项目产品结合互联网思维，为油画教学课程注入网络流行元素。新的运营模式，集网络平台、艺术和社会公益于一体。线上线下结合，打造一个O2O平台。运营成本低，交易便捷，网站可以为顾客交易信息提供保密服务。

约·绘°F项目的创立，符合互联网时代的发展，符合校园情怀需求，符合国家教育事业需求。本项目在于创新—推广—推广成功的形式，用户效应激增。在此基础上可以向其他地理区域扩张用户群。

3.3.4.4 威胁（Threats）

目前来说，贵州经济及教育还有些落后，相同时间里，其他省份的经济能力及艺术教育及比我们更壮大，容易受到技术更新和同行复制的冲击。因此我们必须尽快提高我们项目和品牌的知名度，尽快建立一套特有的运营模式、一套完善的教学体系和服务体系来吸引和发展的忠实消费者。

3.4. 艺术教学课程的市场发展分析

随着时代的发展，教育事业越来越受到国家重视，越来越多的人关注了留守儿童，且他们的艺术教育、精神及心理需求越来越受到关注。但是，留守儿童的艺术教育依旧存在着严重的弊端。因此，发展留守儿童的艺术教育这就成为了社会亟待解决的问题。

绘画是修身养性的一种方式，作品通常是以实物而存在的，可以长时间保存。通过绘画时，绘画者采用的颜料，作品颜色的明暗、饱和度等，我们能够大概估计到绘画者当时的情绪。除此之外，绘画还能够让人们缓解情绪，享受美好的宁静。因此，在留守儿童的艺术教育中，开发艺术教学课程是势在必行的。

3.5 高校市场前景预测分析

随着社会、经济、科技的不断发展，人们的消费观念慢慢转变，绘画行业逐渐进步，绘画市场规模不断扩大。各种绘画工作室运营成功之后，我们理应总结模块化的运作制作生产模式，提取成功部分，在全国高校进行推广。我国高校众多，油画市场蕴含着巨大的消费潜力，采用O2O，人们就可以在线上浏览产品后，到线下实体店确认选择，并在线上进行付费。中国高校油画技法教学目前处于发展中阶段，文化需求的增加，是学校信息向外传递的有效途径。绘画样板来源多元化，销货市场广阔化，销售手段多样化，产业规模扩大化，发展前景十分乐观。现在贵阳高校市场上还没有一个专门运作互联网+公益+艺术教学为一体的公司或者团队。而且类似的校园产品整体的水平较低，不够专业，能小规模的销售，却而不能提升活动文化内涵，我们项目相当于打开一个空白的市场，由我们自己来规划未来整体市场的发展蓝图。

3.6 竞争对手分析

如今文化、教学和电子商务市场竞争激烈，我们立足于艺术教学，着力打造艺术教学课程+公益+信息共享+服务消费为一体的校园青年市场，开辟艺术公益市场，争取占领这块市场。

3.7 竞争优势

3.7.1 增值服务方面

大数据对行业用户的重要性也日益突出，掌握数据资产，进行智能化决策，已成为公益脱颖而出的关键。各大企业开始重视大数据战略布局，并重新定义自己的核心竞争力。在中国大数据领域活跃的企业，有计算机或者互联网领域的巨头，有实力雄厚的新兴企业。它们有一个共同点，那就是它们都看到了大数据带来的机会，并毫不犹豫地挺进了这个领域。目前大数据行业体量增长快速而巨大，数据呈现多样性，越来越多的大数据实时分析正在取代批量式分析，大数据已经在互联网、金融、医疗、交通、零售等多个行业得到广泛应用。相对来说，艺术教学的大数据技术应用不足，但本项目却很好地将大数据与艺术教学有机结合，未来大有潜力可挖。约·绘°F通过对留守儿童油画数据的沉淀，为下一步建立艺术培训机构奠定数字化信息基础，同时通过建立公益参与者的公益活动档案，清晰定位市场，细化目标客户，建立自己的网络平台，抓住每一个参与者的心使其成为超级VIP，并不停培养并吸引新参与者加入。

3.7.2 竞争机会

我们的竞争机会可以从下图几个方面体现：

3.7.3 竞争劣势及策略

成立之初，技术力量较弱、管理经验不足，由此针对各个问题制定出相关的风险规避策略，制定了针对市场风险、管理风险、人才风险和法律风险方面的分析和详细对策，保证项目产品与服务的正常运营。在运营过程中及时做好市场反馈，根据项目所处的环境进行及时调整，听取导师的建议和学习成功企业的优点，适时调整项目的运营战术。

第四章　问卷调查分析

  为了更好地运营项目，团队成员设计了调查问卷（详见附件1），随机对 500 名留守儿童进行了问卷调查。调查结果显示，在农村地区，留守儿童占89%，这说明我们的帮扶对象群体庞大，也说明了我们做公益的必要性。留守儿童的父母文化程度都较低；留守儿童实际上课次数不足，在农村地区，大量其他课程占用艺术课，所以留守儿童对于艺术类教育相当稀缺；留守儿童的业余时间，基本都是以玩乐为主，这些时间我们可以利用起来，进行艺术教育；在留守儿童感兴趣的艺术教育内容里，美术占 32%，这在艺术领域中，占优势很大的比例。

  这一现状让许多有艺术天赋的孩子因此被忽略，而孩子们的课余时间也通常没有一些有意义的活动。在孩子们的意愿调查中，美术占了很大的比例。许许多多的原因，造成了这些也许本来可以成为艺术家的孩子们，失去了关键时期的艺术学习机会。这是一个非常遗憾的现实问题，所以，我们希望通过自身的努力，可以让孩子们得到系统、专业的艺术教育。

第五章 市场推广

5.1 发展规划

项目前期主要在线下与知名企业合作,邀请专家及顾问对贫困艺术大学生教育技术进行第一重扶贫、推进贫困艺术大学生下乡对留守儿童教育艺术进行第二重扶贫,以实现我们项目的双重扶贫模式,从而实现我们对留守儿童的长期教育扶贫的目的。首先以贵州师范学院为起点,开展艺术技术课程进而实现对山区留守儿童教育扶贫来拓展项目知名度;过程中,参与者通过我们创建的微信小程序通道提交安全保险费以保证下乡时的人身安全,这样采用线上的保险方式也使得我们项目有了流动资金池。在此基础下,我们也面向各年龄段及各类教学需求不同的学生开展艺术技术教育课程,如中小学生艺术教学课程、艺术生专业教学课程、高校大学生艺术技术提升教学课程。同时,也面向各类社会人士推出"陪伴·艺术衍生品"。在此过程中,约·绘F也不断储备公益生力军,推动社会各界对留守儿童艺术教育的关注。同时,也希望让公益活动参与者感受到团队合作的强大力量,让留守儿童体验到项目温馨的艺术教育与社会温暖。我们据项目发展的不同阶段,制定了以下目标规划:

5.2 战略定位

深入及完善双重扶贫教育模式,开拓陪伴教育及艺术教育的扶贫方式。

5.3 战略实施

以教育扶贫为基点,深化双重扶贫方式,树立艺术教育温心陪伴品牌。

5.3.1 实施要点

为留守儿童提供温心的艺术教育,以满足他们生活及精神层面的教育需要;巧建线上保险流动基金池。不断深入并完善双重扶贫艺术教育、提升项目的社会信赖感及品牌责任感。树立良好口碑,以带动社会对留守儿童的生活教育关注。

关注公益市场,关注留守儿童的同时,也与学校、咖啡文化空间、多家企业、知名媒体及活动参与者保持密切联系,不断调整运营战略,走在艺术教学领域的前沿。

5.3.2 运营原则

受众群体:社会人士、在校大学生、艺术专业导师、企业、政府。

运营遵循三大原则:

★以双重扶贫特色教育为出发点,发展成一个温暖的技术品牌。

★为积极开展公益活动的企业加强正面积极的品牌形象,增强在社会的影响力。

★提供给大学生志愿者技术提升,继续深造的机会。

5.3.3 遵循 4C 原则

我们对参与者的吸引力在于开展深层艺术技术教育、提供艺术类深造机会,也给了参与者与留守儿童交流的机会,从一定程度上实现参与者的社会责任感及社会使命感。另一方面,我们也为各年龄段学习者提供低价教学服务,拓宽受众面。

★客户价值(Customer Value)

通过提升参与者价值扩大市场占有率,提高品牌知名度,提升客户信赖感;参与者价值就是参与到公益活动中感受到了自身价值的实现以及精神层面的满足。

★客户成本(Customer Cost)

对于体验者来说,我们以公益为主,用较低价位使他们得到艺术体验;对学习者来说,我们以教学为主,使学生得到有效的艺术技术教学;对深造者来说,我们以提升技术为主,用较低价位使学生得到平时难接触的艺术技术提升课程。

★客户便利(Customer Convenience)

一方面,以较低价位使客户得到艺术教学、技术提升;另一方面,以温心之路使想实现公益梦的客户得到与留守儿童交流的机会。

★客户沟通（Customer Communication）

关注和尊重参与者的个人需求，为参与者提供多种多样的反馈市场信息需求，使其个人需求得以解决。

5.4 运营策略

5.4.1 社会运营策略

★针对各年龄段学生，开展艺术教学课程

★针对艺考生，开展专业艺术教学课程

★针对企业各类要求，定制艺术拓展活动及团建活动

★针对企业和基金会赞助，回馈价值百分之十的定制艺术活动

★针对社会整体受众群体，推出陪伴·艺术衍生品

5.4.2 校园运营策略

★针对贵州师范学院在校大学生开展艺术教学课程

利用强大的微信朋友圈、QQ空间等流行社交媒体工具进行知名度打造，深化约·绘 F 的品牌形象，使受众群体知晓我们，信赖我们，同时还可以聘请校园代理，推广市场。

5.5 市场推广方式

★ 微信公众平台：随着微博、微信的普及，微时代的人们对上述社交平台和社交软件早已熟练。随着网络时代的到来，利用社交平台和社交软件的互动进行市场推广已成为必不可少的方式。

★ 联系比较知名的微信订阅号或服务号，提出合作事宜，资源互换，让知名微信人士帮助推广相关信息。

★ 建立微信公众号进行项目介绍，在宣传初期，定期发送推文，吸引大众关注。

★ 和企业合作，开展活动。

第六章 财务分析

6.1 会计基础

经营期间遵循《民间非盈利组织会计制度》，会计核算以人民币作为记账本位币。会计核算以权责发生制为基础。

6.2 筹资结构与资金来源

6.2.1 初始投资

本项目于 2018 年 1 月正式启动，企业初期启动资金为 20 万元，资金完全由企业（贵州天和舒源文化传播有限公司）出资。

6.3 基础成本预算

6.3.1 期初成本预算（对初始投资成本）

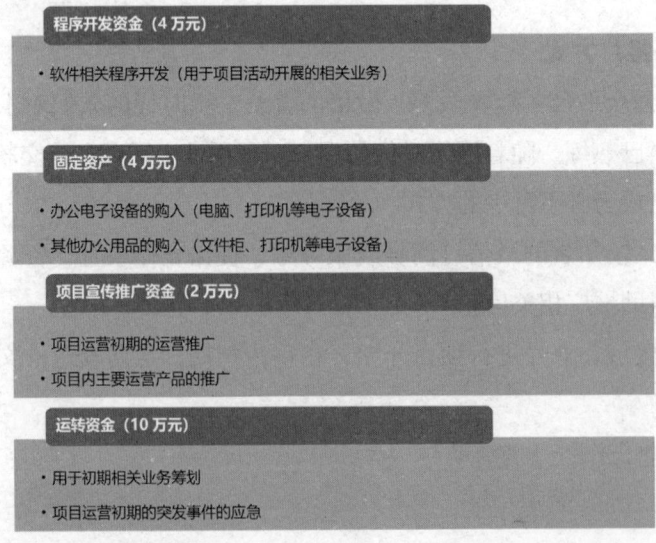

6.3.2 运营期成本预算

单位：万元

项目	增值服务	费用	备注
活动筹划、咨询	12%	0.4	每季度咨询1次，单次费用为：0.1
教授、老师授课费	--	0.05	结算计价单位：节
活动开展经费	8%	0.4	每月开展4次活动，每次活动经费控制在0.4（包括车船费、人员活动经费等）
原材料	--	0.1	原材料为油画绘画所需材料，以单次活动所需原材料为计价依据
教场地费用	--	--	由出资公司免费提供教学场地
项目深度推广、相关程序推广	6%	0.5	将产品和相关程序推向市场的宣传费用

6.3 盈利分析

本项目为公益性项目，项目不用于任何商业活动或支撑商业活动。项目正式运行的1年内所获得的资金收益，全部汇入公司指定账户中，用以维持项目正常运行。项目会在正式启动的第二年设立基金池，之后的各项收入资金全部注入资金池。

6.3.1 资金收入来源

● 初期收入来源（1年内）

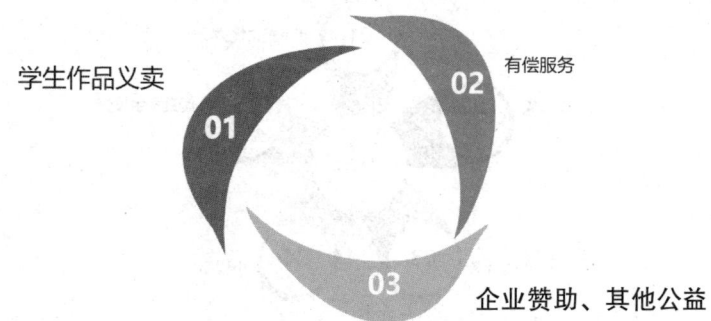

期初收入主要来源于：有偿服务、山区儿童文化作品义卖、企业赞助、其他公益赞助。其中，有偿服务是由项目组提供的，以开设教学班等形式体现的服务；山区儿童文化作品义卖，是项目组组织山区儿童进行文化创作产生文化作品，并通过义卖活动将作品进行出售，所获得的利润汇入项目组指定账户中；企业赞助和其他公益赞助是由爱心企业、团体、个人等直接捐助所获得的收入。

● 中后期收入来源（2-4年）

中后期的主要收入来源于：山区儿童文化作品义卖、有偿服务、贵州省大学生创新创业计划专项资金、贵州师范学院教育科学学院专项扶持资金、社会援助。其中贵州师范学院大学生科技园专项资金、贵州师范学院教育科学学院专项扶持资金由所属单位专项经费保证。

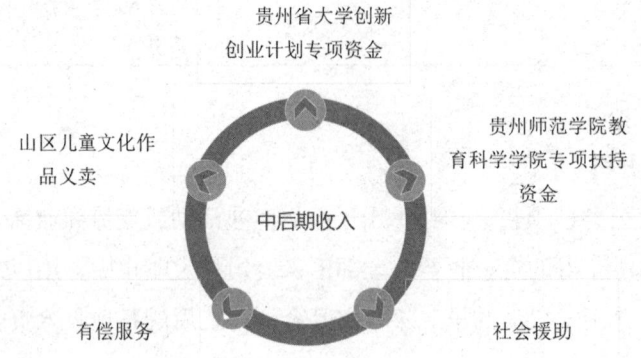

6.3.2 盈利点

盈利点图示：

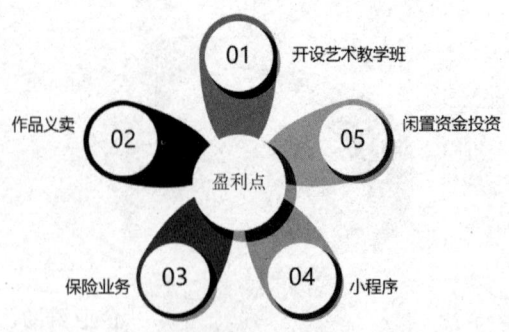

一、开设艺术教学班

（1）项目组聘请油画方面的专家教授，为高校大学生、研究生提供有偿授课，学生参与听课有两种方式参与：一是缴纳课程费用，不参加项目志愿服务；二是不缴纳课程费用，但须参加项目的相关志愿活动，并与项目组签订相关协议。

（2）针对高中生（美术艺考生）

项目组聘请美术方面的专业教授或是老师，针对艺考开设相关艺考课程，此课程为有偿服务，需缴纳课程相关费用。

· 针对初中生、小学生

项目组聘请专业老师、优秀在校大学生、研究生，结合不同年龄段的学生将课程分为兴趣培养班、零基础教学班、能力提升班，收费标准依据不同课程而定。

课程收费标准及利润（暂定）

单位：元

课程	学生层级	课程成本（元/节）	收费标准（元/节）	利润（以每班30人计算）
美术原理及绘画要点	在校大学生、研究生	500	参加志愿服务：0	0-500
			不参加志愿服务：50	
考点解析	高中艺考生（美术类）	500	50	1000
能力提升		600	70	1500
兴趣培养班	初中生、小学生	400	40	800
零基础教学班		450	50	1050
能力提升班		500	60	1300

注：以上所有课程均为30人开班（其中美术原理及绘画要点课程不愿参加志愿活动人数至少展开班人数的1/3），如实际人数达不到开班人数，具体调整办法由实际情况而定。

二、山区儿童文化作品义卖

项目组每月4次志愿服活动，活动组将在铜仁市印江县开展以绘画采风，与山区儿童共同创作文艺作品等活动，创作出艺术作品。将这些作品在"六·一"儿童节，以作品义卖展等方式进行作品义卖。义卖活动将由出资方公司（贵州天和舒源文化传播有限公司）牵头，邀请印江县爱心人士、爱心企业、贵阳市有高度社会责任感的企业、有爱心的个人。在义卖活动中获得的收入，减掉成本以后注入公司基金池。

三、保险业务（基础消费）

消费对象：18周岁以上的成年人。

目的：在参与公益活动时，有效降低参与活动人员的人身安全意外遭受伤害所带来的损失。

保险费用：10元（有效时间：3天）。

保险性质：人身意外险。

保险赔偿：客户意外轻度受伤，可根据其程度获赔10 000元；客户意外受伤导致残疾，可根据其程度获赔100 000元。

保险优势：在参与公益活动中，保证自身安全。如遇意外情况，降低自身人身安全遭受伤害带来的损失。

购买方式：第三方人工对接（第三方为我方）。

此种方式的盈利点在于保险费用在保险公司和第三方之间售价的差额。

四、通过项目开发的小程序发布其他公益组织的信息

发布公益信息可以从两个方面进行：

第一：仔细审核其他公益信息的真实性，审核通过后，在我方的微信平台代为转发；

第二：根据其他公益组织的需求，通过详细的审核后，从我方的微信平台中抽取一个版块供其自我管理和使用。

此种方式盈利点在于收取相应的通讯费、广告费。

6.4 经营战略规划

期间	战略规划	备注
初期（第一年）	完成配套程序的开发 至少开展20次印江县志愿服务活动 带领山区儿童完成至少30幅以上作品 有偿服务突破8万元	为中远期发展打下基础

续表

期间	战略规划	备注
中期（第二、三、四年）	申请立项争取拿到贵州省大学生创新创业计划专项资金40万元 在公益性组织建设方面取得重大成就，形成一定知名度 有偿服务收入至少达到80万元 作品义卖突破10万元 公益活动、广告收入突破30万元	项目运转，经营规划取得阶段性成果
远期（第五年）	公益性组织建设达到贵阳市市级样板 建立起教学机构，开展有偿服务 有偿服务收入突破120万 作品义卖突破15万 公益活动及广告收入突破60万元 基金池闲置资金增值收入突破10万元	服务质量明显提高，公益活动感召力在社会中有重大影响

6.5 2018年年度现金流量预算

单位：万元

资金流向	现金流动项目	金额	合计
资金流入	有偿服务收入	9.16	32.33
	企业、个人爱心赞助	10	
	文化艺术品收入	3.17	
	初始投入资金结余	10	
资金流出	有偿服务成本	4.37	31.55
	公益活动成本	4	
	管理费用成本	3.17	
	初始成本	20	
资金流动净损益		0.78	

注：有偿服务以开设教学班为主要形式，公益活动预算费用包括活动开展时活动人员所需费用、绘画材料成本费用等在内的所有费用，管理费用包括办公费用、项目成员薪金等（项目启动第一年，为给组织节省更多费用以保证各项活动的顺利开展，组织内各成员自愿将工资薪金转为项目运转资金）。

6.6 收付款方式

本项目涉及现金收支科目较多，结合实际现金项目或有偿服务价格分别实行线上或线下结算方式收取现金、支票等货币资金。部分服务涉及人身安全性的，则为保障服务对象人身利益收取押金（例如：保险），不发生违背事项则全额退还。项目采购付款以现金和转账相结合的方式。现金管理遵循我国的《现金管理暂行条例》。

第七章　项目未来前景

在 2018 年 5 月 4 日前夕，习近平总书记到北京大学考察调研时强调，核心价值观承载着一个民族、一个国家的精神追求，是最持久、最深层的力量。广大青年要从现在做起，从自己做起，勤学、修德、明辨、笃实，使社会主义核心价值观成为自己的基本遵循，并身体力行大力将其推广到全社会去，努力在实现中国梦的伟大实践中创造自己的精彩人生。广大青年既是追梦者，也是圆梦人。

我们约·绘ᶠ将以追梦者与圆梦人的身份去铸就偏远地区教育脱贫的梦。我们也正在着手打造"油画艺术村"。这个艺术村的美好愿景是先使偏远地区的教育脱贫，再让偏远地区的教育致富。

那么艺术村是什么概念呢？美国艺术村联盟对艺术村的定义为："艺术村是专门运作的组织，为艺术家的创作研究提供时间，空间和支持，让艺术家进入一个满布鼓励和友谊的环境。"

艺术村的概念来自于西方，那么在中国呢？

可能大家会想到圆明园—宋庄、西安的纺织城艺术区、成都的蓝顶艺术中心、昆明的艺术主题社区，这些艺术中心里面卧虎藏龙，规模庞大。这些年，不断地汇聚了来自全国甚至全世界的人才，然而这些艺术村里面驻扎的都是艺术家，里面都是他们的工作室，他们是为了创作出更好的作品才汇聚在一起，而我们约·绘ᶠ打造的是让偏远地区通过绘画的方式达到教育脱贫的油画艺术村。

约·绘ᶠ将会把对接贵州省铜仁市印江土家族苗族自治县鹅岭街曾家坳村的这个基地打造成"油画艺术村"并同步改造地区环境及文化氛围，我们的愿景是培养出优秀的艺术家，并带动偏远地区的艺术教育，通过艺术达到教育脱贫。

留守儿童课程	
绘画兴趣培养课	自由涂鸦、多媒体教学（世界名画欣赏）
造型课	人物造型、物体造型
素描课	透视教学、几何形体、素描静物、人物临摹、静物写生、风景写生
色彩课	素描静物、人物临摹、静物写生、风景写生、人物写生
书法课	正确姿势、坐姿、楷书基础笔画、结构、临摹大师作品
国画课	运笔、用墨、用水、临摹白描、水墨画
油画课	材料技法、色彩构成、风景写生、油画创作

注：我们定期上课，但课后会有作业，作业的量自己定，学生可以按照自己完成的作业领取到惊喜。

附件一：

调查问卷

你好。

我们是贵州师范学院的学生,我们正在做一个关于留守儿童艺术兴趣的调查,为了让我们了解到本地区留守儿童的课外兴趣,以便帮助本地区创造一个更好的艺术学习条件,请抽出宝贵的时间,完成问卷上的问题,谢谢。

年龄_____ 性别_____ 年级_____

1. 你家人是否有人长时间外出打工?( )

    A 有　　　　　B. 没有

2. 你的父母是一个外出打工,还是两个都外出打工?( )

    A.1 个　　　　B.2 个　　　　C. 其他

3. 你的父亲文化程度?( )

    A. 没上过学　　B. 小学文化　　C. 初中文化　　D. 高中以及以上

4. 你的母亲文化程度?( )

    A. 没上过学　　B. 小学文化　　C. 初中文化　　D. 高中以及以上

5. 你家人外出打工期间,谁来照顾您的生活与学习?( )

    A. 父母一方　　B.(外)祖父母

    C. 其他亲戚　　D. 无人照管,自己住校

6. 你的学校是否开设艺术类课程?( )

    A. 有　　　　　B. 没有

7. 你的学校美术课,一个学期有几节?( )

    A. 每周一节　　B. 每两周一节　　C. 每月有一节

D. 一学期有一节　　E. 从来没有

8. 你的课余时间主要安排什么？（　　）

A. 读书看报　　　B. 看电视玩手机　　　C. 做农活/家务

D. 游戏玩乐　　　E. 其他

9. 如果有机会，你更想要学习艺术教育的哪个内容？（　　）

A. 舞蹈　　　　B. 音乐　　　　C. 美术　　　　D. 乐器

10. 你是否喜欢上美术课？（　　）

A. 非常喜欢　　B. 喜欢　　　　C. 一般　　　　D. 不喜欢

11. 如果上美术课，你更喜欢那个内容？（　　）

A. 水彩画　　　B. 简笔画　　　C. 油画

D. 水墨画　　　E. 素描

12. 对我们还有什么建议么？

_____